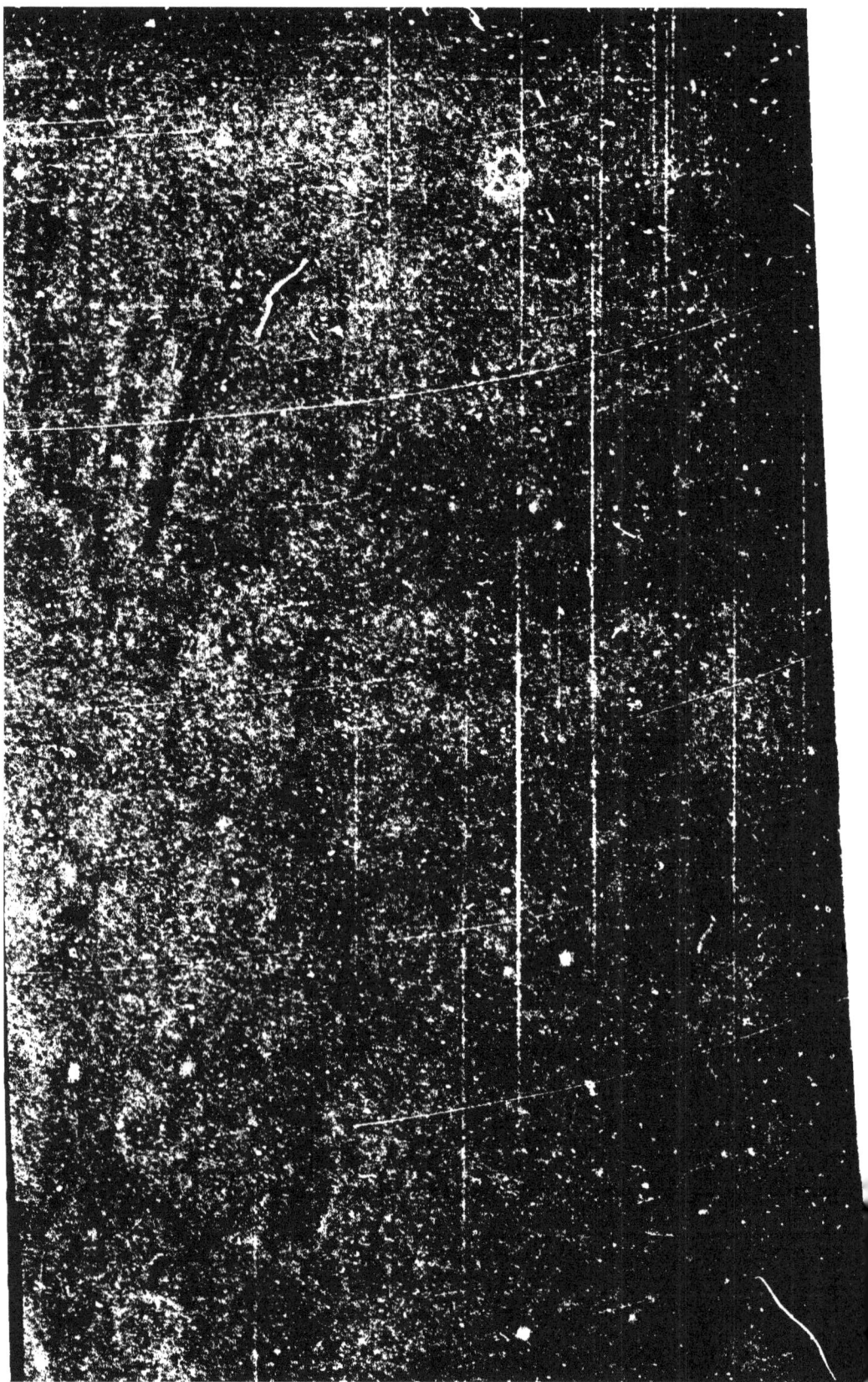

VIE DE SAINT LOUIS

MÂCON, PROTAT FRÈRES, IMPRIMEURS

COLLECTION DE TEXTES

POUR SERVIR A L'ÉTUDE ET A L'ENSEIGNEMENT DE L'HISTOIRE

VIE
DE SAINT LOUIS

PAR

GUILLAUME DE SAINT-PATHUS
CONFESSEUR DE LA REINE MARGUERITE

Publiée d'après les Manuscrits

PAR

H.-François DELABORDE

PARIS

ALPHONSE PICARD ET FILS, ÉDITEURS

Libraires des Archives nationales et de la Société de l'École des Chartes

82, RUE BONAPARTE, 82

—

1899

PRÉFACE

L'AUTEUR

Dans cette histoire de saint Louis qui, malgré l'imperfection de la forme, demeure toujours un modèle de patientes recherches et de persévérant labeur, Le Nain de Tillemont déclare s'être beaucoup servi d'une vie manuscrite de Louis IX, écrite en français par un moine anonyme, apparemment un cordelier, qui disait avoir été Confesseur de la reine Marguerite pendant plus de dix-huit ans, et avoir rempli les mêmes fonctions auprès de sa fille Blanche, veuve de l'infant de Castille, Ferdinand de la Cerda[1]. Ces renseignements sur la personne de l'auteur à qui reste le nom de Confesseur de la reine Marguerite, sont empruntés au prologue de son ouvrage[2]; la qualification de cordelier provient sans doute du fait qu'il assure avoir déposé la copie de l'enquête de canonisation dans le couvent des

---

1. Le Nain de Tillemont, *Vie de saint Louis*, V, 257. — La copie de l'ouvrage du Confesseur se trouvait dans le recueil de documents que Tillemont désigne par la lettre F.

2. Page 5.

Frères Mineurs de Paris [1], et du fait, plus concluant encore, qu'il est représenté sous l'habit de cet ordre dans les peintures liminaires de deux manuscrits.

Mais, par une timidité que nous ne nous expliquons guère, ni Tillemont, ni aucun de ceux qui, après lui, se sont occupés du Confesseur, ne sont parvenus à rétablir son nom, bien qu'ils en eussent sous les yeux les éléments nécessaires. L'auteur, en effet, s'était nommé en toutes lettres dans un passage de son livre [2]. Ce passage, il est vrai, a été amendé dans les dernières rédactions, de façon à omettre complètement le nom en question ; cependant bien que déjà corrigé et raturé dans le manuscrit le plus ancien, le ms. fr. 4976 de la Bibliothèque Nationale [3], il l'est par bonheur de telle sorte que l'on peut distinguer une partie de la rédaction primitive.

La rédaction amendée porte ceci :

> Et fet mout une parole a noter que la
> roine Marguerite, sa femme desus dite, dist aucune
> foiz a pluseurs persones, c'est a savoir etc.

Mais, si l'on supprime les mots récrits sur des passages grattés, et si l'on rétablit les mots encore visibles sous les ratures, il reste un fragment de la rédaction primitive ainsi conçu :

> Et fet mout une parole a noter que.....
> ... .desus dite dist aucune
> foiz a............Saint Patur son confesseur, etc.

Il est évident que l'espace gratté qui vient après « aucune foiz a » était occupé par le prénom du Confesseur et que les

---

1. Page 5.
2. Ce passage se trouve à la fin du IVe chapitre, page 30.
3. Folio 15, col. 1.

mots biffés « Saint Patur » désignaient son pays d'origine.
On aperçoit même, malgré le grattage sur lequel ont été
récrits les mots « pluseurs persones, » quelques traces de
l'e du de qui précédait ce nom de lieu facile à identifier : c'est
par suite du changement assez fréquent de l's en r, *Sanctus
Pathusius*, aujourd'hui Saint-Pathus, commune du canton
de Dammartin-en-Goële, dans le département de Seine-
et-Marne. Tillemont, qui d'ailleurs avait improprement lu
« frere Patur », dérouté sans doute par l'apparence inusitée
de ce nom, n'avait pas osé y voir celui de l'auteur et s'était
borné à le noter sans commentaires. « Il marque, dit-il,
« que Marguerite avait dit une chose à frère Patur, son
confesseur [1]. » Depuis lors, les éditeurs avaient imprimé ce
passage en mélangeant assez étrangement la rédaction pri-
mitive avec la rédaction amendée [2]. En outre les savants qui
l'ont publié dans la collection des *Historiens de France* ont
dit que ce nom « ne se lit point dans la plus ancienne copie »
et qu'il « a été biffé sur la seconde [3], » ce qui est justement
l'inverse de la réalité. Ils rejettent d'ailleurs absolument
le nom de *Saint-Patur* que leurs prédécesseurs Melot,
Sallier et Capperonnier n'auraient peut-être pas été éloignés
de regarder comme le nom de l'auteur si, eux aussi,
n'avaient été probablement intimidés par ce que ces mots
présentent de singulier à ceux qui ne connaissent point le
lieu de Saint-Pathus. « Nous laissons, disaient-ils, à ceux
« qui en ont le loisir le soin de rechercher si ce nom
« *Saint-Patur* est celui de l'auteur de cette Vie de saint
« Louis attribuée par un savant de nos jours à Guillaume,
« cordelier, confesseur de la reine Marguerite, femme de

---

1. Le Nain de Tillemont, *Vie de saint Louis*, V, 257.
2. *Historiens de France*, XX, 70, AB.
3. *Ibidem*, p. 58.

« saint Louis [1]. » M. Paulin Paris, à qui le nom de *Saint-Patur* parut inadmissible, ne voyait pas d'objection à accepter la dernière attribution, dont il ne semble pas toutefois avoir recherché l'auteur [2].

Grâce à une indication du Père Lelong [3], je crois que l'on en peut retrouver l'origine dans une lettre sur le lieu de naissance de saint Louis adressée par un M. Maillard, ancien avocat au Parlement, au R. P. Mathieu Texte, dominicain, sous-prieur du Noviciat de Paris, lettre publiée dans le *Mercure de France*, en 1736 [4]. Parlant des enquêtes qui précédèrent la canonisation de Louis IX, M. Maillart s'exprime ainsi : « Une copie de ces enquêtes fut mise « dans les archives des Frères Mineurs de Paris par frère « Guillaume qui avoit été pendant 18 ans confesseur de la « reine Marguerite de Provence, veuve de ce prince, et « ensuite de leur fille Blanche, princesse de Castille. Sur « ces enquêtes, ce frère Guillaume avoit composé une vie « de saint Louis dont le ms. in-4° écrit vers 1300 est actuel- « lement dans la bibliothèque de M. Jean-François de Seni- « court, avocat au Parlement de Paris. J'ai lu ce ms. et je « n'y ai pas trouvé le lieu de naissance de saint Louis. »

Il est donc certain qu'il a existé un manuscrit du Confesseur où l'auteur était désigné comme portant le nom de *frère Guillaume*. Or, si l'on jette les yeux sur le passage du ms. fr. 4976 dont j'ai essayé de reproduire la disposition plus haut, on verra que les mots *frē Guillaume de* — quatorze lettres et deux blancs — comblent exactement le passage gratté sur lequel ont été récrites les seize lettres et

---

1. Melot, Sallier et Capperonnier, *Histoire de saint Louis par Jehan, sire de Joinville* etc., Paris, 1761, in-fol. p. 308.

2. *Histoire littéraire de la France*, XXV, 157.

3. *Bibliothèque historique de la France*, éd. de 1769, II, n° 16.840.

4. Juin, p. 1335.

le blanc formant les mots *pluseurs personnes*, et, de ce rapprochement, on concluera sans peine que le Confesseur de la reine Marguerite s'appelait Guillaume de Saint-Pathus.

Une dernière remarque rendra cette conclusion plus vraisemblable encore. D'après le *Livre des métiers* d'Étienne Boileau, il se trouve qu'il y eut, sous saint Louis, un « mestre Guillaume de Saint Patur » qui reçut du roi la charge de maître de la maçonnerie[1]. Ce personnage ne peut certainement pas être l'auteur qui nous occupe ; mais il y a toute apparence qu'il appartenait à la même famille ; l'identité des prénoms autorise même à supposer qu'il était le grand-père du religieux, lequel, suivant un usage très répandu, aurait reçu au baptême le nom de son aïeul. En tout cas, il faisait partie de cet entourage royal où il était naturel que l'on choisît le confesseur de la reine.

II

L'OUVRAGE

Guillaume, on l'a déjà dit, n'avait pas seulement été confesseur de Marguerite de Provence pendant plus de dix-huit ans, c'est-à-dire au moins depuis 1277 jusqu'à 1295, date de la mort de cette princesse, il l'avait encore été de sa fille Blanche. C'est d'après le fervent désir de celle-ci et après avoir reçu la copie de l'enquête de canonisation qu'il entreprit de raconter la vie et les miracles du saint roi. Une partie de cette enquête lui fut envoyée de Rome par frère Jean d'Antioche, pénitencier du pape, employé à la cause de la canonisation ; mais l'autre partie lui avait été déjà remise à Paris même par Jean de Samois, procureur de la même cause, qu'il appelle « evesque jadis de Lisieues. » On

---

1. *Livre des métiers*, éd. Lespinasse et Bonnardot, titre XLVIII, § 4.

voit par là qu'il écrivait après la mort de ce prélat survenue le 4 décembre 1302. D'autre part, on a déjà noté que son œuvre était certainement antérieure au 7 juillet 1307, jour de la mort d'Édouard I d'Angleterre [1]. Mais je crois qu'il est possible d'arriver à une détermination plus précise encore. Le pape Boniface VIII, très souvent mentionné dans le cours de l'ouvrage, n'est qualifié « de bonne mémoire » que dans le dernier chapitre des Miracles, lequel, ainsi qu'on le verra plus tard, n'existe pas dans la première rédaction. Or ce pape ayant cessé de vivre le 11 octobre 1303, on peut, avec une quasi-certitude, supposer que la première rédaction a dû être composée durant cette même année 1303, ou plus exactement entre le 4 décembre 1302 et le 11 octobre 1303.

Le livre mis jusqu'ici sous le nom du Confesseur, se trouve, dans tous les manuscrits, et conformément, sans doute, aux divisions de l'enquête, partagé en deux parties : un récit de la vie de saint Louis et un recueil de ses miracles. L'examen de l'une et de l'autre permet d'affirmer que, bien qu'elles nous soient parvenues en français, elles ont été primitivement rédigées en latin. Paulin Paris a déjà signalé les latinismes et les erreurs qui y abondent. On trouve notamment dans la première partie certaines bévues provenant évidemment de fausses interprétations du texte latin, que l'on peut souvent restituer. Telle est par exemple l'expression « l'enqueste sur la vie jurée [2] » où le traducteur, suivant assez naïvement l'ordre du latin *inquisitio de vita jurata*, a cru que *jurata* qualifiait *vita*, ce qui ne présente aucun sens, tandis qu'il se rapporte en réalité à *inquisitio*. On trouve nombre d'autres passages dans lesquels l'ordre du latin a été conservé en français au détriment du

1. *Historiens de France*, XX, 117, note 1 ; Paulin Paris dans l'*Histoire littéraire*, XXV, 158.
2. Page 4.

sens, témoin cette phrase étrange : « les fez qui ne font a
« recorder des pervers punissant par poinne avenant[1]. »
Dans une autre, « l'orgueil de cele male gent puissamment
mis au dessous[2], » l'expression *mise au dessous* s'explique
par une traduction trop littérale de *submissa*. Ailleurs
encore le titre épiscopal d'Eudes de Châteauroux, évêque
de Tusculum, a été pris pour son nom, et le célèbre légat
est appelé « messires Tusculan[3] ». Aux chapitres III[4] et
V[5], des citations tirées des Enseignements de saint Louis à
son fils et à sa fille présentent, avec les passages correspon-
dants du texte complet de ces Enseignements donné au
chapitre IX[6], une différence dans les termes qui ne s'ex-
plique que par une différence de traduction.

Mais si les traces de traduction sont évidentes, en doit-
on nécessairement conclure à l'existence d'une rédaction
latine de l'œuvre du Confesseur? Ne pourrait-on pas attri-
buer les erreurs qu'on vient de signaler au Confesseur lui-
même qui s'en serait rendu coupable en composant son
livre en français directement sur l'enquête latine de 1282?
Pour vraisemblable qu'elle soit, cette supposition ne saurait
être maintenue: car on remarque des latinismes et des
obscurités provenant d'une intelligence incomplète du texte
latin, jusque dans les débuts du II[7], du III[8] et du IV
chapitre[9], lesquels sont des amplifications oratoires qu'on

---

1. Page 3. On peut de plus supposer que, dans cette phrase, le mot *avenant*
provient d'une mauvaise lecture du mot *convenientem*, dans lequel le traduc-
teur aura cru voir un *a* là où se trouvait probablement un signe abréviatif
bien connu.

2. Page 13.

3. Pages 29 et 110.

4. Page 26.

5. Page 31.

6. Page 70, 66, 60.

7. Page 17.

8. Page 19.

9. Page 28.

ne saurait prétendre empruntées aux dépositions de 1282. Il demeure donc acquis que Guillaume de Saint-Pathus a dû écrire en latin, et, de plus, les nombreuses maladresses de la traduction qui nous est parvenue ne permettent pas de croire que celle-ci ait été faite par lui, ni même sous ses yeux.

De ce fait, nous avons une preuve certaine : dans le plus ancien manuscrit, le ms. fr. 4976, au milieu du chapitre XI, avant le passage où l'on raconte comment Louis IX disposait de ses habits de rebut [1], apparaît une rubrique latine « *De induicione* », provenant assurément du texte latin que le traducteur avait sous les yeux [2]. Intrigué par ce mot barbare qui ne se rencontre dans aucun glossaire, mais par lequel l'auteur avait sans doute entendu désigner le vêtement du roi, il l'a laissé tel quel, se réservant probablement d'en chercher plus tard l'équivalent français. C'est un indice que la traduction n'a pas été faite par Guillaume lui-même, lequel n'aurait pas été embarrassé de dire en français ce qu'il avait voulu signifier par cet étrange latin.

Le texte original a donc complètement disparu. Au point de vue littéraire, la perte est insignifiante : à en juger par les termes de la traduction, il ne devait être ni moins plat, ni moins diffus, ni moins lourd ; il présentait d'ailleurs les défauts de composition que la traduction ne fait que reproduire. L'auteur, il est vrai, n'a point entendu faire œuvre d'histoire, encore moins d'éloquence, mais œuvre d'édification. Sans chercher à donner une biographie continue du saint roi, il n'a tenu, dans la première partie, qu'à faire connaître ses vertus. Pour cela, il consacre à chacune d'elles un chapitre dans lequel il a groupé les divers exemples que

---

1. Page 91.
2. Melot, Sallier et Capperonnier n'ont pas négligé de noter cette rubrique, p. 348 de leur édition.

Louis IX en a donnés pendant sa vie, exemples qu'il a relevés dans les récits des témoins appelés à déposer lors de l'enquête de canonisation ; et ce groupement a été fait avec si peu d'art qu'un même événement, si le roi y a fait preuve de plusieurs vertus, se trouve répété dans autant de chapitres [1]. Il y a d'ailleurs, dans cette négligence apparente, quelque chose de voulu : Guillaume s'est avant tout préoccupé d'inspirer la confiance, et, afin d'y parvenir, il a sacrifié la forme pour suivre d'aussi près que possible le texte de l'enquête. « En la descripcion des choses que « Nostre Sires touz puissanz a deignié fere par le benoiet « saint Loys, dit-il en son prologue, il m'a semblé que je ne « devoie fere force en curieuse et aournee maniere d'es- « crire ; meesmement comme je n'i entende nule chose a « metre ne amenuisier, mes ces choses que j'ai escrire « loiaument, si com eles sont enquises, escriptes, prouvees « et examinees par la cort de Romme et aprouvees, pour ce « que eles soient creues plus certainement de toute bonne « gent [2]. » On aura lieu plus loin, en étudiant les sources de l'ouvrage, de voir avec quelle fidélité l'auteur a exécuté son programme.

L'examen de la deuxième partie donne lieu à d'autres observations. D'abord le style en est tout autre. Paulin Paris, à qui cette différence n'avait pas échappé, en avait conclu que l'auteur s'était sans doute « contenté de trans- « crire les dépositions recueillies par les inquisiteurs chargés « de rassembler les pieux témoignages favorables à la cano- « nisation [3]. » Je me permettrai d'aller plus loin. Le contraste est si grand entre le style de la Vie et celui des

---

1. Voyez notamment, p. 28 et 103, les deux passages relatifs à la formule des proclamations de saint Louis devant Tunis.
2. Page 6.
3. *Histoire littéraire*, XXV, 166-167.

Miracles qu'il ne me paraît pas possible de les attribuer au
même traducteur. Non seulement la clarté a remplacé la
confusion ; la fermeté, et parfois l'animation, se sont substi-
tuées à la platitude et à la pesanteur ; mais le vocabulaire
même est changé. Le traducteur des Miracles avait notam-
ment une prédilection pour les diminutifs tels que *poçonnet* [1],
crostelete [2], *un petitet* [3], *jambete* [4], *escrinet* [5], *drapeiet* [6],
chevillete [7], *poulete* [8], dont on trouverait difficilement un
exemple dans la Vie. De plus il paraît être infiniment plus
familiarisé avec le latin que le maladroit traducteur de la
première partie. Les seules erreurs de traduction que je
relève dans les Miracles — telles que *curriculis* pris pour un
diminutif de *cursus* [9] — se trouvent justement dans deux
morceaux empruntés en grande partie à la bulle de canoni-
sation de Boniface VIII, le prologue et le dernier chapitre
qui, l'un et l'autre conçus dans le style tourmenté de la Vie,
paraissent avoir été mis là pour servir d'introduction et de
conclusion à un livre déjà fait. Bref, si dans son prologue
général, Guillaume de Saint-Pathus ne manifestait pas son
désir de faire connaître, non seulement la « vie si ensivable »
du saint roi, mais aussi ses « miracles qui doivent estre
« humblement ennorés, » on pourrait se demander si ce
récit des Miracles doit lui être également attribué ; en tout
cas, le texte reproduit à la suite de la Vie a certainement été

---

1. *Historiens de France*, XX, 122.
2. *Ibidem*, 129 C, 145 E.
3. *Ibidem*, 130 E, 131 A, etc., etc.
4. *Ibidem*, 133 D.
5. *Ibidem*, 146 E.
6. *Ibidem*, 148 E.
7. *Ibidem*, 151 D, 180 B.
8. *Ibidem*, 182 B.
9. *Ibidem*, 121 E. « ..... en usant des petiz cours de ceste vie... » Le
texte de la bulle de canonisation porte : *vite hujus functus curriculis*. [*Histo-
riens de France*, XXIII, 159 C.]

traduit par un autre personnage que celui qui l'a encadré dans le livre en français qui nous est parvenu.

III

LES MANUSCRITS ET LES RÉDACTIONS

Le texte de la Vie et des Miracles de saint Louis nous a été conservé par trois manuscrits appartenant tous trois à la Bibliothèque Nationale.

A = 4976 du fonds français (ancien 620, puis 9647). C'est un volume in-4, à deux colonnes, comprenant 213 feuillets de parchemin, plus 2 feuillets de garde. L'écriture est des environs de l'an 1300; il est orné de rubriques, mais les majuscules initiales n'ont pas été exécutées.

Fol. 1 : « Ci commence li prologues en la vie mon seigneur « saint Loys jadis roy de France. — [G]loire, loenge et « enneur..... »

Fol. 96 en blanc.

Fol. 97 : « Ici commence li prologues des miracles saint Loys. — [C]omme li tres benoiez saint Loys..... »

Primitivement l'ouvrage s'arrêtait au fol. 212 v°, au milieu de la seconde colonne, à ces mots qui terminent le récit du LXV° miracle « .....par les merites du benoiet saint Loys, de « la dite maladie. »

Ce manuscrit a subi deux séries de corrections : celles que nous désignerons par A², sont d'une grosse cursive écrasée paraissant appartenir au début du xiv° siècle. Elles consistent en suppressions par exponctuation, en changements et en quelques additions dont la plus considérable, relative à la mort de l'archevêque de Tyr, se lit au bas du fol. 61 v°[1]. Quelques années plus tard un autre correcteur

---

1. Page 102, note α de la présente édi on.

a procédé à une seconde révision que nous désignerons
par A³. Il paraît s'être surtout attaché à rendre le travail du
premier correcteur plus apparent en grattant les passages
sujets à modification pour récrire à la même place la ver-
sion amendée, ou en biffant à l'encre rouge ceux qui avaient
été simplement exponctués. Cependant certaines correc-
tions lui appartiennent en propre, notamment l'addition, à
la suite des Miracles (fol. 212 vᵒ, col. 2), d'un dernier cha-
pitre relatif à la canonisation de saint Louis : « [E]n cele
« maniere li tres benoiez sainz Loys resplendi....... (fol.
« 213 rᵒ, col. 2) a qui soit enneur et gloire el siecle des
« siecles. Amen. » Parfois même le correcteur de A³ fait
porter son travail sur la révision A²; au fol. 63 vᵒ, par
exemple, il a biffé une correction marginale de A². Son
écriture est identique à celle du scribe du manuscrit B qui
va être décrit ci-dessous.

Le manuscrit fr. 4976 a d'abord appartenu au bibliophile
bien connu Louis de Bruges, seigneur de la Gruthuyse,
dont les armes, peintes au bas du premier feuillet, ont été
plus tard recouvertes de celles de France, et de qui il avait
reçu une riche reliure en velours jaune à fleurs d'argent[1].
Il a passé en Angleterre comme le prouve la note sui-
vante qu'une main du xvᵉ siècle a inscrite au fol. 213 rᵒ-
vᵒ : « This book of the life of saint Loys, kyng of Fraunce,
« yafe and bequwath the ankeresse of Seynt Margaret in
« Westminster to Th[omas] *en surcharge*; » puis après une
ligne et demie grattée, « ....XXIII day of october,
« the yer of his regne XX. Deo gracias. » Parvenu ensuite
dans la bibliothèque de Blois, il y occupait la place que
désigne une mention inscrite au xvIᵉ siècle, sur le verso du

---

1. [Van Praet], *Recherches sur Louis de Bruges, seigneur de la Gruthuyse.*
Paris, 1831, p. 218, nᵒ lxxxij.

premier feuillet de garde : « Des histoires et livres en fran-
« coys. Pulpito 2° à la cheminée. Bloys » et n'a pas quitté
depuis lors la bibliothèque du roi.

B = 5722 du fonds français (ancien Delamare 351, puis
10311ᴬ de la Bibliothèque royale). Ce volume in-4, compre-
nant 209 feuillets à deux colonnes, paraît avoir été écrit aux
environs de 1320. La Vie y occupe les folios 1 à 89, col. 1 ;
la seconde colonne et le verso restent en blanc. Les
Miracles sont transcrits sur les folios 90 à 208. On y voit
des rubriques, des lettrines rouges à antennes bleues dans
la Vie, bleues à antennes rouges dans les Miracles, et trois
petites peintures assez médiocres. En tète du prologue
(fol. 1, col. 1), dans un carré, Guillaume de Saint-Pathus ou
frère Jean d'Antioche, à genoux, en habit de frère mineur,
recevant du pape, en présence de trois cardinaux, le texte de
l'enquête de canonisation. Au-dessous, un G initial orné. En
tète de la Vie (fol. 5 v°, col. 2) dans un grand L initial orné,
peint en partie sur la rubrique, saint Louis debout, la barbe
grise et rase, couronné et nimbé. En tète du prologue des
Miracles (fol. 90 r°, col. 1), dans un carré, saint Louis
debout, la barbe grise et rase, couronné et nimbé. Au-
dessous, un C initial orné.

Écrit, comme nous l'avons dit, de la main même qui a fait
les corrections de la révision A³, le ms. B n'est que la mise
au net de cette révision.

Au ms. B doit sans doute être rattaché un autre manu-
scrit dont nous avons perdu la trace, et qui se voyait au
commencement de ce siècle dans la bibliothèque de William
Beckford à Fonthill Abbey, Wilts. Il est ainsi décrit dans le
Repertorium de Clarke : « La vie, la canonisation et les
« miracles de saint Louis, roi de France, quarto. A superb
« ms. on vellum dated the 7th of september 1288, with
« miniatures, and curious on account of an original portrait

« of S. Louis which appears in one of the initial letters [1]. »
La date du 7 septembre 1288 provient évidemment d'une
lecture inintelligente de la date de l'élévation du corps de
saint Louis qui se trouve vers la fin du dernier chapitre des
Miracles, « en l'an de l'Incarnacion Nostre Seigneur M II^c IIII^{xx}
« et XVIII, la septieme kalende de septembre [2] ». Or, on
sait que ce dernier chapitre relatif à la canonisation n'exis-
tait ni dans A ni dans A². De plus, on voyait, dans une des
initiales du ms. Beckford, un portrait de saint Louis qui
figure à une place analogue dans B (fol. 5 v°, col. 2) et que
l'on chercherait vainement dans A et dans C. Il est donc
probable que la parenté de ce manuscrit avec le ms. B était
assez étroite pour que nous n'ayons pas trop à regretter de
n'avoir pu en faire usage.

C = 5716 du fonds français (ancien fonds Cangé, puis
10309³ de la Bibliothèque royale). Très beau manuscrit
in-4, sur vélin, composé de 666 pages à deux colonnes. Les
pages 1 à 283, col. 1, sont occupées par la Vie ; la deuxième
colonne et la page 284 ont été laissées en blanc; les pages
285 à 666 contiennent le texte des Miracles. Écriture du
xive siècle. Rubriques, lettres ornées. Belles peintures en
tête de chaque chapitre.

P. 1, en tête du prologue. Le Confesseur ou frère Jean
d'Antioche en habit de frère mineur, tenant un livre ouvert,
est à genoux devant le pape assisté de deux cardinaux. Der-
rière le religieux, cinq évêques et quatre clercs debout.

P. 10, en tête de la liste des témoins. Le pape assis, un
livret ouvert à la main, reçoit les dépositions de Charles
d'Anjou, de Philippe le Hardi, de quatre évêques et de deux
clercs.

---

1. *Repertorium bibliographicum or some account of the most celebrated
british libraries.* London, Clarke, 1819, in-8.
2. Voyez *Historiens de France*, XX, 189 D.

Les autres peintures sont conformes au contenu des chapitres qu'elles servent à illustrer; plusieurs ont été reproduites dans l'édition de Joinville publiée chez Didot par M. de Wailly.

Ce manuscrit appartient à la même rédaction que B et que A³; quoique d'une exécution matérielle très soignée, il a été copié par un scribe distrait qui a commis de nombreuses bévues, telles que mots estropiés ou omis, etc.

Enfin on doit noter que ce beau volume présente, avec le principal manuscrit de Joinville (fr. 13568), dit manuscrit de Bruxelles, une analogie déjà remarquée par Paulin Paris [1]. De part et d'autre, c'est le même aspect, le même format, le même nombre de lignes (22 à la page), la même décoration; ce sont les mêmes réclames encadrées à la fin de chaque cahier. Bref on peut affirmer que ces deux manuscrits ont été non seulement écrits et décorés par les mêmes hommes, mais encore exécutés vers le même temps, c'est-à-dire sous le règne de Charles V.

De la description des manuscrits, il résulte que l'œuvre du Confesseur ou, plus exactement, que la traduction de cette œuvre se présente à nous dans trois états successifs dont les types sont réunis ou, si l'on veut, superposés dans un même manuscrit, celui que j'ai appelé le ms. A.

1° La première rédaction est celle que contenait le ms. A, avant les corrections de A². Elle était sans doute plus rapprochée de l'original latin que les deux autres. C'est vraisemblablement à cette rédaction qu'appartenait le manuscrit de M. de Sénicourt, mentionné par M. Maillard, dans sa lettre du *Mercure de France* [2].

---

1. *Des manuscrits des mémoires de Joinville* dans les *Études sur la vie et les travaux de Jean, sire de Joinville*, par A. Firmin Didot, Paris, 1870. In-12, p. 149.

2. Voyez plus haut, p. VIII.

2° La seconde est représentée par le même manuscrit
transformé par le correcteur de A²; c'est une amélioration
du texte précédent obtenue par la suppression de certaines
tirades ampoulées et difficilement intelligibles, telles que
celles qui se lisaient au début des II°, III° et IV° chapitres,
ou même par la suppression de quelques récits qui faisaient
double emploi [1], enfin par quatre additions relatives, l'une
à la mort de l'archevêque de Tyr [2], les trois autres à des
paroles échappées à Jean Borgneigneit [3], additions dont je
ne puis démêler exactement la provenance. Le correcteur
de A² les a-t-il tirées d'une rédaction du texte latin autre que
celle qui avait été traduite dans A, ou bien a-t-il été les
chercher dans les dépositions originales? On ne saurait
vraiment le dire.

3° La troisième rédaction est le résultat d'une autre révi-
sion du ms. A que j'ai désignée par A³. L'auteur de cette
révision, dont l'écriture ne peut être confondue avec celle
du premier correcteur, a mis son travail au net dans le
ms. B écrit tout entier de sa main. Cette rédaction d'ailleurs
se distingue de la seconde par quelques amendements peu
importants, et surtout par l'addition au livre des Miracles
d'un dernier chapitre relatif à la canonisation de saint
Louis, chapitre emprunté presque tout entier à la bulle
de 1297.

A cette rédaction se rattache aussi le ms. C qui paraît
avoir été exécuté directement d'après A³, sans l'intermé-
diaire de B dont il s'écarte quelquefois, tout en restant
conforme à A³.

---

1. Pages 111, note c, et 126, note c.
2. Page 102, note a.
3. Pages 115, notes d et e, 116, note a.

IV

LES SOURCES

Le livre de Guillaume de Saint-Pathus, s'il ne permet pas de reconstituer un portrait aussi vivant que celui dont Joinville nous a laissé les éléments, n'en est pas moins une source extrêmement riche en renseignements sur la vie, les mœurs, et la personne de saint Louis. Cependant, malgré le parti qu'en a jadis tiré Tillemont, malgré deux éditions, malgré la notice insérée dans l'*Histoire littéraire de la France*, il semble que les savants de nos jours n'accordent pas toujours à ce texte la place considérable qu'il doit occuper parmi les documents servant à établir la biographie de notre plus grand roi. Au sentiment peu raisonné qui a quelquefois amené les historiens à préférer des narrateurs moins intéressants, l'insipide Geoffroy de Beaulieu par exemple, je ne puis trouver qu'un prétexte : les sources auxquelles le Confesseur avait puisé, c'est-à-dire les enquêtes qui ont précédé la canonisation, ayant totalement disparu, il semblait impossible de contrôler la véracité d'un auteur dont le nom même demeurait encore inconnu.

La cause de cet abandon immérité ne subsiste plus : il y a quelque années déjà, le comte Riant avait découvert, dans les gloses marginales d'un manuscrit du Vatican, sept extraits de la déposition que Charles d'Anjou avait faite lors de l'information sur la vie de son frère[1]. Depuis lors j'ai publié, d'après des fragments retrouvés dans les Archives pontificales, les témoignages recueillis sur les 5e, 41e et 51e miracles et le rapport sur le 5e rédigé par trois cardinaux

---

1. *Notices et documents publiés pour la Société de l'Histoire de France à l'occasion du cinquantième anniversaire de sa fondation*, p. 154-176.

désignés par Martin IV [1]. Ces témoignages, joints aux
extraits découverts par M. Riant, constituent des spécimens
assez considérables des deux parties de l'enquête de 1282
pour qu'on se trouve en mesure de déterminer si le livre de
Guillaume de Saint-Pathus en reproduit fidèlement la sub-
stance.

La deuxième partie n'a certainement pas d'autre source
que l'enquête sur les Miracles ; les expressions employées
dans la version française du Confesseur sont, en effet, la tra-
duction littérale du texte des dépositions. Que l'on prenne
par exemple le texte du 5e miracle, l'histoire de la guérison
d'Emmelot de Chambly-le-Haubergier [2]; il sera facile d'en
reconstituer le texte latin tout entier au moyen de centons
empruntés aux dépositions dont il présente un très
fidèle résumé [3]. Je ne serais d'ailleurs pas éloigné de
croire que ce résumé n'est pas du fait de Guillaume de
Saint-Pathus. Si, pour trois miracles, nous ne voyons pas
apparaître moins de vingt témoins, on peut en induire que
le nombre de ceux qui vinrent déposer sur les soixante-
cinq miracles examinés dans l'enquête, ne dut pas être
inférieur à quatre cents. On juge de l'énorme masse de
parchemin qu'aurait exigée la transcription intégrale de ces
quatre cents témoignages. Boniface VIII dit lui-même, dans
un sermon prononcé à Orvieto à l'occasion de la canonisa-
tion, que le poids des écritures nécessitées par les enquêtes
aurait excédé la charge d'un âne [4]. Il est donc vraisem-
blable qu'on se sera borné à envoyer de Rome au Confes-
seur un abrégé des dépositions, et que c'est de cet abrégé

---

1. *Mémoires de la Société de l'Histoire de Paris*, XXIII, p. 1 à 71.
2. *Historiens de France*, XX, p. 127.
3. *Mémoires de la Société de l'Histoire de Paris*, XXIII, p. 18 et suiv. 31 1,
39, etc.
4. *Domini Bonifacii papæ VIII sermo de canonisatione regis Ludovici*, dans
les *Historiens de France*, XXIII, 150 1.

qu'il aura formé de toutes pièces la seconde partie de
son livre [1].

Pour la première partie, Guillaume fit certainement
œuvre plus personnelle ; lui-même déclare, à la fin de son
prologue, avoir groupé les faits dans un ordre méthodique.
« Ne je n'ai pas ceste oevre toz jors ordie selon l'orde-
« nance du tens pour eschiver confusion ; ainçois ai plus
« estudié a garder ordenance de plus couvenable jointure,
« selon ce que les choses fetes en un meemes tens sembloient
« estre couvenables a diverses matires, ou selon ce que les
« choses fetes en divers tens sembloient couvenir a une
« meesme matire [2]. » Il ne se borne donc pas cette fois à
copier un résumé tout fait. Rien ne s'opposait en effet à ce
qu'on lui expédiât le texte intégral de l'enquête sur la vie ;
celle-ci, ainsi qu'on le voit par la liste des témoins, ne
comportait que trente-cinq dépositions, et le recueil de leurs
dires n'était pas, à beaucoup près, aussi difficile à trans-
porter que celui des témoignages sur les Miracles. Plus
d'une fois le nom du témoin est cité comme garantie de
l'exactitude des faits rapportés ; c'est le cas de Charles
d'Anjou lui-même pour un fait autre que ceux qui sont
rapportés dans les fragments de M. Riant [3] ; c'est aussi le
cas de Joinville qui est nommé deux fois comme témoin [4] et
qui apparaît une troisième fois comme acteur dans un épisode
raconté par le Confesseur avec des détails qu'il n'a pu trou-
ver que dans la déposition du sénéchal puisqu'ils n'existent
pas dans le récit du même épisode que donnent les *Mémoires*
de Joinville [5]. On ne trouverait donc nulle part trace de

---

1. Voir plus haut, p. xiv, les observations suggérées par la langue de cette
seconde partie.
2. Pages 6-7.
3. Page 132.
4. Pages 72 et 133.
5. Joinville, éd. de Wailly, §§ 386-387. — Il n'est pas probable non plus que

l'emploi d'un ouvrage antérieur s'il n'était fait une fois
mention du livre de Geoffroy de Beaulieu [1], livre qui a cer-
tainement aussi servi de source à un autre passage du pre-
mier chapitre [2]. Mais, outre que Geoffroy figure dans la
liste des témoins assermentés, son œuvre commandée par
Grégoire X et adressée au pape [3], devait faire partie inté-
grante des documents de l'enquête, et c'est sans doute à ce
titre que Guillaume de Saint-Pathus y aura eu recours, de
même qu'il a fait dans son prologue des emprunts considé-
rables au document qui termina toutes les enquêtes, à la
bulle de canonisation de 1297 promulguée par Boniface VIII [4].

Il serait assez naturel de croire que l'auteur a complété les
données de l'enquête de 1282 au moyen de ses souvenirs

---

ces détails se soient trouvés dans le récit de la Croisade composé par Join-
ville longtemps avant ses *Mémoires*, récit dont M. Gaston Paris a démontré
l'existence (*Histoire littéraire de la France*, tome XXXII, p. 139 et suivantes);
car en ce cas le sénéchal n'aurait pas manqué de les reproduire dans ses
Mémoires.

1. « Si comme li Confesseurs du benoict roi dit en la vie que il escrist de
« lui... » p. 55.

2. Guillaume de Saint-Pathus,
p. 13.

« ..... son fiuz qui *commença a
« regner en l'aage de .xij ans; lequel
« prist courage d'omme en cuer de
« femme et amenistra vigureuse-
« ment, sagement, puissamment et
« droiturie[re]ment et garda les droiz
« du roiaume et defendi contre plu-
« seurs adversaires* qui adonques
« aparoient par sa *bonne pour-
« voiance.* »

Geoffroy de Beaulieu, *Historiens
de France*. XX, p. 4 d.

« Siquidem cum *regnare cepisset
« et non haberet nisi circiter duo-
« decim annos* quam strenue, quam
« *industri[os]e*, quam *juste* quam po-
« *tenter* dicta mater *administraverit
« et custodierit et defensaverit jura
« regni* testes sunt qui tunc presentes
« aderant circa regem; quamvis eo
« tempore *plurimos* et fortissimos
« habuerit rex *adversarios* in princi-
« pio regni sui. Sed meritis innocen-
« tie ipsius ac *solerti providentia*
« matris ejus (que tota virago sem-
« per extitit et *feminee cogitationi* ac
« sexui *masculinum animum* jugiter
« *inferebat*) perturbatores regni
« semper confusi succubuerunt. »

3. Guillaume de Chartres, *Historiens de France*, XX, 28 e.

4. Page 2, note 1 et 2; p. 3, note 1.

particuliers ; mais n'ayant été attaché à la personne de
Marguerite de Provence que sept ou huit ans avant la mort
du roi, il n'aurait pu être que l'écho des confidences de la
reine. Or, sauf le propos de Marguerite rapporté au qua-
trième chapitre [1], sauf, peut-être, le trait de continence du
saint roi rapporté au début du seizième [2], on ne voit rien
qui paraisse provenir de ces confidences. La raison en est
évidemment dans le fait que la reine ne fut pas appelée à
déposer dans l'enquête de canonisation [3]. La part person-
nelle du Confesseur se réduit donc, outre quelques amplifi-
cations oratoires, à l'ordre méthodique que, suivant en cela
l'exemple de Geoffroy de Beaulieu, il a donné à la partie
biographique de son livre. Sauf ces exceptions insigni-
fiantes, tout le reste peut être considéré comme un résumé
très fidèle des enquêtes dont il reproduit souvent jusqu'aux
expressions dans les parties dont nous avons la source. On
ne voit donc pas qu'il y ait lieu de déplorer, autant qu'on
l'a fait jusqu'ici, la perte des documents ayant servi à
la canonisation de saint Louis, puisque le livre de Guillaume
de Saint-Pathus en a conservé toute la substance.

V

LES ÉDITIONS

La plus ancienne édition de l'œuvre de Guillaume de Saint-
Pathus est une édition latine insérée en 1741 dans la collec-
tion des Bollandistes [4]. Ce n'est pas, comme on aurait pu
l'espérer, une reproduction de l'original latin, aujourd'hui
perdu; il est, en effet, formellement exprimé dans le titre que

---

1. Page 30.
2. Page 129.
3. C'est ce qui résulte de la liste des témoins publiée p. 7.
4. Tome V du mois d'août. p. 571-672.

nous n'avons là qu'une traduction d'un manuscrit français
faite par un auteur dont on ne donne que les initiales, J. S. [1],
manuscrit qui paraît appartenir à la troisième rédaction [2].

Vingt ans plus tard, en 1761, à la suite de la grande édi-
tion de Joinville publiée par Melot, Sallier et Capperonnier
(p. 291-523), parut une édition française. Le texte en avait
été donné d'après deux manuscrits qui ne sont pas désignés,
mais certaines remarques, notamment l'indication de plu-
sieurs passages que les éditeurs disent être biffés dans le
manuscrit qu'ils ont principalement suivi, s'appliquent clai-
rement au manuscrit A. S'il est vrai que les progrès de la
philologie romane exigeraient aujourd'hui plus d'une correc-
tion dans la langue, l'établissement du texte fait le plus
grand honneur à la critique des érudits qui l'ont dressé:
ceux-ci ont, en effet, poussé le souci de l'exactitude jusqu'à
devancer les habitudes de notre siècle en distinguant par
des caractères différents les passages appartenant aux
diverses rédactions. Malgré sa date, cette édition est
très supérieure à celle que MM. Daunou et Naudet ont
donnée en 1840 dans le tome XX des *Historiens de France*.

Comme leurs prédécesseurs, ces savants disent n'avoir eu
sous les yeux que deux manuscrits qu'ils désignent, et qui
sont les mss. B et C [3]. Cependant ils ont imprimé les
passages qui ne se trouvent que dans A et, par je ne sais

---

1. « *latine reddita ex ms. Gallico interprete J. S.* »
2. Une indication incomplète, donnée par M. Potthast dans sa *Bibliotheca
historica* (2ᵉ édition, article *Joinville*, t. 1, p. 679, col. 1) avait pu faire croire
qu'une édition de Joinville parue sans nom d'auteur en 1667, édition dont
on ne connaît qu'un exemplaire conservé à la Bibliothèque royale de Berlin,
contenait en appendice le livre du Confesseur. (Cf. la notice de M. Gaston
Paris sur *Jean de Joinville* dans l'*Histoire littéraire*, XXXII, p. 411, note 2.)
Mais une obligeante communication du Dʳ Gerhard, directeur du département
des Imprimés à cette bibliothèque, m'apprend que l'appendice en question
n'est qu'un « *Abrégé de la vie et mort de la reine Marguerite* » en 5 pages,
lequel n'a rien de commun avec l'ouvrage de Guillaume de Saint-Pathus.
3. *Historiens de France*, XX, p. 58.

quelle méprise, ils ont parfois confondu ce manuscrit avec le manuscrit C [1]. De là résulte une inextricable confusion pour celui qui veut chercher à comprendre comment leur texte a été établi.

Ce sont eux sans doute qui doivent être rendus responsables de l'erreur où est, à son tour, tombé Paulin Paris. Cet auteur a consacré, au Confesseur de la reine Marguerite, dans l'*Histoire littéraire* [2], une notice contenant plus d'une remarque ingénieuse, et dont nous avons beaucoup profité. Mais il est impossible d'entendre ce qu'il dit des manuscrits. Lui aussi n'en a connu que deux : le n° 5722 du fonds français (celui que je désigne par B) et un autre qui ne peut être que le ms. A puisqu'il y signale les « ratures intelligentes » qui en sont la principale caractéristique, mais auquel il donne la cote 5709 que ce volume n'a jamais portée : de sorte que, par un singulier hasard, le ms. A, fondement de toutes les éditions, ne se trouve formellement désigné dans aucune.

Il me reste à dire un mot de celle que je présente aujourd'hui au public. Le but que je me suis proposé a été de donner le texte le moins éloigné possible de l'original latin. Tel était évidemment celui du ms. A avant les corrections de A[2] et A[3]; j'ai donc entrepris de restituer le texte de ce manuscrit en rétablissant tous les passages et tous les mots raturés encore visibles. Mais, dans bien des passages, la restitution était impraticable, le texte de A ayant été gratté et remplacé par un texte amendé. J'ai dû me borner en ce cas à imprimer le texte amendé en italiques et entre crochets, de manière à empêcher de le confondre avec le texte primitif de A. Quant aux variantes provenant des

---

1. *Historiens de France*, XX, p. 66, note 1.
2. Tome XXV, p. 154 à 177.

autres manuscrits, voulant donner une idée de la langue de chacun d'eux, je les ai toutes minutieusement notées dans le prologue et dans la liste des témoins. Mais dès le premier chapitre (p. 12), j'ai cessé de noter celles qui n'avaient qu'un caractère purement orthographique.

Tel est le travail que m'a facilité l'obligeant concours de deux de mes confrères : M. Auguste Molinier qui a bien voulu se charger d'être mon commissaire responsable, et M. Antoine Thomas qui m'a fait profiter de sa haute compétence philologique.

Le grand défaut du livre de Guillaume de Saint-Pathus, c'est que les faits s'y trouvent rapportés dans un ordre soi-disant méthodique ou plutôt dans un désordre auquel ne remédie aucune indication chronologique. Dans ces conditions un sommaire détaillé ne suffisait pas à faciliter les recherches ; j'ai donc, à l'article « Louis IX » de la table alphabétique, disposé les faits dans l'ordre chronologique et groupé rationnellement ceux qu'il était impossible de dater.

Enfin, pour me conformer à l'esprit tout pratique dans lequel a été conçue la *Collection de textes pour servir à l'étude et à l'enseignement de l'histoire*, j'ai cru inutile de publier le recueil des miracles qui forme la seconde partie de l'ouvrage du Confesseur, recueil que ne devront certes pas négliger ceux qui s'intéressent à nos anciennes mœurs privées, mais qui ne contient absolument aucun trait d'histoire générale.

SOMMAIRE

————

VIE DE SAINT LOUIS

CI COMMENCE LI PROLOGUES EN^a LA VIE MONSEIGNEUR SAINT LOYS^b JADIS ROI DE FRANCE

Gloire^c, loenge^d et enneur soient rendues en [*humble*] reverence et entenive devocion a Dieu, nostre pere souverain^e de lumiere, du quel toute chose tres bonne est donnée et tout^f don parfet; et pour ce il soit^g ennorez de touz ceux^h qui aiment et enneurent la foi crestienne, des quex l'esperance tent la sus en [*paradis. Car il qui est*] plenteureus en misericorde, liberal en grace et large en guerredonⁱ, a encliné de la hautece des ciex^j les ieux^k de sa majesté^l a la petitece du monde et a regardé, par benigne consideracion [*et avis, les merites*] granz^m du benoiet saint Loysⁿ, jadis noble roi de [*France et ores*] son tres glorieux confesseur, et a regardé les oevres^o merveilleuses par les queles icil benoiet^p saint Loys^q, vivant^r en cest^s siecle, resplendi^t ausi comme lumiere pleinne^u de clarté. Les queles merites et oevres^v Nostre Sires, comme juges droituriers et guerredonneur^w dignes de loenge, entendanz a

---

a. de C. — *b.* Looyz C. — *c.* et *add.* B. — *d.* louenge C. — *e.* souvrain B. — *f.* tot B. — *g.* soit-il A², B, C. — *h.* ceus B, ceulz C. — *i.* liberaus en graces et larges en guerredons A², B, C. — *j.* hautesce du ciel C. — *k.* ieuz B, ielx C. — *l.* mayesté C. — *m.* les granz merites C. — *n.* Looys C. — *o.* œuvres C. — *p.* benoioiz A², beneoiz B, beneoit C. — *q.* Looys C. — *r.* vivanz B. — *s.* ce C. — *t.* resplendissant C. — *u.* pleinne *omis* C. — *v.* œuvres C. — *w.* guerredoneurs B.

guerredonner dignement, a mis le benoiet[a] saint Loys[b]
en la joie de paradis, comme parfet[c] en merites, et en
guerredon tres digne après la chartre de ceste presente
vie et les [travaus][d] de cest[e] monde, que li benoiet saint
Loys[f], fervenz en Dieu[g] servir, puissamment et apertement
soustint; et por[h] ce, li a Nostre Sires donné lieu el[i] ciel
ou il siée avecques les princes, et que il[j] tiegne la chaiée[k]
de gloire pour user et [sentir des] granz douceurs[l] de la
beneurté[m] pardurable[1].

Mes qui porroit, tant fust devant les[n] autres puissant de
grant esperit et[o] si discret ou si sage ou de[p] clerc elo-
quence, si[q] que il peust soufisamment recorder ne dire [la
grandeur] de la saintée et l'excellence de ses[r] merites de
mout de manieres, par les queles le[s] benoiet saint Loys[t]
devant dit [en sa vie] resplendi en terre[u]. Comme il soit einsi
que pluseurs choses s'offrent[v] a recorder pour ce[w] a estre
racontées de ses fez qui sont a loer, que [penne ne puet[x] escrire,
levres mostrer ne langue dire, si comme dit messires Boni-
faces witiemes[y] papes en la canonizacion du dit saint[2]]: car
il fu tres nobles de lignage, haut par[z] puissance, pleins de
richeces, [granz] en vertuz, nobles de meurs[x], pleins d'on-
esté[ɛ], toutes choses deshonestes et ledes[γ] despisanz. Le
benoiet saint Loys[ẟ] gouverna son roiaume de France par
l'espace de lonc tens et adreça pourveuement et aviséement

a. beneoit B, C. — b. Looys C. — c. parfait C. — d. travax B. — e. ce
C. — f. benoiez sainz Loys B, benoit saint Looys C. — g. en li B, C. — h.
pour C. — i. ou C. — j. que il biffé A³, omis B, C. — k. chaiere A²*, B, C.
— l. doceurs B. — m. beneureté A². — n. les biffé A³, omis B, C. — o. et
biffé A² et A³, omis B, C. — p. si add. C. — q. si expunctué A², omis C. —
r. de ses corrigé en des A², A³, B, C. — s. li A² et A³. — t. beneoiz sainz
Loys B, benoit saint Looys C. — u. et add. C. — v. se sueffrent C. — w. pour
ce corr. en et A², c. A³, C. — x. ne le porroit C. — y. huitiemes C. — z. de C.
— x. et add. C. — ɛ. et add. C. — γ. et ledes omis C. — ẟ. le benoiet saint
Loys biffé et remplacé par et dans A² et A³, leçon reproduite dans B, mais rem-
placée par ainsi dans C.

1. Tout ce qui précède est emprunté littéralement à la bulle de canonisa-
tion de saint Louis (Historiens de France, t. XXIII, p. 154 A D).

2. Ce n'est pas, comme on pourrait le croire, cette seule phrase, mais
bien tout l'alinéa qui, de même que le précédent, est tiré de la bulle de cano-
nisation. (Historiens de France, t. XXIII, p. 154 J).

le gouvernement de celui roiaume[a] qui estoit pleins de granz cures, en tele maniere que il ne fu a nului[b] nuisables[c], ne a nul ne fist injure ne violence et garda souvrainement justise, nulle chose lessant qui apartenist a droiture, les fez qui ne font a recorder des pervers punissant[d] par poinne avenant et abatant les efforcemenz des mauvès[e], leur malveses oevres[f] refrenant; et il[g] fuz toz jors jalous de pès, fervenz amerres[h] de concorde, avancerres[i] soigneus de unité. Descordes il fuioit, escandes il eschivoit et haoit dissensions. Pour la quele chose, el tens[j] de son benoiet[k] gouvernement, les ondes d'assaus de toutes parz [furent asserisiées] et turbacions nuisables en[l] loing chaciées. A[m] ceus qui demoroient en son roiaume, l'aube de pès decorant de douceur[n] luist et serieté liée de prosperité a volenté leur rist. [Et pour ce] que la clarté de ses oevres[o] ne demeure atapie en ombres ne en tenebres, d'iceles aucunes soient ci dites briément et amenées en commune connoissance[1].

[Et comme] je me sent[p] non soufisant a descrire la vie tres digne d'ensuirre[q] de ce tres excellent saint, je n'eusse en nule maniere ce essaié ne empris, se le fervent desir de tres[r] noble dame, c'est a savoir[s] madame Blanche[2] devote[t] fille de cel[u] meesmes glorieus saint Loys[v], ne m'eust a ce semons et meemement m'eust[vv] contreint la[x] copie de

---

a. celi royaume C. — b. nulli C. — c. nuisanz A², A³, B, C. — d. punissoit C. — e. maivès B. — f. malvaisses oevres C. — g. il *biffé* A² *et* A³, *omis* B, C. — h. amierres A², C. — i. avancierres A², B, C. — j. ou temps C. — k. benoiet *omis* C. — l. en *biffé* A² *et* A³. — m. et a A³, B, C. — n. doceur B. — o. oeuvres C. — p. sente A², B, C. — q. d'ensivre B. — r. tres *biffé* A² *et* A³, *omis* B, C. — s. c'est a savoir *biffé* A² *et* A³, *omis* B, C. — t. devote *biffé* A² *et* A³, *omis* B, C. — u. celui C. — v. Looys. — vv. et se a ce meemement ne m'eust A², B, C. — x. Un mot très court, peut-être a *gratté avant* la A³.

---

1. Ici se terminent les emprunts faits à la bulle de canonisation. La dernière phrase (*Et pour ce que — connoissance*) a été déplacée par le Confesseur pour servir de liaison avec ce qui suit; elle aurait dû se trouver plus haut, après *toutes choses deshonestes et ledes despisanz*.
2. Blanche de France, née à Jaffa en 1253, veuve depuis 1275 de Ferdinand de la Cerda, infant de Castille, morte le 17 juin 1320, fut enterrée dans l'église de ce même couvent des Cordeliers de Paris où son confesseur déposa la copie de l'enquête de canonisation qui lui avait été envoyée de Rome.

[l'enqueste sus la vie jurée et sus les miracles du glorieus saint Loys][a] fete[b] de l'autorité de la cort[c] de Romme et[d] tens de beneurée memoire de nostre tres saint pere [*Martin quart, apostoire[e] de Romme, la quele[f] fu fete en*] l'an de l'Incarnacion Nostre Seigneur mil deus cens [*iiij^{xx} et ij*[1], et commença l'enqueste sus la vie au*] jour de vendredi, douzieme entrant juing[g] jusques[h] au jour de juesdi vitisme[i] du mois d'aoust [*en ce meesme an*; et l'enqueste sur les miracles commença l'an m.cc.iiij^{xx} et ij el mois[j] de mai et fina l'an m.cc.iiij^{xx} et iij el[k] mois[l] de marz*[2], et furent ces enquestes fetes a l'abeie[m] de Saint Denis en France par ennorables peres en Jhesu Crist Guillau]me, arcevesque de Roen[3], et Guillaume, evesque d'Aucerre[n 4], et par[o] Rollant, evesque de Spolete[5], et fu examinée en la court de Romme par grant diligence et aprouvée[p]. La quele copie me fu bailliée partie a Paris et partie m'en fut envoiée de la dite court; et la copie des choses devant dites me fu bailliée a Paris en partie de beneurée memoire[q] pere[r] reverent [*en Jhesu Crist*], frere Jehan de Samois, evesq[*ue jadis*[s]] de

a. Looys C. — b. faite et C. — c. court B, C. — d. u B, ou C. — e. apostoile C. — f. si *add.* C. — g. entrant juing *omis* C. — h. et dura jusques A³, B. — i. vintisme B, vintiesme C. — j. ou moys C. — k. eu B, ou C. — l. moys C. — m. en l'abbaie C. — n. Aucerre A³ B, Aucerre C. — o. par *omis* B. — p. aprouvée eu tens de pluseurs papes et especiaument de mon seigneur Boniface pape witieme *add.* A³, B, C. — q. beneurée memoire *biffé* A² et A³ *omis* B. C. — r. par pere A³, B, C. — s. jadis evesque C.

1. L'enquête de 1282 avait été précédée d'une autre enquête, faite par ordre de Nicolas III de 1278 à 1280, par le cardinal même qui devait lui succéder sous le nom de Martin IV, Simon de Brie. Mais Martin IV étant mort peu de temps après l'achèvement de la seconde enquête, Nicolas IV en ordonna une troisième dont il ne put voir la fin; le procès ne fut clos qu'au mois d'août 1297 par Boniface VIII.
2. Cette date n'est point donnée suivant le *mos gallicanus* ainsi que l'a cru Le Nain de Tillemont (*Vie de S. Louis*, t. V, p. 217); le Confesseur l'aura copiée sur le procès-verbal d'enquête daté vraisemblablement selon les usages de la chancellerie pontificale. Il résulte en effet des dépositions que j'ai publiées dans les *Mémoires de la Soc. de l'Histoire de Paris* (t. XXIII, année 1896, p. 4), que l'enquête sur les miracles n'a pas dû être prolongée au delà du mois de mars 1283 (n. st).
3. Guillaume de Flavacourt, archevêque de Rouen, 1278-1306.
4. Guillaume de Grez, évêque d'Auxerre, 1279-1293.
5. Roland Taverna, évêque de Spolète, 1270-1285.

Lisieues[1], qui avoit esté procurateur especial continuelment de la canonizacion du benoiet*a* saint Loys*b* en la court de Romme, et me fu, en autre partie, envoiée de la cort*c* la copie des choses dites de homme religieus frere Jehan dit Antyoche, penancier nostre saint pere le pape, qui fu el*d* tens de la dite canonizacion compaignon du dit [evesque de Lisieues] en la court*e* de Romme ; et du commandement de celui meesmes [evesque*f*] li diz freres Jehans, [penanciers, pro]cura la copie desus dite en la cort de Romme a ceuz*g* a cui li diz*h* evesques l'avoit lessiée quant il se parti de la dite court*i*. Et pour ceste cause sanz doute la copie de [ceste enqueste me fu baillée, ja soit ce que je n'en fusse miei digne ; quar*k*] j'avoie esté confesseur par xviij ans et plus de noble*l* dame de bone memoire*m* ma dame Marguerite, reine de France[2], jadis femme du benoiet*n* saint Loys*o*, ja soit ce que je n'en*p* fusse pas [covenable, et] avecques ce j'estoie confesseur*q* familier de tres devote dame*r*, ma dame Blanche desus*s* dite, leur fille, en cel tens que je oi la copie de[s choses desus]*t* dites es manieres devant dites, par l'ordenance de la grace de Dieu*u*. La quele copie eue je fis metre en [garde chiez*v* les] Freres Meneurs du convent de Paris[3], por ce que, se aucun se doutoit en ces choses desus dites*w*, que il puisse la recourre se il en velt estre plus certain.

a. benoit C. — *b*. Looyz. — *c*. court C — *d*. ou C. — *e*. cort B. — *f*. de celi evesque B. — *g*. cels B, ceulz C. — *h*. diz *omis* B. — *i*. cort B. — *j*. pas C. — *k*. car B. — *l*. tres *add.* A², B, C. — *m*. de bone memoire *omis* C. — *n*. benoit B, benoit C. — *o*. Looys C. — *p*. ne li A², B, C. — *q*. confessor A² *et* A³. — *r*. tres devote dame *biffé* A² *et* A³, *omis* B, C. — *s*. desus *omis* B. — *t*. choses desus *mis entre crochets ayant été gratté et remplacé par* ceste enqueste *dans* A², *a été restitué par conjecture.* — *u*. *Les treize derniers mots (dites-Dieu) sont biffés dans* A² *et* A³ *et remplacés dans* B. *et* C *par* ceste enqueste. — *v*. sus C. — *w*. desus dites *biffé* A² *et* A³, *omis* B, C.

1. Jean de Samois, évêque de Rennes. 1297-1299, puis de Lisieux, 1299-1302.

2. Marguerite de Provence mourut le 21 décembre 1295.

3. Le couvent des Cordeliers, occupé durant l'époque révolutionnaire par le célèbre club où domina Danton, s'élevait sur l'emplacement de l'Ecole de médecine actuelle. Il n'en subsiste plus que le réfectoire converti en musée anatomique.

Donques pour ce que les merites de ceste vie si ensivable
qui doit estre a ceus qui après nos vendront lessiée et
envoiée[a], et les miracles qui doivent estre humblement
ennorez[b], ne[c] puissent, par aventure, ci après estre
oubliez, pour ce que par ma negligence ne soient mie assem-
blez, et la devocion du pueple a monseigneur saint Loys[d]
desus dit[e] ne puist estre retardée, et je meesmes chetiz
a qui nostre sire Diex a donné grace especial d'avoir en
France la copie desus dite, si com il est dit[f], ne[g] puisse a
droit estre acusez de negligence de Dieu et du benoiet[h]
saint Loys, ceste oevre[i] qui m'est enjointe ai emprise en
[doute de Nostre] Seigneur et en reverence. [Et] en la
descripcion des choses que Nostre Sires touz puissanz a
deignié fere par le benoiet[j] saint Loys, il m'a semblé que je
ne devoie fere force en curieuse et aournée maniere d'escrire,
meesmement comme je n'i entende nule chose a metre ne
amenuisier, mes ces choses que j'ai[k] escrire loiaument si
com eles sont escriptes[l], prouvées et examinées par la cort[m]
de Romme et aprouvées, pour ce[n] que eles soient creues plus
certainement de toute bonne gent[o]. Et ja soit ce que la
verité de la saintée du benoiet saint Loys[p] apere clerement
a[q] bien pres a toutes genz, nonporquant pour ce que ele
apere encore plus apertement, il me semble que digne chose
est que les nons des tesmoinz jurez seur la vie de cest
benoiet[r] saint merveilleuse soient notez eu commencement
de ceste moie[s] descripcion, non pas selon l'ordre que il
furent examinez d'iceus[t], mes selon l'ordenance de leur
dignité, si com il aparra ici[u] après[v]; ne je n'ai pas ceste
oevre toz jors ordie[w] selon l'ordenance du tens pour eschi-
ver confusion, ainçois ai plus estudié a garder ordenance de

a. lessiee et envoiee *omis* C. — b. envoiez B. — c. ne *omis* A, *add.* A². —
d. Looys C. — e. desus dit *omis* C. — f. si com il est dit *biffé* A² *et* A³, *omis* B
et C. — g. ne *omis* A, *add.* A². — h. benoit B, benoit C. — i. oeuvre. —
j. benoit B. — k. veues *add.* A², B, C. — l. enquises *add.* A³, C. — m. court C.
— n. ce *omis* C. — o. toutes bones genz C. — p. benoit saint Looys C. — q. u
omis B, C. — r. ce benoit C. — s. moie *omis* C. — t. d'iceus *exponctué* A².
omis C. — u. ci B. — v. tout soit ce que u tens que sa vie fu examinée, mout
d'autres persones de son hostel et autres estoient trespassez qui avoient veu
sa sainte vie *add.* A³, B, C. — w. ordenée C.

plus convenable jointure, selon ce que les choses fetes en un meemes tens sembloient estre convenables a diverses matires, ou selon ce que les choses fetes en divers tens sembloient convenir a une meesme matire.

LE COMMENCEMENT DE LA VIE DE CE BENOIET SAINT LOYS*a*, LE MOIEN ET LA FIN*b* DEVISEZ EN XX CHAPITRES*c* QUI SONT CI DESOUS ORDENÉEMENT NOTEZ, MES PREMIEREMENT*d* COMMENCENT LES NOMS DES TESMOINZ*e*.

Phelipe, roi de France[1], fiuz*f* saint Loys secont engendré, qui gouverna le roiaume*g*.

Challes, roi*h* de Sezile[2], frere du benoiet*i* saint Loys*j*.

Pere ennorable Nichole, evesque de Evreues[3], de liij ans*k* ou environ.

Pere ennorable Robert, evesque de Senlis[4], de lviij ans*l* ou environ.

Monseigneur Mahi, abes de l'abeie de Saint Denis[5] en France, de lx ans ou environ.

Frere Adan de Saint Leu, abes de Roiaumont[6], de l'ordre de Cystiax, du dyocese de Biauvès, de lxviij ans ou environ.

Frere Lorenz, abes de Chaaliz[7], de l'ordre de Cystiax, du dyocese de Senliz, de lviij ans et plus*m*.

a. benoit saint Looys C. — *b.* sont *add.* C. — *c.* sont descriz *add.* A B. — *d.* mes premierement *remplacé dans* C *par* Ci commencent. — *e.* qui y furent presentement. Rebriche (*sic*) C. — *f.* du benoiet *add.* A³, B, du benoit C. — *g.* de France après lui *add.* A³, B. — *h.* Charles roys C. — *i.* benait C. — *j.* Looys C. — *k.* d'aage *add.* C. — *l.* d'aage *add.* C. — *m.* lviij anz ou environ C.

1. Philippe le Hardi, roi de France, 1270-1285.
2. Charles d'Anjou, roi des Deux-Siciles, 1265-1285.
3. Nicolas d'Auteuil, évèque d'Évreux, 1281-1298.
4. Robert de Cressonsart, évêque de Senlis, 1260-1283.
5. Mathieu de Vendôme, abbé de Saint-Denis, 1254-1286.
6. Adam de Saint-Leu, abbé de Royaumont, ne figure pas dans le *Gallia Christiana* où il devrait être inséré entre Robert I, qui vivait encore en 1277, et Thibaut, mort en 1288.
7. Laurent de Marceaux, abbé de Chaalis après 1280, mort en 1290, avait été guéri par l'intercession de saint Louis, ainsi qu'il est raconté au XII° chapitre du Confesseur (*Hist. de Fr.*, t. XX, p. 135 D).

Pierres, conte d'Alençon [1], fiuz du benoiet saint Loys[a].

Monseigneur Jehan de Acre [2], fiuz du roi de Jerusalem, cousin du benoiet saint Loys[b], bouteillier de France[c].

Monseigneur Symon de Neelle [3], chevalier[d], homme de grant aage et mout riche, du dyocese de Noion, de lx et xiij ans ou environ.

Monseigneur [*Pierres, seigneur de*] Chambli[e], chevalier, chambellenc du roi Phelipe, homme d'avisé aage et mout riche, du dyocese de Biauvès, de xl[f] ans ou environ [4].

Monseigneur Jehan de Soisi[g], chevalier, du dyocese de Paris, homme d'avisé aage et mout riche, de l ans et plus.

Monseigneur Pierres de Loon[g], chevalier, home d'avisé aage et riche, de lxviij ans ou environ [6].

Monseigneur Jehan, [*seigneur de*] Joinvile[h], chevalier, du dyocese de Chaalons, homme d'avisé aage et mout riche, seneschal de Champaigne, de l ans ou environ [7].

Monseigneur Gui le Bas, chevalier [8], du dyocese de Sens, homme de grant aage et mout riche, de l ans ou environ.

---

a. benoit saint Looyz C. — *b.* benoit saint Looyz C. — *c.* bouteillier de France *omis* C. — *d.* et *add.* C. — *e.* Chambeli C. — *f.* lx C. — *g.* Laon C. — *h.* Jeenvile A³, C, C.

---

1. Pierre, comte d'Alençon, 5ᵉ fils de saint Louis, fit son testament en juin 1282, partit pour la Sicile et mourut à Salerne le 6 avril 1284.

2. Jean d'Acre, fils de Jean de Brienne, roi de Jérusalem, était bouteillier de France dès 1258 et mourut en 1296.

3. Simon de Clermont, IIᵉ du nom, seigneur de Nesle et d'Ailly, régent de France avec l'abbé de S. Denis, Mathieu de Vendôme, pendant la croisade de Tunis, l'un des gardiens des enfants de Philippe le Hardi, mourut en 1288.

4. Pierre de Chambly, fréquemment nommé dans les comptes de cette époque, prit part à l'expédition d'Aragon en 1285, était chambellan de Philippe le Bel en 1299 et figure avec son fils, appelé Pierre comme lui, parmi les chevaliers appelés à l'ost de Flandre en 1304.

5. Jean de Soisy fut au service du roi « par xxx ans prochains devant sa mort ou environ », ainsi qu'on le verra plus bas au chapitre XVII.

6. Pierre de Laon, chambellan de Louis IX « par xxxviij ans ou environ », gardien des enfants de Philippe le Hardi, avait été guéri d'une douleur dans le bras droit par le contact de quelques cheveux du saint roi (Guillaume de Chartres, dans les *Hist. de Fr.*, XX, p. 39 D E).

7. Né dans les premiers mois de 1225, l'historien de saint Louis avait alors cinquante-sept ans. Il mourut le 24 décembre 1317.

8. « Qui fut mout lons tens avec le benoiet roy », sera-t-il dit plus loin au chapitre XVII.

Monseigneur Robert du Bois Gautier, chevalier et riche, du dyocese de Roen, de xlviij" ans ou environ[1].

Mestre Pierres de Condé, du dyocese de Chartres, garde de l'eglise de Peronne[2], du dyocese de Noion, homme de meur aage et mout[b] riche, de xlviij[c] ans ou environ.

Mestre Giefroi du Temple[3], chanoine de Rains, homme de meur aage et mout[d] riche.

Frere Symon du Val[4], prestre, du dyocese de Soissons, prieur des Freres Preecheeurs de Prouvins, de lvj ans et plus.

Frere Gile de la Rue de la Court, de la dyocese de Noion, souprieur des Freres Preecheeurs de Compiegne[e], de la dyocese de Soissons, de l ans.

Frere Jehan de Boschet[f], de la dyocese de Biauvès, de l'ordre des Preecheeurs de Compiegne[g], de la dyocese de Soissons.

Frere Jehan dit le Clerc de Compiegne[h], de l'ordre des Preecheeurs de cel meesme lieu, de la dyocese de Soissons, de xl[i] ans et plus.

Frere Raou[j] de Vernai, de la dyocese de Rains, du convent de l'ordre des Preecheeurs de Compiegne[k], de lx ans ou environ.

Frere Girart de Paris, prestre, moine de Roialmont, de l'ordre de Cistiax, de la dyocese de Biauvès, de l ans et plus.

---

a. lxviij C. — b. mout *omis* C. — c. lxviij C. — d. mout *omis* C. — e. Compigne C. — f. Bochet C. — g. Compigne C. — h. Compigne C. — i. lx C. — j. Raoul C. — k. Compigne C.

---

1. Robert du Bois-Gautier figure parmi les « chevaliers de l'hostel le roy pour la voie de Thunes ». *Hist. de Fr.*, XX, 307, col. 2.

2. Pierre de Condé, clerc de saint Louis, de Philippe le Hardi et de Philippe le Bel, doyen de Saint-Marcel près Paris, puis garde de l'église de Péronne, enfin archidiacre de Soissons, auteur de plusieurs lettres relatives à la croisade de Tunis à laquelle il avait pris part, mourut vers 1310. Il ne doit pas être confondu avec plusieurs autres personnages du même nom. Cf. *Hist. littéraire*, XVII, p. 87-97.

3. Geoffroy du Temple est qualifié clerc de saint Louis dans une lettre du 2 septembre 1269, par laquelle le roi annonce au roi de Navarre le renouvellement de la trève qu'il a ménagée entre lui et le roi d'Angleterre, lettre mentionnée dans le *Catalogue des actes des comtes de Champagne* de M. d'Arbois de Jubainville, sous le n° 3558.

4. Simon du Val ou de Troyes, dominicain, auteur de sermons qui nous ont été conservés, né en 1226, inquisiteur de la foi en 1277 et 1278, prêchait en 1281. Prieur de la maison de Provins, il fut un des exécuteurs testamentaires de deux fils de saint Louis : Pierre, comte d'Alençon, et Philippe le Hardi.

Rogier de Soisi[a], de la dyocese de Chartres, queu monseigneur saint Loys[b], homme de meeur aage et mout riche, de lx ans et plus[c] [1].

Ysembart[d], le queu du benoiet[e] saint Loys, homme de meur aage et riche, né de Paris, de lv ans ou environ [2].

Herbert de Vilebeonne, de la dyocese de Sens, homme de meur aage et riche assez[f], jadis vallet de la chambre du benoiet[g] saint Loys[h], de l ans ou environ [3].

Jehan de Chailli, de la dyocese de Paris, homme de meur aage et assez riche, de l ans et de plus, chastelain de Pontaise [4].

Guillaume le Breton du Nuefchastel, vallet en la chambre du dit saint[i], homme de meur aage et assez riche, de la dyocese de Nantes[j], de l ans et plus [5].

Guillaume le Breton de Chambrilles, homme de meur aage, de soufisanz richeces, de la dyocese de Nantes, huissier saint Loys, de l ans ou environ [6].

Hue dit Portechape, vallet en la paneterie du dit benoiet[k] roi, homme de meur aage et de covenables richeces, né de Saint Germain en Laie, de lv ans ou environ [7].

a. Soissi C. — b. Looyz C. — c. de add. C. — d. Ysembert C. — e. benoit C. — f. assés riche C. — g. benait C. — h. Looyz C. — i. Looyz add. C. — j. En blanc dans A. ajouté dans A[3]. — k. benoit C.

1. Roger de Soisy, après avoir été prisonnier des Sarrasins, fut l'objet des libéralités de saint Louis. (Voyez plus bas, à la fin du X° chapitre.) Il eut pour fils Guillot de Soisy attaché à l'hôtel de Philippe le Hardi en 1285. (Compte de Jean d'Ays, Hist. de France, XXII, 718a.)

2. Ysembart le Queu, père d'un autre Ysembart le Queu, fut le seul serviteur qui resta auprès de saint Louis pendant sa captivité. (Voyez plus loin au XIII° chapitre.) Il est nommé dans les comptes de 1239 à 1285 (Hist. de France, XXI, 304b, 333b c; XXII, 441b, 501g, 593b, 612b, 624f et h, 641f, 720b.)

3. Herbert de Villebéon, qu'il ne faut pas confondre avec Pierre de Villebéon, chambellan de saint Louis, figure dans le compte des baillis de France en 1285. (Hist. de France, XXII, 639c.)

4. Jean de Chailly, châtelain de Pontoise, qu'il ne faut pas confondre avec un autre Jean de Chailly, simple arbalétrier, figure dans les comptes de 1256 à 1285. (Hist. de France, XXI, 327m, 328b, 370c, 372, 381c; XXII, 490d.)

5. Il est souvent difficile de distinguer ce personnage de son homonyme qui va être cité ci-dessous; cependant Guillaume le Breton, valet de chambre, est mentionné sans équivoque possible dans des comptes de 1285. (Hist. de France, XXII, 626d, 719c.)

6. Guillaume le Breton, huissier, est également nommé en 1285. (Hist. de France, XXII, 476k, 477a, 483e, 490d.)

7. Hugues Portechappe mentionné en 1285. (Hist. de France, XXII, 627g, col. 2.)

Giles de Robisel, home de meur aage, de l ans et[a] plus, abitant en la vile de Saint Denis[1].

Denise le Plastrier, bourjois de Compiegne[b], de la dyocese de Soissons, home de meur aage et de soufisanz richeces, de lxviij ans ou environ.

Mestre Jehan de Croy, maçon, bourgois de Compiegne[c], de la dyocese de Soissons, de l ans et plus[2].

Suer Maheut, prieu[se] de la Meson Dieu de Vernon, de la dyocese de Evreues, de xxviij ans ou environ[d].

Suer Aelis[e], suer de la Meson Dieu de Vernon, de xl ans ou environ.

Suer Ade, suer de la Meson Dieu de Compiegne[f], de la dyocese de Soissons, de mout meur aage, de l ans et plus.

Mestre Jehan de Betysi, de la dyocese de Soissons, cyrurgien nostre seigneur le roi de France, de xlviij[g] anz et[h] plus[3].

Monseigneur Jehan de Soisi desus escrit fu ausi tesmoing xxiij[me i].

CI FINENT LES NONS DES TESMOINS JUREZ SUS LA VIE
MONSEIGNEUR SAINT LOYS[j].

CI COMMENCENT LES CHAPITRES.

Le premier chapitre est de la sainte norreture en enfance[k].
Le secont de sa merveilleuse conversation en croissance.

---

a. de add. C. — b. Compigne C. — c. Compigne C. — d. ou environ omis C. — e. Aaliz C. — f. Compigne C. — g. lxviij anz C. — h. de add. C. — i. xxiiij[e] C. — j. Ci endroit fenissent les nons des tesmoinz et commencent les nons des rebriches sus les chapitres C. — k. norreture du benoit saint Loys en s'enfance A[3], B, norreture du benoit saint Looyz en son enfance C.

---

1. Giles de Robisel très souvent nommé en 1256 et 1257 dans les Tablettes de Jean Sarrasin. (*Hist. de France.* XXI, p. 327 à 391 g.)

2. On trouve souvent dans les comptes un Jean de Croy, valet de chambre du roi, qu'il ne faut pas confondre avec celui-ci qui fut sans doute, ainsi que Denis le Plâtrier, employé à la construction des établissements fondés par saint Louis.

3. Maître Jean de Béthisy donna ses soins à Laurent, prieur, puis abbé de Chaalis nommé ci-dessus, dans une maladie où celui-ci fut guéri par l'application d'un manteau qui avait appartenu à saint Louis (*Miracles de saint Louis* dans les *Hist. de France*, XX, 135 a). Il figure dans des comptes de 1285 et 1286 (*Ibid.*, XXII, 479 j, 485 h, 391 k) et ne doit pas être confondu avec un autre Jean de Béthisy, chevalier.

Li tierz de sa ferme creance.

Li quarz de sa droite esperance.

Li quinz de s'[amor ardant *a*.]

Li sisiemes de sa devocion fervent *b*.

Li septiemes de sainte escripture *c* estudier.

Li huitiemes [*de*] devotement Dieu prier.

Li noviemes d'amour *d* a ses proismes fervant.

Li disiemes de compassion a eus *e* decourant.

Li onziemes [*de ses oevres*] de pité.

Li douziemes [*de sa parfonde*] humilité.

Li tresiemes de vigueur de pacience *f*.

Li quatorziemes de roideur de penitence *g*.

Li quinziemes de biauté de conscience *h*.

Li seziemes de saintée de continence *i*.

Li diseseptieme de *j* droi[*te justise k*].

Li disehuitieme de [*sa simple*] honesté *l*.

Li disenovieme de *m* debonere clemence.

Li vintieme *n* de sa longue perseverance,

     Et du trespas beneureus *o*

     Dont il ala de ci *p* es cieus *q*

CI FINENT *r* LES CHAPITRES ET COMMENCE LA VIE MONSEIGNEUR SAINT LOYS *s*. LI PREMIERS CHAPITRES EST DE SA SAINTE NORRETURE EN *t* ENFANCE.

"Li tres gloriex saint Loys, jadis rois de France, huitiemes *u* [1], ot pere qui fu tres bons crestiens et rois de France

---

a. de s'amour ardante C. — b. devocion fervant B, C. — c. des saintes escriptures A³, C. — d. d'annourer C. — e. elx C. — f. de la vigueur de sa pacience A³, B, C. — g. de la roideur de sa penitence A³, B, C. — h. de la biauté de sa conscience A³, B, C. — i. de la saintée de sa continence A³, B, C. — j. de sa A³, C. — k. de droiture et d'equité *est-il dit dans le corps de l'ouvrage*. — l. de s'honeste simple (*sic*) B, de son honeste simplesce C. — m. de sa A³. — n. vintisme B. — o. et de son trespas glorieux, *est-il dit dans le corps de l'ouvrage.* — p. d'ici B. — q. cielx C. — r. fenissent C. — s. Looys, dont C. — t. qui fu des C. — u. *A partir d'ici, on a cessé de noter les variantes purement orthographiques.* — v. huitiemes *biffe* A³, *omis* B et C.

---

1. L'auteur, omettant sans doute Louis le Débonnaire en sa qualité d'empereur, doit considérer Louis le Bègue comme le premier roi du nom de

qui ot non Loys, li quex fu embrasez de jalousie de la sainte
foi et prist la croiz de l'autorité de sainte Eglise pour aler
contre les bougres, en Aubigois, qui estoient contreres a la
foi crestienne. Et com il ot empris viguereusement son
saint pelerignage et l'orgueil de cele male gent puissam-
ment mis au desous, [si] com il s'en revenoit de la dite terre
d'Aubigois, il trespassa en la voie beneureement a Nostre
Seigneur[a]. Et si ot[b] mere la royne Blanche ennourable[c],
la quele, après la mort de son seigneur, norri religieusement
son fiuz qui commença a regner en l'aage de xij ans;
laquele[d] prist courage d'omme en cuer de femme et ame-
nistra viguereusement, sagement, puissamment et droitu-
rie[re]ment[e] et garda les droiz du roiaume et defendi contre
pluseurs adversaires qui adonques aparoient, par sa bonne
pourvoiance[1]. Les loenges de la quele son devot fiuz, c'est
a savoir le benoiet saint Loys, souventes foiz remembranz et
racontanz, disoit : « Ma dame disoit, — ce recorde le benoiet
« saint Loys[f], — de moi, lequel ele amoit sus toutes creatures,
« que, se j'estoie malades jusques a la mort et ne peusse
« estre gueri fors en fesant tele chose que je pechasse mor-
« telment, ele me lesseroit ainçois morir que ele vousist
« que je courouçasse mon createur dampnablement. » Et
quant li rois de France, peres du benoiez saint Loys, fu
einsi mort, de qui nous dison ci, cil benoiez rois demora, qui
avoit pou plus de xij anz[2], sous la garde et souz[g] le gou-
vernement de ma dame[h] Blanche, sa mere. La quele dame

a. a Monpancier en Auverne add. A³, B, C. — b. li benoiz rois add. A³, B,
C. — c. fille le roi d'Espaigne add. A³, B, C. — d. dame add. B, C. — e. droi-
turierement C. — f. ce — Loys biffé A³, omis B, C. — g. desouz C. — h. la
roine add. A³, B, C.

Louis. Il est à remarquer que saint Louis est également appelé « Ludovicus VIII,
filius Ludovici VII » dans la Chronique abrégée latine de Guillaume de
Nangis. Voyez le fragment publié sous le titre de Fragmentum anonymi chro-
nici post annum MCCXCVII Philippo IV nuncupati dans les Hist. de Fr., XXI,
199 D.
   1. Ce passage est un abrégé d'une partie du chapitre IV de Geoffroi de
Beaulieu. (Hist. de France, tome XX, p. 4 D.)
   2. Louis IX, né le 25 avril 1214 (Elie Berger, Blanche de Castille, p. 20,
note 1), avait exactement douze ans six mois et quatorze jours quand son
père mourut le 8 novembre 1226. (Le Nain de Tillemont, I, 413-414.)

vraiment estoit mout honeste en paroles et en fez et avecques tout ce droituriere et benigne et amoit mout les persones religieuses et touz ceus que ele cuidoit a bons, et ennoroit les preudes hommes bien et sagement et voloit que chascuns feist tout bien et se eslecoit de tout bien et volentiers fesoit bien a son pooir, et tout mal et tout malvès essample li desplesoit. Ele fonda ij abeïes [1] et fist mout d'aumones.

En la parfin, en la maladie de laquele ele morut, ele reçut le benoiet vrai cors Jhesu Crist de l'evesque de Paris [2] et avecques ce, par v jours ou par vj, ele reçut l'abit des nonnains de l'ordre de Cystiaus ; lequel abit ele reçut purement, neis a tenir s'il fust einsi que ele ne trespassast pas [a] de cele maladie. Et des donques touzjors [b] jusques a la fin, ele fu [c] sous l'obedience de l'abeesse du convent des nonnains de Pontaise de l'ordre desus dite [3]. En après, comme ele aprochast a [d] la mort et ele eust esté par grant espace de tens sanz parler, ele fu tresportee a un lit ou il n'avoit point de coute, ainçois estoit ilecques mise une sarge sus la paille ou sus [e] le fuerre sanz plus. Et comme ele eust esté un pou en cel lit, et les prestres et les clers qui estoient devant li fussent ausi comme touz esbahis et ne se pourveoient point de dire commendacion [f], ele meesmes commença commendacion et dist ces paroles : « Subvenite, sancti « Dei, » etc. et ele dist ce a mout grant grief et a voiz deliee et basse. Et adonques commencierent les prestres commendacion, et croit l'en que ele dist d'une part vj vers ou

a. pas *omis* B. — b. touzjors *omis* C. — c. touzjors *add.* C. — d. de C. — e. la paille ou sus *biffe* A² *et* A³, *omis* B, C. — f. mes *add.* C.

1. Maubuisson, près de Pontoise, et le Lys, près de Melun.
2. Renaut de Corbeil.
3. Dans ce passage directement emprunté, ainsi que nous le dirons plus loin, à la déposition de Charles d'Anjou, on voit bien que Blanche prit à ses derniers moments l'habit des religieuses de Maubuisson, mais rien ne prouve qu'elle soit morte dans cette abbaye, ainsi qu'il est dit dans un des fragments de la déposition du prince trouvés par le comte Riant. (*Notices et documents publiés pour la Société de l'Histoire de France, à l'occasion du cinquantième anniversaire de sa fondation*, p. 175. C'est un argument de plus en faveur de l'affirmation de M. Elie Berger qui fait mourir Blanche à Paris, et croit que la pensée de Charles a été mal interprétée par l'auteur des gloses découvertes par M. Riant. (*Histoire de Blanche de Castille*, p. 414, note 2.)

plus avec eus, et ilecques ainçois que la commendacion de s'ame fust finee[a], ele trespassa[1]. [*Mes ain*]çois ele avoit ordené sagement ses besoignes a maniere de bonne crestienne en toutes[b] choses que ele vit qui apartenoient au proufit de l'ame de li, et bien aparut par la grace que Nostre Seigneur[c] li fist en la fin, que[d] ele avoit esté dame de bonne vie et de sainte.

La dite dame fist bien garder et nourrir mon seigneur Robert et mon seigneur Alfons[e], ses fiuz et freres du dit saint roi, et avecques ce.....[f], suer du saint roi, et[g] les fist bien garder[h], enformer et enseignier. Les quels freres du saint roi Loys[i] profitierent tant en vertuz, que mes sires Roberz desirroit[j], si com il afermoit, que il peust finer sa vie par martire pour l'essaucement de la foy crestienne et por le non de Jhesu Crist, la quele chose il fist[k]. Et mes sires Alfons, puis que il vint de Thunes a Trapes[3], il[k] proposoit a passer la mer de la feste saint Jehan prochaine adonques en iij ans, si com il avoit juré au roi[l] de Sezile, son frere, et as autres hauz hommes, se li rois de France passoit la

---

a. faite C. — *b.* les *add.* C. — *c.* Nostre Sires C. — *d.* quar C. — *e.* *J'ai cru pouvoir restituer les mots* et mon seigneur Alfons *qui correspondent exactement à une ligne grattée et remplacée dans* A[3] *par cette phrase qui n'occupe pas moins de cinq lignes :* qui puis fu conte d'Artois et mon seigneur Challes qui fu cuens d'Angou et puis rois de Sezile. *Je n'ai pas restitué le nom de* Charles d'Anjou *qui ne trouve pas sa place dans la ligne grattée et qui a été également omis dans la suite de ce passage. La redaction de* B *et de* C *est conforme aux corrections de* A[3] : La dite dame fist bien garder et norrir mon seigneur Robert, qui puis fu conte d'Artois, et mon seigneur Alfons qui puis fu cuens (conte C) de Poitiers, et mon seigneur Challes qui fu cuens (conte C) d'Anjou et puis roi de Sezile. — *f. A la place que j'ai marquée par des points, un mot de deux syllabes au plus, peut-être une, a été gratté et remplacé dans* A[3] *par ceux-ci :* ma dame Ysabel, sa fille, *qu'on trouve aussi dans* B *et* C. — *g.* et *gratté et remplacé dans* A[3] *par :* qui fu dame de sainte vie, *et qu'on trouve aussi dans* B *et* C. — *h.* et *add.* C. — *i.* Loys *exponctué* A[3], *omis* B, Looys C. — *j.* demandoit C. — *k.* il *exponctué* A[2], *omis* B, C. — *l.* Challe *add.* A[3], B, C.

---

1. La matière de ce passage paraît provenir de la déposition de Charles d'Anjou dans le procès de canonisation; le texte du Confesseur contient même quelques détails qui ne se retrouvent point dans le fragment de cette déposition publié par le comte Riant. (*Notices et documents publiés pour la Société de l'Histoire de France*, etc., p. 175.)

2. On sait que Robert d'Artois fut tué à Mansourah.

3. Trapani, Sicile.

mer a cel tens. Et encore pour passer plus prochainement
et pour tenir son dit, il avoit en propos de passer tantost
ainçois que il revenist en France, pour ce que il aidast et
secorust a la Sainte Terre[1]. Et einsi eust il fet el tens que il
trespassa, se il n'eust esté mené par meilleur conseil a ce
que il eust ordené a reperier un pou de tens en France,
pour la volenté*a* Dieu greigneur acomplir*b* et pour fere plus
grant proufit a la Terre Sainte*c*. De quoi il fu mout triste
[*de ce que il ne passoit, mès que*d] il n'estoit pas besoing a la
Sainte Terre que il passast adonc la mer si tost. Et les bones
oevres que les diz mon seigneur Robert et mon seigneur
Alfons*e*, frere du dit roi, et leur dite suer firent et conti-
nuerent en tout le tens de leur vie, donnerent tesmoing de
leur bonne norreture et des enseignemenz que il reçurent au
commencement. Et non pas tant seulement la dite dame ne
fist les devant diz Robert et Alfons*f* freres et la dite suer bien
norrir, garder et enformer [*avant la mort du pere, ainçois
les*] fist plus diligaument et plus curieusement*g* après norrir,
garder et enformer. Et*h* ele meesmes enforma le devant dit
roi comme celui qui devoit si grant roiaume governer et
comme celui que ele amoit devant touz les autres. Et cil fu
norri bien et saintement par la pourveance de la dite mere*
qui li enseignoit bons essamples et avecques ce*i* bons
enseignemenz, et a fere toutes choses que ele creoit qui
fussent plesanz a Dieu et par les queles bons princes et
chascuns bons crestiens peust et deust plere a Nostre Sei-
gneur; et li enseignoit a eschiver les choses qui fussent con-

---

a. de *add.* C. — *b*. acomplir greigneur C. — *c*. Sainte Terre C. — *d*. que
omis C. — *e*. et mon seigneur Challes, *addition marginale de* A³ *reproduite
par* B *et* C. — *f*. *Les mots* Robert et Alfons *que je restitue par conjecture
auraient exactement couvert une place grattée dans* A³ *et occupée par cette
correction qui se continue dans la marge :* mon seigneur Robert et mon
seigneur Alfons et mon seigneur Challes, *correction reproduite par* B *et* C. —
g. devant la mort du pere *et répété* A, *biffé* A² *et* A³, *omis* B *et* C. — *h* que
exponctué A². — *i*. avecques ce *biffé* A² *et* A³, *omis*, B, C.

---

1. Au moment du départ de Tunis, le bruit courait en effet parmi les
Croisés, qu'Alfonse et Pierre le Chambellan se rendraient directement en
Terre Sainte. Voyez une lettre de Pierre de Condé à Mathieu de Vendôme
publiée par d'Achery, *Spicilegium*, III, 668. col. 1.

treres a la volenté Dieu. Et encore ele le bailloit a garder et
a enformer es choses devant dites a ceus que ele cuidoit qui[a]
fussent a ce fere soufisanz, et li bailloit bonnes persones qui
bon conseil li donnassent au roiaume loiaument, sagement
et viguereusement gouverner. Et avecques tout ce, icele
meesme dame li aidoit a ce fere. Et il li portoit si grant
reverence et si grant enneur, pour ce que ele estoit bone
dame et sage et preudefemme et que ele amoit et cremoit
Dieu et que ele fesoit volentiers les choses que ele cuidoit
qui pleussent a Dieu, que[b], neis puis que il gouverna par
soi le roiaume, il ne se voloit esloigner de li, ainçois reque-
roit sa presence et son conseil quant il le pooit avoir prou-
fitablement[1]. Et tozjors, tant comme le dit roi vesqui, [les
biens] furent chascun jour mouteploiez en lui; et es oevres
que icil meesmes[c] rois fist en la vie que il mena, et en la
quele vie il persevera jusques en la fin, il apparut bien que
il avoit esté du commencement enseignié a fere touz biens
et a eschiver touz mals.

CI FINE LI PREMIERS CHAPITRES ET COMMENCE LI SECONS QUI
EST[d] DE SA MERVEILLEUSE CONVERSACION EN CROISSANCE[e].

Le tens de croissance covenable a travaux endurer, a
engins embesoignier, a cors par oevres exerciter, premier
jour tres bon a chetiz mortels, ne fouy pas le benoiet saint
Loys en vain, ainçois le trespassa saintement comme cil qui
savoit bien que les meilleurs choses remaignent. Tout ausi
comme en la cruche pleine, que le premier qui est tres pur
en court hors et ce qui est trouble s'assiet, tout ausi en

a. qu'il C. — b. quar C. — c. benoiz add. A[2], B. C. — d. parle C. — e. *Le
rubricateur a, comme ci-dessus, maladroitement copié les indications Rebriche,
hystoire que le copiste avait inscrites à son intention et à celle de l'enlumineur.*

1. La présence de Blanche au Conseil est mentionnée dans des actes
publics (Boutaric, *Actes du Parlement*, t. I, *Arrêts et enquêtes antérieurs aux
Olim*, n° 16). Cf. Elie Berger, *Histoire de Blanche de Castille*, p. 328-329.

aage d'omme, ce qui est tres bon est el commencement et *

. . . .

. . . .

fust de l'aage de xiiij ans ou environ et fust en la garde de
la noble dame madame* Blanche, sa mere, a qui il obeissoit
en toutes choses, et la quele, si com il est dit, le fesoit
garder tres diligaument et le gardoit et le fesoit aler noble-
ment et en noble atour, si com il avenoit* a si grant roi, el
quel temps il metoit aucune foiz entente [pour soi jouer a
aler en bois et en riviere et en autres oevres] de tele maniere
honestes toutevoies* et couvenables. Pour ce n'estoit il pas
cinsi que il n'eust touzjors son mestre en icelui* meesmes
tens qui li enseignoit les* letres et l'aprenoit. Et, si comme
celui* meesmes beneuré* rois disoit, le devant dit mestre le
batoit aucune foiz pour* cause de decepline. Et [li diz
beneaiz, rois, toz jors en cel meesmes tens, ooit chascun jour
la messe et vespres a note et toutes les* heures canoniaus*
ausi, et pour ce ne lessoit il pas que il ne les deist avec un
autre, et avoit chapelains et autres qui, par jour et par nuit,
li* chantoient messe, matines et les autres offices de sainte
Eglise, et il hantoit l'eglise et ooit les services. Et combien
que il fust embesoignié, nepourquant il ooit la messe et les
autres heures, et avec tout ce, il disoit les heures canoniaus.
Il eschivoit touz gieus desavenanz[1] et se retrevoit de toutes
deshonestez et de toutes laidures, ne ne faisoit a nului
injure par fez ne par paroles ne ne despisoit ou blamoit

a. Ce début formait dans A vingt-sept lignes dont les vingt et une premières ont
été biffées par le correcteur de A² qui y a substitué en marge une entrée en
matière infiniment plus simple : Le tens de la jeunesse mes sires saint Loys
ne trespassa pas vainement, ainz le passa tres saintement. Quar comme il...
Cette entrée en matière a été transcrite par le copiste de A³ sur l'emplacement
gratté des six dernières lignes du début primitif à l'endroit que nous avons
figuré par des points, et reproduite dans B et C. — b. dame madame corr. en
roine A³, B et C. — c. apartenoit C. — d. toutevoies omis C. — e. celi C.
— f. les biffé A³, omis B C. — g. cil corr. A², B, C. — h. benoit C. — i. li
enseigner add. A³, lui enseigner B, li ensaigner C. — j. les omis B. — k. cano-
niziaus C. — l. li omis C.

1. Joinville cite un exemple de cette horreur de saint Louis pour le jeu
(§ 405).

nul*en aucune maniere[1], ainçois reprenoit tres doucement
ceus qui aucune foiz fesoient chose de quoi il [*pouoit*[b]] estr·
couroucié et les corrigoit[c] en disant ces paroles : « Reposez
« vos ou soiez en pès. Ne fetes pas des ore en avant tex
« choses, car vos en pourriez bien porter[d] la poine, » ou il
leur disoit paroles semblables. Et a chascun il parloit
tozjours en plurer[2]. Ne il n'afermoit pas en ses paroles par
serement[e] les choses que il disoit, ainçois disoit commune-
ment de simple parole. Ne il ne chantoit pas les chançons
du monde, ne ne soufroit pas[f] que cil qui estoient de sa
mesniee les chantassent, [*por qu'il le seust, ainz*] commanda a
un sien [*escuier*], qui bien chantoit teles choses el tens de sa
jouvente[g], que il se tenist[h] de teles chançons chanter et li fist
aprendre aucunes antienes de Notre Dame et cest hympne :
« Ave maris stella, » comment que ce fust fort chose a
aprendre; et cil escuier et il meesmes[i] benoiez rois chantoit
aucune foiz ces choses [*meesmes desus*] dites avec cel[j] escuier.

CI FINE LI SECONS CHAPITRE ET COMMENCE LI TIERZ[k] QUI EST
DE SA FERME CREANCE.

Foi qui est un seul fondement de cels qui en Dieu
croient, qui comprent les choses que l'en ne puet veoir,
comprenanz reson humainne, trespassanz veue de nature et
fin de experience, comprenant encore ce que sens ne set ne
experiment ne trueve, ateignant les choses a quoi sens ne
puet ateindre et prenanz ce que nos ne poons connoistre par
sens et comprenanz les choses granz, ateignanz les
choses tres derreaines, encloanz toute eternité en son large

---

a. ne blamoit nulli C. — *b.* pooient B, pouoient C. — *c.* corriget C. — *d.*
emporter C. — *e.* par serement *omis ici a été transporté avant* ainçois *dans* C
— *f.* pas *biffé* A² *et* A³, *omis* B C. — *g.* jeunesce A², joenece B, josnece C. —
h. teust C. — *i.* li *add.* A², B, C. — *j.* le dit C. — *k.* chapitre *add.* C.

---

1. Si l'on s'en rapporte aux souvenirs de Joinville, le roi se courrouçait bien
quelquefois (§§ 590, 661, 662).
2. On verra par exemple au XIIIᵉ chapitre, saint Louis dire *vous* au plus
humble de ses serviteurs.

sain", vraie, vive et ferme [fu] sanz chanceler el benoiet saint Loys sus laquele il edefia edifices vertueux. Et n'apert pas tant seulement que li benoiez sainz Loys[b] eust la foi crestienne tres fermement et tres[c] parmenablement et tres[d] vivement par pluseurs bonnes oevres [que il fist que l'en ne] puet pas bien nombrer — des queles oevres aucunes sont descriptes ça desus et aucunes sont a descrire ci après, les-queles sont de lui prouvees que il fist[e], — ainçois apert avecques ce par aucunes especiaus oevres qui ci ensivent.

En la fin[f] de la doctrine que il lessa a[g] mon seigneur Phelipe[h], roy de France[i], son fiuz de bonne memoire, escripte de sa propre main, il confesse la foi de sainte Trinité tres devotement quant as persones et[j] de unité quant a divinité, quant il dit ces paroles : « Gloire et honeur « et loenge soit a celui qui est un Dieu avec[k] le Pere et le « Fill et le Saint Esperit sanz commencement et sanz « fin. Amen[1]. ».

Avecques ce encores [li benoiz rois devant diz[l]] amena a baptesme et fist baptizier el chastel de Biaumont seur Aise une juive et ses iij fiuz et une fille de cele[m] meesmes juyve ; et cil meesmes benoiez rois et sa mere et ses freres les devant[n] diz juyve et ses enfanz leverent de fonz eu tens de leur baptesme[2]. Et en après[o], comme li benoiez rois fust

<hr>

a. *Les sept lignes précédentes* (qui comprend — large *sain*) *sont biffées dans* A[2] *et* A[3] *et omixes dans* B, C. — b. Loys *omis* C. — c. et tres *biffé* A[3], *omis* B C. — d. et tres *biffé* A[3], *omis* B C. — e. *Cette dernière phrase* (des queles... il fist *est biffée dans* A[2] *et* A[3], *et omise dans* B C. — f. parfin C. — g. au *corr.* A[2], B. — h. mon seigneur Phelipe *biffé* A[3], *omis* B, C. — i. Phelipe *add.* A[3], B. — j. et *omis* C. — k. avec *biffé* A[2] *et* A[3], *omis* B, C. — l. devant diz *omis* C. — m. d'ycelle C. — n. devant *omis* C. — o. Et après ce A[2], B, C.

<hr>

1. Voir plus bas, au neuvième chapitre, le texte des *Enseignements de saint Louis à son fils.*

2. Cette juive qui reçut de son auguste marraine le nom de Blanche, avait apparemment été baptisée avant 1243, car on doit sans doute reconnaître pour celui de ses fils que le roi avait tenu sur les fonts, un converti appelé Louis de Beaumont-sur-Oise porté sur un compte de cette année. Quant à Blanche, elle eut grand'peine à obtenir d'Eudes, archevêque de Rouen, chargé par le pape de subvenir à ses besoins, une pension qui ne fut réglée qu'en décembre 1250 (Le Nain de Tillemont. *Vie de saint Louis*, tome V, 297-298). Les dépenses faites pour divers convertis de ce genre en 1256 figurent sous la rubrique *Baptizati* dans les Tablettes de Jean Sarrasin (*Hist. de Fr.*, XXI, 365-366).

delivrez de la chartre des Sarrazins et demorast encore es
parties d'outremer, mout de Sarrazins, c'est à savoir xl ou *a*
plus, des quels aucuns estoient amirauz et hauz hommes
entre les Sarrazins, vindrent a lui, les quex il fist baptizier et
les*b* fesoit enseignier en la foi par Freres Preecheeurs et par
autres que li benoiez rois avoit a ce ordenez. Et*c* norrissoit
iceus et sostenoit en*d* donnant gages, et leur donna*e* dont il
pooient vivre soufisamment, neis puis*f* que il les ot amenez
en France avec soi[1]. Et avecques ce il fesoit riches mout
de Sarrazins que il avoit fet baptizier et les assembloit par
mariages avecques crestiennes.

Et comme li diz benoiez rois en tens de sa jeunece fust a
Pontaise malade de tierçaine double[2], si fort que il*g* cuidoit
morir de cele*h* maladie, il apela touz ses familiers et les
mercia de leur bon service que il li avoient fet; et les amo-
nestoit que il servissent Dieu et leur fist dire un grant ser-
mon et proufitable, et ordena en cele maladie sa chose et
fist tout ce que bon crestien doit fere. Et adonques*i* il
fu si*j* forment malade que l'en se desespera de sa vie, et
croit l'en que Nostre Sires li aloigna sa vie par miracle pour
ce que il eust espace de poursivre son bon propos par oevre
et sa bonne volenté; la quele volenté il avoit conceue de
servir Dieu et de son glorieus non essaucier a tout son pooir,
et pour ce que il*k* aqueist greigneur merite envers Dieu,
et avecques ce*l* pour ce que il donast bon essample a *m*
crestienté et [atresist]*n* les autres princes a [bien fere]. Et
adonques*o* quant li benoiez rois fu einsi malades en lieu

---

a. et C. — b. les omis B. — c. les add. A³, B, C. — d. leur add. C. — e.
donnoit B. — f. depuis C. — g. en add. C. — h. d'ycelle C. — i. adonques
corrigé A², A³, B, C. — j. tres add. C. — k. eu add. C. — l. et avecques ce
biffe A² et A³, omis B, C. — m. la add. C. — n. ausi C. — o. adonques biffé A²
et A³, omis B, C.

---

1. Voir Geoffroi de Beaulieu, chap. XXVII (*Hist. de Fr.*, XX, 16). En 1253,
saint Louis faisait élever à l'abbaye de Royaumont plusieurs enfants sarra-
sins (Le Nain de Tillemont, III, 405).
2. La maladie de saint Louis, forte dysenterie accompagnée de fièvre, suite
d'une première maladie dont il avait été atteint deux ans auparavant à la
suite de la campagne de Poitou, commença vers le 10 décembre 1244 et
durait encore le 10 janvier suivant (Le Nain de Tillemont, III, 58 et 63).

devant dit, si furent en sa presence devant li [li] evesque de
Paris [1] et l'evesque de Mi[auz[2], et] leur requist li benoiez
rois que la croiz d'outre mer li fust donnée. Et combien que
les evesques li desloassent lores, toutevoies pour [ce que il
en estoit si engranz d'avoir la], li donna l'evesque de Paris
la croiz d'outre mer ; et il la reçut a grant devocion et a
grant joie en besant la et en metant cele *a* croiz sus son piz
mout doucement. Et [quant] il fu gueri de cele *b* maladie,
il fist assembler les prelaz et les barons de son roiaume a
Paris et fist ilecques preechier par pluseurs foiz et par plu-
seurs jours par mon seigneur Tusculan *c*, adonques legat du
siege *d* de Rome [3]. Et lors ses freres et mout de prelaz, de
barons et de chevaliers pristrent ilecques la croiz.

A *e* la parfin, emprès *f* pou d'ans es quels il entendi a orde-
ner sa navie et *g* l'apareil qui li estoit necessaire a fere cel
passage, il prist l'abit de pelerin a Saint Denis en France
et mena [la roi]ne Marguerite, sa femme, et ses iiij freres
contes avec lui. Et adonques, a cele premiere fois, il passa
la mer avecques les persones devant dites et avecques mout
d'autres ; et estoit adonques *h* de l'aage de xxxiiij anz ou
environ. Car l'en dit pour verité que en cel an que li benoiez
rois passa adonques la mer, il ot en la feste de l'Invencion
Sainte Croiz xxxiiij anz [4]. Et cinsi il passa a grant ost et
arriva en Egypte, et les païens vindrent encontre lui vigue-
reusement et encontre les siens qui voloient prendre port ;

a. ycelle C. — *b.* d'ycelle C. — *c.* Cusculan C. — *d.* du siege *biffé* A[2] *et*
A[3], *omis* B, C. — *e.* En C. — *f.* après B. — *g.* de *add.* A, *biffé* A[2] *et* A[3]. —
h. adonques *biffé* A[2] *et* A[3], *omis* B, C.

1. Guillaume d'Auvergne.
2. Pierre de Cuisy.
3 Le légat Eudes de Châteauroux, évêque de Tusculum, vint à Paris dès
le mois d'août 1245. Quant au parlement tenu par saint Louis, il eut lieu au
mois d'octobre. dans l'octave de la Saint-Denis (Le Nain de Tillemont, III, 86
et 87). — Le fait que le titre de l'évêque de Tusculum a été pris pour son
nom suffirait, ainsi que l'a dit très justement Paulin Paris (*Histoire littéraire*,
t. XXV, p. 156), à prouver que le texte du Confesseur est traduit du latin.
Voyez aussi plus loin au IVᵉ chapitre, p. 29, note 1.
4. Ce n'est pas le jour de l'Invention de la Sainte-Croix qui tombe le
3 mai, mais bien e jour de la Saint-Marc, 25 avril 1248, que Louis IX avait
eu 34 ans.

mes il ne porent soufrir la vertu de l'ost des crestiens, si
furent lors chaciez en fuie honteusement. Et adonques *a* les
noz descendirent des nes et pristrent une cité renommée
qui jadis estoit apelee Memphyos, or est apelée Damiete.
Mes après un pou de tens, par le jugement de *b* Nostre Sei-
gneur droiturier et secré, l'ost qui fu feru de mainte maniere
de maladie et de mout de manieres de mort des greigneurs,
des moiens et des mendres, en furent tant morz que de
xxxij mile persones par nombre, l'ost vint a vj mile [1]. Et
adonques li Peres de misericorde, qui se volt mostrer en son
saint merveilleus *c*, bailla le benoiet roy saint Loys en la
main des felons Sarrazins. Et com il fussent pris des Sar-
razins, il et ses ij freres et mout de barons et grant pueple,
— car li tierz frere estoit ocis *d*, c'est a savoir mon seigneur
Robert [*conte d'Artois*] pour la foi de Jhesu Crist essaucier,
— et tretié fust fet as *e* Sarrazins de la delivrance du benoiet
saint Loys et des prisonniers qui estoient avec lui et les cou-
venances fussent ordenées entre les parties par acort. Et
fust einsi que, pour les dites covenances afermer par sere-
ment, les païens vodrent metre en leur serement que il renoie-
roient Mahomet se ces covenances il ne tenoient, et requistrent
que li benoiez rois meist en son serement que il renoieroit
Dieu et que il seroit hors de la foi de Jhesu Crist se il ne
gardoit les couvenances *f* [2], li benoiez rois estables et
fermes *g* ot horreur de ce *h*, refusa par pluseurs foiz *i* metre
ceste condicion en grant [*desdaing*] et dist : « Certes ce

---

a. Et lors C. — *b.* de *omis* A. — *c.* et *add.* C. — *d.* des Sarrazins *add.*
A³, B, C. — *e.* aus C. — *f.* qu'il avoit a eus *add.* A³, B, C. — *g.* en la foi *add.*
A³, B, C. — *h.* et *add.* B. — *i.* y *add.* C.

---

1. Il y a ici une exagération évidente : les historiens arabes parlent de
plus de 20.000 chrétiens faits prisonniers en même temps que le roi (Michaud,
Bibliothèque des Croisades, IV, 460 à 434). Guillaume de Nangis dit que,
lorsque saint Louis fut délivré, il en restait encore environ 12.000 (*Vie de
saint Louis* dans les *Historiens de France*, XX, 380). De son côté Joinville
rapporte que, lorsqu'il fut pris, il se trouva enfermé avec plus de 10.000
autres chrétiens (§ 333).
2. Les termes de ce serment tels qu'ils sont reproduits ici, justifient l'opi-
niâtreté avec laquelle saint Louis refusa de le prêter, opiniâtreté qui s'expli-
querait moins s'ils eussent été tels que les rapporte Joinville (§ 362).

n'istra ja de ma bouche! », et ce lessoit-il pour la reverence
de Jhesu Crist et de la foi crestienne, tout fust il einsi que
il eust bien propos de garder les dites couvenances, si com
il disoit; ja soit ce que ce ne fust pas pechié de metre ceste
addition el *a* serement, ne en nule maniere ce point il n'i
volt ajouster, combien que il li fust loé de mon seigneur
Challes, son frere, ne des autres de son conseil qui avec lui
estoient *b*, ne combien que il veist a lui aparoir le perill de
la mort ne a ses freres ne as *c* autres qui estoient avec lui
pris. Mesmement, comme ces couvenances fussent fetes a
ceus qui tantost avoient le soudant [*ocis et*] s'estoient fet
seigneur, qui estoient encore ensanglentez du sanc dudit
soudan et des autres ocis avec lui; et li mostrerent mout
grant semblant de estre meuz et corouciez comme il eussent
premierement donné le serement qui estoit par aventure *d*
pour les covenances garder, et li distrent que il convenoit
que il otroiast *e* ces paroles et enterinast : et nonporquant
le benoiet roi *f*, après tot leur mouvement et toute leur ire et
après toutes leur paroles, il ne volt metre [*ce en son*] sere-
ment. Et com un paien qui estoit amiral deist au benoiet
roi : « Vos estes nostre chetiz et nostre esclave et en nostre
« chartre, si parlez si hardiement! Ou vos ferez ce que nos
« vodron, ou vos serez crucefiez vos et les voz *1*, » onques
pour ce li benoiez *g* rois ne fu meu; ainçois respondi que
se il avoient ocis le cors, il n'auroient pas toutevoies *h* l'ame
de lui *i*.

Merveille est mout ce qui s'ensuit *i* : comme li benoiet
rois fust pris, si com il est dit desus *j*, et [*cil amirauz*] qui
le sodant avoit ocis maintenant, si com il disoit, fust devant

<hr />

a. eu B, ou C. — *b* pris *add.* C. — *c.* aus C. — *d.* par aventure *biffe* A² et
A³, *omis* B, C. — *e.* otriast B. — *f.* li benoiez rois B, li benoiz royz C. —
g. benoiez *omis* C. — *h.* toutevoies *biffé* A² et A³, *omis* B, C. — *i.* quar *add.*
C. — *j.* si comme desus est dit C.

<hr />

1. Guillaume de Chartres donne des paroles de l'émir un texte quelque peu
différent *Historiens de France*, XX, p. 30*r*).
2. La réponse de saint Louis est répétée dans sa Vie française par Guil-
laume de Nangis qui ne semble pas cependant avoir eu ce passage pour
source (*Historiens de France*, XX, 381 *b*).

le benoiet roi *a* l'espée trete *b* et ensanglentée et il ensan-
glenté du sanc, et branlat *c* l'espée ausi comme se il le vou-
sist ferir de l'espée, et deist li dit amiral *d* que il pooit *e*
ocirre le benoiet roi se il vouloit, ou que il le pooit *f* deli-
vrer, et que il le deliverroit se il le voloit fere chevalier ; la
quele chose aucuns granz crestiens conseillerent au *g* benoiet
roi qui estoient entour lui que il le feist ; li benoiez rois
respondi que en nule maniere il ne feroit chevalier nul
mescreant *h* ; mes se il vouloit estre fet *i* crestien, il le men-
roit en France et li donroit ilecques grant terre et le feroit
chevalier et mout l'ennoreroit. Mes li Sarrazins ne le volt
consentir.

Mout merveilleuse chose encores est que, ja soit ce que
il eust soufert moult de damages outre mer et mout de
reproches, cil *j* qui *k* aloit touzjors de [*bien en mieuz l*], estoit
plus devot et plus estables en la foi de Jhesu Crist ; dont
aucune foiz il disoit, comme embrasez de grant ferveur de
la foi crestienne, que chevaliers ne doivent en nule maniere
desputer de la foi, puis que il connoissent bien aucun mes-
creant, il le doivent ocirre de leur propre espée [1]. Et avec-
ques ce, comme le benoiet saint Loys recordast aucune foiz
comment il avoit esté pris et les vituperes *m* et les laidures
que il avoit receues outremer, et cil qui l'ooient li deissent
que il ne deust pas teles choses recorder qui retornoient en
sa vilanie, il respondoit *n* que chascun crestien doit tenir a
enneur quelque blame que il puisse soufrir pour l'enneur *o*
de Nostre Seigneur Jhesu Crist.

En la doctrine que il lessa a mon seigneur *p* Phelipe, son
fiuz, de bon memoire qui après lui regna comme roi, — la

---

a. devant li C. — b. toute *add.* C. — c. branlast *corr.* A³, B, C. — d. amiraltz
corr. A², amirauz B, amiraut C. — e. poist B, pouoit C. — f. pouoit C. —
g. le B. — h. il ne le feroit chevalier tant comme il feust paien C. — i. fet
biffé A² *et* A³, *omis* B, C. — j. il *corr.* A³, B, C. — k. qui *biffé* A² *et* A³, *omis*
BC. — l. et *add.* A³. B. — m. et les vituperes *biffé* A² *et* A³, *omis* C. — n. res-
ponnoit C. — o. et l'amor *add.* A³, B, C. — p. au roi *substitué à a* mon
seigneur A³, B, C.

---

1. Joinville (§ 53) rapporte un propos du saint roi tout semblable à celui
qui est rappelé ici.

quele doctrine estoit escripte de sa propre main, — il y avoit une clause contenue qui est tele : « Fai a ton pooir *a* « les bougres et les autres males genz chacier de ton roiaume, « si que ta terre soit de ce bien purgiée, si comme tu enten- « dras par le conseil de bones genz *b* que ce soit a fere *c1*. »

Et en son premier passage, puis que il fu delivrez de la prison des Sarrasins, il fist *d* pour la defense des Crestiens et pour la garde et pour l'enneur de la foi crestienne *e*, fer- mer a ses propres despens une cité qui a non Cesaire a murs si hauz et si lez que l'en *f* peust par desus mener un char; et fist fere les murs a tors et a bretecches *g*, defenses mout *h* espesses *2*. Et ausi il fist fermer une cité qui a non Jopen *3*, et Sydoine *4* et le chastel de Cayphas et une partie de la cité de Acre qui est apelée communement Montmu- sart *5*.

Et encore sont ces [*paroles ci après contenues*] en la doc- trine de son fiuz *i* : « Ne soustien en nule maniere nule « parole qui soit dite en despit de Nostre Seigneur ou de « Nostre Dame ou de ses sainz que tu ne preingnes de ce « venjance, se ce n'estoit clerc ou si grant persone que tu « ne la deusses pas justicier, et *j* li fai dire *k* par celui qui « le porra justicier. » Le benoiet roi fist establissement et *l* fist publier par tout son roiaume que nul n'osast dire

---

a. pooir C. — *b.* genz *omis* A. — *c.* que ce soit a fere *omis* C. — *d.* il fist biffé A² et A³, omis B. — *e.* il fist *répété ici dans* A. B, C. — *f.* y *add.* C. — *g.* et *add.* C. — *h.* mout *omis* C. — *i.* filz B, C. — *j.* ainz C. — *k.* à dire *biffé a été substitué* mostrer son defaut par son souvrain *et dans* A², A³ B, C. — *l.* le *add.* A³, B, C.

---

1. Les termes de ce passage étant un peu différents de ceux des *Enseigne-ments* rapportés au neuvième chapitre, on en peut tirer un argument confir-mant l'existence d'une rédaction latine de l'ouvrage du Confesseur.

2. Les fortifications de Césarée furent construites de mars 1251 à mai 1252. Voyez Joinville, éd. de Wailly, *Résumé chronologique*, p. 506. Sur l'état actuel de ces fortifications, voyez Guillaume Rey, *Monuments de l'architecture mili-taire des Croisés*, p. xxii et 220.

3. Sur le séjour de saint Louis à Jaffa, de mai 1252 à la fin de juin 1253, voyez Joinville §§ 515-516, et *Résumé chronologique*, p. 587.

4. Saint Louis resta à Sidon de juillet 1253 à février 1254 (*Ibidem*).

5. Le séjour à Acre, pendant lequel saint Louis fit fortifier Montmusard, dura du 14 mai 1250 à 1251 (Joinville, *Résumé chronologique*, p. 506, et Le Nain de Tillemont, III, p. 403).

aucun *a* blapheme *b* ne parole vilaine de Dieu ne de la
benoiete virge Marie ne de ses sainz ne de leur membres
fere lez seremenz [1]. Et fesoit aucune foiz ceus qui encontre *c*
fesoient, cuire ou seignier es levres d'un fer chaut et
ardant, roont qui avoit une vergete par mi et estoit espe-
ciaument fet a ce [2]. Et a la foiz, il les fesoit estre en l'es-
chiele devant le pueple, boiaus de beste pleins d'ordure
penduz a leur cous [3], et comanda que l'en meist eschieles
es bonnes viles en lieu commun, seur les queles tex blaphe-
meurs *d* de Dieu fussent mis et liez en despit de cel pechié.
Et fist metre espies contre tex qui les acusassent [4], et
estoient les eschieles a ce especiaument ordenées es citez
et es liex sollempnez *e* par le commandement du benoiet roi.
Et *f* avint que un *g* fist tel serement devée de Dieu ; la nou-
velle en vint au *h* roi, et comme li rois le vosist fere punir
et moult de ceus du conseil le roi, neis des barons, propo-
sassent pour lui devant le roi et le defendissent quant que
il peussent que il n'estoit pas digne d'estre en tele maniere
puni *i*, nonpourquant li benoiez rois, pour la grant jalousie
de l'eneur *j* de Dieu, si comme l'en croit fermement, ne *k*
volt nus oir, ainçois commanda que le fer chaut fust mis a
la bouche de ce jureeur et blaphemeeur *l* de Dieu [5].

---

a. nul B. — *b.* blaspheme C. — *c.* ce *add.* C. — *d.* blaphemeeurs A², B,
blasphemeeurs C. — *e.* sollempneus A³, B. — *f.* or A³, si C. — *g.* un *corrigé à
tort en* il A³. — *h.* benoit *add.* A³ C, benoiet B. — *i.* et *add.* C. — *j.* enneur
A², C. — *k.* n'en A², B, C. — *l.* blasphemeeur C.

---

1. Voyez l'ordonnance de saint Louis contre les blasphémateurs au tome I
des *Ordonnances des rois de France*, p. 99, où elle est datée de 1268 ou 1269.
Le Nain de Tillemont la rapporte plus justement à l'année 1264 (t. IV, p. 349).
2. Ce châtiment terrible dont le Confesseur citera tout à l'heure un exemple
n'était pas au nombre des peines prévues par l'ordonnance, lesquelles se
réduisaient à l'exposition, à l'amende, à la prison et au fouet. Clément IV,
par une bulle du 12 août 1268 (Potthast, 20441), voulut modérer le zèle de
saint Louis en lui recommandant de laisser aux coupables la vie et l'intégrité
de leurs corps.
3. Telle fut la punition d'un orfèvre de Césarée dont parle Joinville (§ 685.)
4. On voit à l'article 7 de l'ordonnance précitée que le quart de l'amende
était attribué au dénonciateur.
5. D'après Joinville (§ 685), le coupable était un bourgeois de Paris. Cet
épisode qui paraît avoir particulièrement frappé les contemporains, est
raconté de nouveau au chapitre XVIII. Voyez aussi la vie de S. Louis par
Guillaume de Nangis dans les *Historiens de France*, t. XX, p. 398 et 399 a b.

[*Après com*] el [a] tens du secont passage, li benoiez roiz fust descenduz a terre es parties de Thunes, et vosist fere le ban crier, il commanda, a l'eneur de Dieu, de sa propre bouche et dist a mestre Pierres de Condé que il escrisist einsi : « Je vous di le ban de Nostre Seigneur Jhesu Crist « et de son sergant Loys, roi de France » et les autres choses que l'en doit crier en ban[1]. En la quele chose le pueple qui ce oy, cueilli[b] grant foy[c] du benoiet saint Loys en ce que il nomma Jhesu Crist, afermant que le ban que l'en devoit crier, estoit de Nostre Sire[d] Dieu, Jhesu Crist.

Ne ce ne doit pas estre delessié[e], meesmement comme ce soit chose notoire, que li diz[f] benoiez rois passa deux fois la mer pour l'avancement de la foi crestienne a tres grant ost et a granz despenz. A la premiere foiz, il mena avecques lui [*la roine*] ma dame[g] Marguerite, sa feme, et si passerent touz ses freres. Et a la seconde foiz, il mena la avecques lui touz les freres que il avoit adonques et avecques ce[h] de quatre fiuz que il avoit, il[i] mena avecques lui les trois ainznez[2] et sa tres chiere fille la roine de Navarre[3]. En la quele seconde foiz, en poursuivant [*son*] passage et en l'avancement de la foy crestienne, il fina beneuréement et saintement ses jours en la terre d'outremer.

CI FINE[j] LI TIERS CHAPITRES ET COMMENCE LI QUARZ QUI EST DE SA DROITE[k] ESPERANCE[l].

Esperance qui est ancre de vertuz et assavorant les oevres crues et assouagant les doleurs de cuer et qui adou-

---

[a]. ou C. — [b]. et entendi la *add.* A³, B. — [c]. qui ce oy et entendi la foy C. — [d]. Seigneur *corr.* A³, B, C. — [e]. lessié *corr.* A², B, C. — [f]. diz *omis* C. — [g]. ma dame *biffé* A² et A³, *omis* B, C. — [h]. avecques ce *biffé* A² et A³, *omis* B, C. — [i]. en *add.* C. — [j]. fenist C. — [k]. et bonne *add.* C. — [l]. Rebriche *add.* C.

---

1. C'est peut-être pour suivre l'exemple de son frère que, pendant le siège de Tunis, Charles d'Anjou fit frapper une monnaie portant une légende rédigée en termes semblables (Sambon, *Rivista italiana di Numismatica*, VI, 1893, p. 341).
2. Philippe le Hardi, Jean Tristan, comte de Nevers, Pierre, comte d'Alençon.
3. Isabelle de France, femme de Thibaut V.

cist les choses sauz savour *.....* [*par qui*] *b* l'ame en soi est enforciée et est *c* a Dieu eslevée et encouragiée a persev[*erer et a atendre*] certainement l'ayde de Dieu, enforça tant le benoiet saint Loys, souhauça *d* et encouraga que toutes aversitez il despist *e*, toutes forz choses a son pooir *f* il emprist, *g* nule chose ne tint a fort pour l'esperance que il avoit en l'ayde [*de Nostre Seigneur, si comme toute sa vie le monstre clerement*]; de la quele vie especiaument je pren *h* tant seulement une chose. Comme li benoiez saint Loys après le premier passage reperast d'outremer et il fussent venuz par ij jours ou par iij ou environ et fussent pres de la cité de Nichocie *i*, une nuit, un pou devant le jour, la nef en la quele li benoiez rois [*et la roine sa*] femme et ses enfanz estoient, c'est a savoir mon seigneur Pierres jadis conte de Alençon, mon seigneur Jehan jadis conte de Nevers *j*, et ma dame Blanche jadis femme de mon seigneur Ferrant, ainzné fiuz et hoir du noble roi de Castele, enfanz nez outre mer, et pluseurs autres persones *k*, icelle nef empeint et hurta en une dure gravele et fist adonques la dite *l* nef un grant saut; et quant cil qui estoient en la nef sentirent ce, il doterent mout que la nef ne fust rompue. Et comme aucuns d'eus *m* criassent pour la poor du peril, li benoiez rois ala tantost, qui de riens ne fu espoenté, devant le lieu ou le vrai cors Jhesu Crist estoit mis par le congié du legat de Romme, l'evesque Tusculan [1], et ilecques se mist li [*benoîz rois*] enclin a terre a coutes et a genouz et fu ilecques un pou de tens [*en*] oroisons [2]. A la parfin, comme

---

a. Ce début est biffé dans A² *et* A³, *omis dans* B, C. — *b.* Esperance par qui *a été substitué dans* A³ *à une ligne grattée, correction reproduite dans* B, C. — *c.* est biffé *A²* et *A³,* omis B, C. — *d.* soushauça C. — *e.* et add. C. — *f.* a son pooir omis C. — *g.* ne add. C. — *h.* ci add. A³, B, C. — *i.* Nichocie *laissé en blanc dans* A, *omis dans* C, *ainsi que* de *ne se trouve que dans* B. — *j. Le comte de Nevers a été replacé avant le comte d'Alençon au moyen d'une inversion dans* A², *correction reproduite dans* B *et dans* C. — *k.* persones omis A. — *l.* dite omis C. — *m.* d'els B.

---

1. Voyez plus haut, p. 22, note c.
2. Le Confesseur lui-même complétera le récit de cette aventure au chapitre IX. Voyez aussi Joinville, §§ 13 à 16 et 618 à 629, ainsi que Geoffroy de Beaulieu dans les *Historiens de France,* t. XX, p. 18 c, d.

les notonniers eussent fet rega.der la nef, il raporterent au
benoiet roi que de*la creste desous de la nef estoient
esrac[hiées] bien*iij toises, et fu la nef rapareilliée si com
ele pot; et après*il vindrent en cele nef par x semaines
ou environ, jusques a tant [que li diz sainz] rois*et les
autres qui estoient en la dite nef arriverent en Prouvence
delez un chastel qui est apelez Eres¹. Et disoient les mari-
niers que de mil nes ne deust pas une estre eschapée de si
grant perill, et croit l'en certainement que pour l'espe-
rance*et*les oroisons du saint benoiet*roi et par ses
merites il eschaperent du dit peril*. Et*fet mout une parole
a noter que [la roine Marguerite sa femme] desus*dite
dist aucune foiz a.............* Saint Patur*son con-
fesseur*, c'est a savoir que, quant li benoiez rois et ele et
les enfanz desus diz estoient en cel perill, les norrices des
enfanz vindrent a li et li distrent : « Madame, que ferons
« nos de voz enfanz? Les esveilleron nos et leveron? » Et
la dame, desesperanz de la vie corporele des enfanz et de la
seue, respondi : « Vos ne les esveillerez pas ne ne leverez,
« mes les lerez aler a Dieu dormant. » Et ele le dist*comme
cele qui grant esperance avoit que il deussent vivre pardu-
rablement en paradis.

CI FINE*LI QUARZ CHAPITRES ET COMMENCE LI QUINZ QUI EST
DE S'AMOUR ARDANT*.

Et qui porroit soufire a raconter la charité fervant de la
quele li benoiez amis*Jhesu Crist ardoit? Car tout ausi

a. de omis C. — b. bien esrachiées B, estoit esrachée bien C. — c. ce add.
C. — d. le dit saint Loüys C. — e. la bonne esperance C. — f. par add. C.
— g. benoiet omis C. — h. d'ycelui grant peril C. — i. si y add. C. — j.
devant C. — k. L'endroit que nous avons marqué par des points a été gratté et
on y a récrit dans A³ pluseurs persones, correction reproduite dans B. C. —
l. Patuz A² — m. Saint Patur son confesseur biffé dans A³, omis dans B, C.
— n. Et ele dist ce A², B, C. — o. Ici se fenist C. — p. le cinquiesmes qui est
de sa bone amour et ardante. Rebriche. C. — q. de add. C.

1. S. Louis qui aurait voulu n'aborder que sur ses terres, resta deux jours
devant Hyères, qui appartenait au comté de Provence, et ne débarqua que le
17 juillet 1254 (Joinville, § 653).

com un charbon qui est plein de feu, le benoiet saint Loys
[fu] embrasé de *a* la flambe *b* de l'amour de Dieu, car des le
commencement de sa jouvente *c*, il ama Dieu d'une affection
tendre ne ne le delessa *d* a amer, mes toz jours continua
toute sa vie. [Et] de tant com il crut en plus grant aage et
vesqui plus lonc tens *e*, de tant fu il plus espris en *f* l'amour
de Dieu par ferveur plus grant d'esperit, si comme Boniface
li huitiemes papes le recorde ¹. Avecques ce il enseignoit
et affermoit que Dieu doit estre amé sus toutes choses
sanz nule mesure, comme cil qui reconnoissoit humblement
les benefices de Nostre Seigneur et a cels reconnoistre
il enseignoit les autres et enformoit. Et encore ensei-
gnoit il as *g* autres en quele maniere l'en pooit plus plere a
Nostre Seigneur et a metre grant cure a eschiver toutes
choses qui li doivent desplere, [dont en la] doctrine que il
escrist de sa propre main a sa fille la royne de Navarre,
ces *h* paroles *i* entre les autres sont *j* contenues : « Chiere
« fille, je vos enseigne que vous amez Nostre Seigneur Dieu
« de tout vostre *k* cuer et de tout vostre pooir *l* ; car sanz ce
« nul ne puet nule chose valoir, ne riens ne puet estre
« amé si droitement *m* ne si proufitablement. Il est le sei-
« gneur *n* a qui toute creature puet dire : « Sire, vos estes
« mon Dieu ; vous n'avez besoing de nul de mes biens. » Il
« est li sires qui envoia son fiuz en terre et l'ofri a mort pour
« nous delivrer de la mort d'enfer. Mout est desvoiée *o*
« creature qui ailleurs a mis l'amor de son cuer, fors en lui
« ou souz lui. La mesure par quoi nos le devon amer est
« sans mesure. Il a bien deservi que nos l'amons qui pre-
« mierement nos ama. Je vodroie que vos seussiez bien

---

a. de omis A. — b. la flambe *biffé* A² *et* A³, *omis* B, C. — c. jonesce C. — d.
lessa A² B, C. — e. et plus vesqui C. — f. de C. — g. aus C. — h. es *corr.*
A². — i. par tielx paroles qui C. — j. ci après *add.* C. — k. ton C. — l.
pouair C. — m. amée si proprement B. — n. li sires A² B, C. — o. la *add.* B.

---

1. Les dernières lignes (*Car des le commencement de sa jouvente — plus
grant d'esperit*) sont en effet la traduction d'un passage de la bulle de cano-
nisation (*Historiens de France*, XXIII, p. 155 d), dont le texte latin du Confes-
seur était donc bien un extrait.

« penser que li benoiez Fiuz Dieu fist pour nostre redem-[a]
« ption..
« Aiez un tel desirrier que[b] ja ne se parte de vos, c'est [a
« savoir comment] vos puissiez plus plere a Nostre Seigneur.
« Et metez vostre cuer a ce que, se vos saviez certainement
« que vos n'eussiez ja guerredon de nul bien ne poine de
« nul mal que vos feissiez, toutevoies vos devriez vos gar-
« der de fere choses qui despleussent a Nostre Seigneur [et
« en]tendre et fere choses qui li pleussent, a vostre pooir[c],
« pour l'amour de lui purement. »

Encore[d] en la doctrine que il escrist de sa propre main
a mon[e] seigneur[f] Phelipe li roi[g] son fiuz, de bone memoire,
il escrit einsi[h] : « Chier filz, je t'enseigne premierement
« que tu aimes Dieu de tout ton cuer et de tot ton pooir[i],
« car sanz ce ne puet nulle chose valoir[1]. » Veez ci que il
apert comment il ama Dieu et comment il enseigna ses
enfants a amer le.

CI FINE LI QUINZ CHAPITRES ET COMMENCE LI SISIEMES QUI EST
DE SA FERVENT DEVOCION[j].

Grace de devocion esboulissant, le cuer rasasiant[k] en[l]
ferveur de bonne volenté, ne pot estre retenue en cuer du
benoiet saint Loys, ainçois la mostra[m] par pluseurs certains

a. J'ai intercalé ici une ligne de points pour bien indiquer que ce qui suit
est un autre extrait des Enseignements de saint Louis a sa fille. — b. qui B,
C. — c. pouair C. — d. encores A², C. — e. a mon gratté et remplacé par au
roi A² et A³, correction reproduite dans B, C. — f. seigneur biffé A² et A³,
omis B. C. — g. li roi biffé A² et A³, omis B, C. — h. ce qui s'ensuit add. C.
— i. pouair et de toute la pensée C. — j. Ci endroit fini le cinquiesmes cha-
pitre et commence li sisiemes qui est de sa grant devocion fervante.
R[ebriche]. C. — k. esboulissant le cuer rasasiant biffé A³, omis B, C. —
l. Je restitue conjecturalement en à l'endroit où A³ porte et écrit sur un mot
gratté, correction reproduite dans B, C. — m. monstra A², B.

1. Ainsi que j'ai déjà eu l'occasion de le faire remarquer plus haut (p. 26,
note 1), les extraits qui précèdent présentent certaines différences avec le
texte intégral des Enseignements de saint Louis à sa fille et à son fils donnés au
chapitre IX.

signes. [*Li beneoiz rois*] fu a Dieu et a ses sainz et a sainte
Eglise tres devot, [*si comme il apert*] par le cours de sa vie
clerement, [et si comme il est][a] prouvé[b] apertement par le
dit affermé par serement[c] de mout de bons preudes hommes
et dignes de foi qui avec lui converserent longuement, [*qui
disoient par leur serement que*] il avoit esté plein de grant
devocion, [*et*] toutevoies a mostrer le[d] plus certainement,
ci[e] aucunes choses especiax sont[f] escriptes.

*Et[g] premierement de la[h] devocion du beneoit[i] roi[j] au
service Nostre Seigneur oïr et entendre devotement[k].* — Le
benoiez roy[l] disoit ses heures canoniaus[m] a grant devocion
avecques un de ses chapelains et a droites heures, sanz ce
que il les deist devant heure fors le moins que il pooit. Et
avecques tout ce, nonporquant[n] il fesoit chanter sollempnel-
ment toutes les heures canoniaus a droites heures sanz
avancier heure, fors le moins qu'il pooit, par ses chapelains
et par ses clers, et il les ooit a grant devocion, et neis quant
il chevauchoit, [*il*] fesoit dire les heures canoniaus a haute
voiz et a note par ses chapelains a cheval, ausi comme se il
fussent en l'eglise, que la[o] droite heure ne[p] passast. Et la
costume que li benoiez rois gardoit en[*vers*] le service Dieu
estoit tele : li benoiez[q] rois se levoit a mie nuit[r] et fesoit
apeler clers et chapelains, et lors il entroient en la chapele
en la presence du rois chascune nuit; et lors chantoient a
haute voiz et a note matines du jour et puis de Nostre Dame,
et pour ce ne lessoit pas li benoiez[s] rois que il ne deist les
unes et les autres matines en cele meesme chapele a basse
voiz avec un de ses chapelains, et matines dites, les chape-

a. Et si comme il est *est restitué hypothétiquement à l'endroit où le correc-
teur de* A³ *a écrit* Et si comme il apert *sur un passage gratté, correction repro-
duite dans* B, C. — b. prouvé *biffé* A² *et* A³, *omis* B, C. — c. affermé par sere-
ment *biffé* A² *et* A³, *omis* B, C. — d. u le monstrer C. — e. ci *omis* C. — f. ci
après C. — g. Et *omis* B, Et tout C. — h. sa C. — i. benoiet B. — j. du
benoit roi *omis* C. — k. *Ces deux lignes sont en rubrique.* — l. li beneoiz roys
A². — m. canoniziaus C. — n. nonporquant *biffé* A² *et* A³, *omis* B. C. — o.
ja C. — p. n'en C. — q. benoiz A² benoiz C. — r. mienuit A, *entour*
mienuit C. — *J'ai coupé en deux ce mot qui me parait désigner non pas minuit,
mais la pleine nuit,* media nocte *comme on le lisait sans doute dans le texte
latin. On voit en effet un peu plus loin que matines étaient dites en été* « devant
le jour ou pou puis que le jour estoit levé. » — s. beneoiz A³, benoiz C.

lains revenoient a leur liz se il vouloient. Et un pou de
[espace] de tens passé, si petit que aucune foiz il ne pooient
pas avoir dormi puis qu'il estoient revenuz *a*, il les fesoit
apeler a dire prime, et lors chantoient prime en la *b* chapele
a haute vois et a note chascun jour du jor et de Nostre
Dame. le benoiet roi present, disant l'une et l'autre avec un
de ses chapelains. Mes en yver chascun jour, [pou s'en fal-
loit], prime estoit dite ainz jour : mes après Pasques, il
disoient matines a tele heure que eles estoient dites devant
le jour ou pou puis que le jour estoit levé. Et [ce fesoit] le
benoiet rois, neis es jours et es nuiz que il avoit esté
avecques *c* sa femme. Et quant prime estoit chantee, si com
il est dit desus, li benoiez *d* rois ooit chascun jour messe
premierement pour les morz *e*, qui estoit le plus souvent
dite sanz note *f*, mes a la [foiz], si com es anniversaires ou
pour aucuns de sa mesnie quant il estoit trespassez, et il
fesoit chanter la messe, ele estoit adonques chantee a note.
Et chascun lundi li benoiez *f* rois fesoit chanter a haute
voiz et a note, des Anges, et ensement *g* chascun mardi de
la ben[eoî]te virge Marie ; et chascun juesdi *i* messe du
Saint Esperit ; et chascun vendredi ensemet *i* esse de la
Croiz ; et chascun jour de samedi, encore *j* messe de Nostre
Dame. Et encore avec ces messes, il fesoit chascun jour
chanter messe du jour a haute voiz et a note couvenable a
la fere ou de la feste. Et el *k* tens de quaresme, il ooit
touzjours iij messes le jour, et de celes estoit une dite a midi
ou entour midi *l* ; et quand il chevauchoit en esté et la cha-
leur estoit grant, il chevauchoit a matin et, quant il estoit a
l'ostel, il fesoit dire les dites messes. Et a toutes les choses
devant dites estoit li benoiez rois *m*.

a. que add. B. — b. dite add. C. — c. la roine add. A³, B, C. — d. benevis
A³, benoiz C. — e. premierement des mors C. — f. beneviz A³, benoiz C. —
g ensement corr. en ausi A² et A³, B. C. — h. merquedi C. — i. ensement
corr. en ausi A² et A³ B, omis C. — j. et chascun samedi ausi C. — k. eu B,
C. — l. il ooit touz les jours trois messes et d'ycelles estoit dite touz jours
une endroit midi C. — m. et toutes les choses devant dites en sa presence C.

1. Cette première messe était dite au point du jour. Voyez Joinville, § 588.
Sur les habitudes pieuses d saint Louis, voyez aussi Joinville, §§ 54 et 71.

En après, quant il estoit heure de disner, ainçois que il mengast, il entroit en sa chapele et les chapelains disoient devant lui a note tierce et midi du jor et de Nostre Dame, mes[a] il disoit iceles meemes heures a basse voiz avecques un de ses chapelains. Et quant il avenoit einsi que il chevauchoit a heure de tierce et de midi ou de none, — mes que ce soit entendu de none en tens de jeune, — il fesoit chanter en chevauchant a haute voiz[b] a note ces meesmes heures a ses chapelains, et il les disoit avec un chapelain[c] a basse voiz. Et chascun jour[d] il ooit vespres a note et les disoit avecques un chapelain[e] a basse voiz. Et en[f] après souper, les chapelains entroient en sa chapele et chantoient complie a haute voiz et a note du jour et de Nostre Dame. Et li benoiez rois, quant il estoit en son oratoire, s'agenoilloit mout souvent endementieres que l'en chantoit complie, et tout cel tens entendoit a fere oroisons. Et chascun jour, quant complie de la Mere Dieu estoit dite, les chapelains chantoient ileques meemes une des antienes de Nostre Dame mout sollempnelment et a note, c'est a savoir aucune foiz « Salve regina, » aucune foiz une autre avecques l'oroison que l'en doit dire après, si comme il est acoustumé a dire. Et après tantost li benoiez rois s'en revenoit a sa chambre et i aloit, et lors venoit un de ses prestres et aportoit l'en l'iaue benoiete après lui et donques[g] en gitoit li prestres par la chambre, et disoit cest vers : « Asperges me » et l'oroison que l'en doit dire après. Et quant l'eure estoit venue [que li benoiz rois de]voit entrer el[h] lit, il disoit l'une et l'autre complie avecques le chapelain devant dit.

Et es jours qui estoient mout sollempnez es quex l'en fesoit double service, li services de la Mere Dieu n'estoit pas adoncques dit en la chapele a note, mes a basse voiz tant seulement, exceptees encore la feste de Noel et de Pasques et les autres festes de tele maniere tres sollempnez, esqueles les chapelains ne disoient pas le service de Notre

---

a. et C. — b. et add. C. — c. un de ses chapelains C. — d. jour omis C. — e. un de ses chapelains C. — f. en exponctué A³, omis B. C. — g. donques biffé A² et A³, omis B, C. — h. ou C.

Dame en la chapele. Et comme li benoiez[a] rois estoit en aucun lieu ou il n'avoit point de chapele autre, il tenoit adonques sa chambre en lieu de chapele, [mes] ausi comme par touz les [lieux du roiaume avoit] chapele. Et combien que li benoiez rois fust malades, il fesoit touzjors chanter ses chapelains en sa chapele sollempneument les heures, et deux autres clers ou religieus disoient les heures du jour et de Nostre Dame delez son lit ou il gisoit, si que se[b] il ne fust trop [foi]bles, il disoit le vers[c] d'une part et les autres d'autre; et quant il estoit [si foi]bles que il ne pooit parler, il avoit un autre clerc delez lui qui pour lui disoit les siaumes[d]. Et en chascun jour ferial ou eu jour que l'en ne dit pas ix leçons, estoient ij cierges sus[e] l'autel qui estoient renouvelez chascun jour de lundi et chascun mecredi, mes en chascun samedi et en toute simple feste de ix leçons estoient mis iiij cierges a l'autel. Et en toute feste double ou demie double il estoient renouvelez et estoient mis a l'autel vj cierges ou viij; mes es festes qui estoient moult sollempnex, xij cierges estoient mis a l'autel, et ausi en l'anniversaire de son pere et de sa mere et de touz les rois pour les quex il fesoit faire anniversaires[f]. Et toutes les foiz que les cierges estoient renouvelez et que nouviax cierges estoient mis a l'autel, si com il est dit desus[g], les chapelains et les clers de la dite chapele avoient tout ce qui estoit de remanant des viez cierges et le metoit en leur proufit. Et en[h] touz les dyemenches de l'Avent et en toutes les festes des Apostres, de saint Nicholas, de saint Martin, de sainte Marie Magdaleine et es granz festes semblables, il fesoit chanter la messe a dyacre et a souz-diacre sollempnelment. Et es festes sollempnex il voloit tozjors avoir un evesque ou pluseurs qui chantassent sollempnelment la messe, et fesoit donc revestir diacres et soudiacres ceus que il pooit avoir de ses clers, et ainsi revestuz il les fesoit servir a l'evesque qui chantoit la messe, et aucune foiz, es

a. benoiz A³ benoiz C. — b. se omis C. — c. les vers C. — d. pseaumes C. — e. desus C. — f. en sa chapelle add. A³, B, C. — g. desus dit C. — h. en omis C.

tres granz festes, il fesoit estre les prelaz as matines les-
queles il meemes ooit en sa chapele. Et es festes sollempnex
de Dieu et de Nostre Dame et es autres hautes festes *a*, il
fesoit fere le service Dieu si sollempnelment et si par loisir *b*
que il ennuioit ausi comme a touz les autres pour la lon-
gueur de l'ofice. Et avecques ce li benoiez rois voloit que li
services Nostre Seigneur fust si ordeneement fez et si
sollempnelment que il ne li soufisoit pas que ses chapelains
ou ses clers ordenassent qui chanteroit la messe ou qui liroit
l'Evangile ou qui feroit les autres choses, ainçois ordenoit
souvente foiz il meemes de ces choses et mandoit par aucun
de ses chapelains a ceus des quex il li estoit avis qui
estoient les meilleurs a fere [*ces offices que il les feissent. Et
por ce*] que en toutes choses Nostre Sires *c* fust ennourez,
il avoit en sa chapele vestemenz pour prestres et pour
autres ordres et avecques ce autres vesteures *d* apartenanz a
evesques de samit et d'autres dras de soie precieus broudez *e*
et autres de diverses couleurs, selon ce que le tens et les
festes le requeroient. Derechief li benoiez rois disoit
chascun jour le service des morz *f* avecques un de ses cha-
pelains selon l'usage de l'eglise de Paris. Et combien que il
fust yver et feist grant froit, nonpourquant li benoiez rois,
quant il estoit en l'eglise ou en la chapele, il estoit touzjours
en estant, drecié seur ses piez ou agenoillié a terre ou el *g*
pavement *h*, ou lui apuié sus l'un *i* des costez au banc qui
estoit devant *j* et *k* seoit a terre sanz avoir souz lui nul
coissin, ainçois avoit tant seulement un tapi estendu a terre
souz lui. Et *l* endementieres que l'en disoit la messe, il ne
soufroit pas de legier que nul parlast a lui fors que aucune
foiz, un pou après l'Evangile et devan le secré, un pou il
ooit son aumonier et nul autre fors trop petit. Et sovent
avenoit que il se levoit si souef de son lit et se vestoit et
chauçoit por entrer si *m* tost en l'eglise, que les autres qui

a. festes hautes C. — b. lesir B, C. — c. Nostre Seigneur C. — d. vestemenz
B. — e. brodez C. — f. le service des mors chascun jour C. — g. eu B. —
h. ou au pavé C. — i. seur un B. — j. li *add.* C. — k. se *add.* C. — l. Et
omis C. — m. si *omis* C.

gisoient en sa chambre ne se pooient pas chaucier, aincois couvenoit que il corussent deschauciez après lui. Et quant matines estoient dites, il estoit longuement en oroisons ou en la chapele ou en sa garderobe ou delez son lit. Et quant il se levoit d'ouroisons *a* et il n'estoit pas jour, il despoilloit aucune foiz sa chape et entroit en son lit et aucune foiz a tout la chape, et dormoit. Et aucune foiz il donnoit a ceus de sa chambre certaine mesure de chandele et leur commandoit que il ne le lessassent dormir fors tant comme cele chandele durroit ardant, si que aucune foiz il l'esveilloient selon son commandement, et il se levoit et leur disoit que encore n'estoit il eschaufé. Et quant il l'avoient esveillié, il se levoit maintenant le plus tost que il pooit et aloit a l'eglise ou a la chapele. Et comme pour ses veilles desatemprees *b* et pour ses autres pluseurs labeurs que il avoit soufers par lonc tens, il fut mout afebloiez, il li fu conseillié de persones religieuses que il ne veillast pas tant et que il ne se levast pas si tost, pour laquele chose il ne se levoit pas si tost après ce, mes toutevoies il se levoit a tele heure que matines estoient tozjors dites devant ce que il fust jour, a tout le moins el *c* tens d'hyver.

Li benoiez rois ooit tres volentiers et tres sovent la parole Dieu et l'escoutoit tres diligaument, et por ce chascun dyemenche et a toutes festes, et mout de fois es autres jours quant il pooit avoir religieus ou autres qui seussent proposer la parole Dieu, il les faisoit preechier en sa presence et les escoutoit tres devotement, et se seoit a terre seur le fuerre quant l'en preechoit devant lui. Et quant il chevauchoit, quant il se pooit destourner *d* proufitablement a aucune abeie ou a aucun lieu de religieus hommes ou femmes, mout volentiers le fesoit et fesoit ilecques preechier a l'edefiement de lui et d'eus. Et estoit sa coustume tele que quant il ooit aucune foiz les sermons que l'en fesoit es chapitres des religieus, il se seoit mout souvent el milieu du chapitre sus le fuerre, neis en tens que il fesoit tres grant froit, pres de la terre, et les moines se seoient en leur

a, oroisons A². — b. desatrempees C. — c. eu B, ou C. — d. trestorner B.

sieges acoustumez en haut. Et pour ce que les serganz
d'armes fussent plus volentiers as sermons, il ordena que il
menjassent en sale, les quex serganz n'i souloient pas
mengier, ainz avoient gages pour leur despens pour mengier
hors, et li benoiez *a* rois leur donnoit encore gages toz
pleins comme devant et nonpourquant il menjoient a court.
Et aucune foiz aloit il a son pié deux foiz en un jour par le
quart d'une lieue pour oir le sermon que il fesoit fere au
pueple et escoutoit tres diligaument le sermon. Et se il
avenist que l'en feist aucune foiz noise entour le preecheeur,
il la fesoit apesier. Et aucune foiz il ooit la leçon es escoles
des Freres Preecheeurs a Compiegne, et quant ele estoit
finee, il commandoit que l'en feist ilecques un sermon pour
les lais qui ilecques estoient venuz avecques lui.

*De sa *b* devocion au cors Nostre Seigneur recevoir.* — Li
benoiez sainz Loys esboulissoit de fervant devocion que il
avoit au sacrement du vrai cors [*Nostre Seigneur Jhesu
Crist*], car trestouz les anz il estoit acomenié *c* a tout le
moins vj foiz, c'est a savoir a Pasques, a Penthecouste, a
l'Assoncion de la benoiete virge Marie, a la Touzsainz, a
Noel et a la Purificacion Nostre Dame. Et aloit recevoir son
Sauveur par tres grant devocion, car avant il lavoit ses
mains et sa bouche et ostoit son chaperon et sa coife. Et
lors, puis que il estoit entré eu cuer de cele eglise *d*, il
n'aloit pas seur ses piez jusques a l'autel, ainçois i aloit a
genouz. Et quant il estoit devant l'autel, il disoit premie-
rement son Confiteor par soi meemes a jointes mains *e* a
mout de sospirs et de gemissemenz; et donques il recevoit
en ceste maniere le vrai cors Jhesu Crist de la main de
l'evesque ou du prestre.

*De sa *f* devocion a la vraie croiz aorer *g*.* — Chascun jour
el saint Vendredi *h* li benoiez *i* rois Loys aloit par les eglises
prochaines du lieu ou il estoit adonques et nuz piez en quel

a. beneoiz A³, benoiz C. — *b.* tres grant et bonne *add.* C. — *c.* acommechié
(*sic*) C. — *d.* de l'eglise A² *et* A³, B, C. — *e.* a mains jointes C. — *f.* tres grant
add. C. — *g.* R[ebriche] *add.* C. — *h.* le jor de croiz aourée *add.* A³, B, C.
— *i.* beneoiz A³, beneoiz C.

lieu que il fust a cel jour, et avoit unes chauces qui avoient avant-piez sanz semeles que l'en ne veist sa char, mes il metoit les plantes de ses piez toutes nues a terre, et offroit largement sus les autiex des eglises que il visitoit. Et en *a* aprés il estoit a tout le service [*Notre Seigneur au*]si nuz piez jusques a tant que il avoit aource la sainte croiz, et l'aloit aourer en tele maniere que il avoit sa chape despoillee et [*demouroit*] en son gardecors ou en sa cote, et einsi nus piez, com il est dit devant, et desceint et sa coife ostee, son chief tout nu, se metoit a genouz et aouroit einsi devotement la sainte croiz. En aprés il aloit une espace de terre a genoz *b* et oroit. Et [*encores*] il aloit la tierce foiz a genouz jusques a la croiz et l'aouroit, et donques il *c* la besoit par grant devocion et par grant reverence et se metoit enclin a terre a *d* maniere de croiz endementieres que il la besoit, et croit l'en que il ploroit a lermes en ce faisant.

Et quant li benoiez rois Loys volt emprendre la voie a la premiere foiz pour aler outremer, il vint a l'eglise Nostre Dame de Paris et oï ilecques la messe, et ala de l'eglise Nostre Dame de Paris jusques a Saint Antoine, tout nuz piez, l'escherpe au col et le [*bourdon*] en ses mains par grant devocion. Et fu ilecques convoié de grant pueple, et puis prist ilec congié du pueple qui le sivoit et monta et s'en ala [1]. Et [*aprés*] ce, en cel an que il revint d'outremer a la premiere foiz, icil benoiez rois vint, la vegile de Noel [2] bien matin, a l'abeie de Roiaumont de l'ordre de Cistiax, de la dyocese de Biauvez, et dist que il vouloit estre a la prononciacion de la Nativité Nostre Seigneur qui a esté acoustumée a estre fete par toute l'ordre a heure de chapitre, et

a. en *biffé* A² *et* A³, *omis* B, C. — *b.* a genoz *omis* C. — *c.* donques il *biffé* A³, *omis* B, C. — *d.* ca C.

1. Ces faits datent du vendredi 12 juin 1248 (Le Nain de Tillemont, III, 176-177).
2. 24 décembre 1254. — Cette indication pe met de préciser la date un peu vague de plusieurs actes de Louis IX donnés à Royaumont en décembre de cette année. Le roi qui se trouvait encore à Paris le 18 décembre, était à Pontoise en janvier (*Mansiones et itinera* dans les *Historiens de France*, XXI, p. 415 E).

s'assemblent les moines a cele heure eu *a* chapitre. Et l'ordenance de l'abeie est tele que, en cele heure, l'abé et touz les moines qui i puent venir s'assemblent *b* el chapitre, et un moines *c* estant el milieu du chapitre dit ces paroles entre les autres *d* : « Jhesu Christ, li filz Dieu, est nez en « Bethleem de Judee. » Et quant il a ce dit, li abes et les moines se getent a terre et gisent einsi en oroisons jusques a tant que li abes se lieve. De quoi li benoiez saint Loys vint en chapitre en cele heure et s'assist delez le dit abé a la prononciation, et quant ele fu fete, il se mist a terre, estendu aussi comme li abbes et comme li autre moine humblement et devotement, et quant il fu ilecques estendu en oroisons, il i gut jusques a tant que li abes li fist signe de soi lever, et lors il se leva.

*De sa devocion aus *e* saintes reliques *f*.* — Li benoiez saint Loys avoit la coronne d'espines Nostre Seigneur Jhesu Crist et grant partie de la sainte Croiz ou Dieu fu mis, et la lance de la quele li costez Nostre Seigneur fu perciez et mout d'autres reliques glorieuses que il aquist [1]; pour les queles reliques il fist fere la Chapele a Paris [2], en la quele l'en dit que il despendi bien xl mile livres de tournois et plus. Et li benoiez rois *g* aourna *h* d'or et d'argent et de pierres precieuses et d'autres joiaus les lieus et les chasses ou les saintes reliques reposent, et croit l'en que les aournemenz des dites reliques valent bien cent mile livres de tournois et plus. Et ordena avecques ce en la dite chapele chanoines et autres clers pour fere a touzjors mes en la dite chapele le service *i* Nostre Seigneur devant les saintes reliques desus dites, et leur assigna et ordena tant de

---

a. ou C. — *b*. s' omis A. — *c*. eu *add.* A², B, C. — *d*. entre les autres *omis* C. — *e*. as B. — *f*. De sa tres grant et ferme devocion d'aourer les saintes reliques C. — *g*. li benoiez rois *omis* C. — *h*. l'aorna. — *i*. le service en la dite chapele C.

---

1. Saint Louis avait acquis la couronne d'épines en 1239, et les autres reliques en 1249 (Morand, *Histoire de la Sainte Chapelle royale du Palais*, p. 13 et 14. — Le Nain de Tillemont, II, 336).
2. Commencée en 1242, la Sainte Chapelle fut consacrée en 1248 (*Gallia Christiana*, VII, 238-239).

rentes perpetuex a prendre chascun an en deniers, en blez
et en autres choses, que chascun de ces chanoines, qui sont
x ou xij[1], reçoit d'an en an c livres de tournois. Et si ont
mesons soufisanz, [des queles trois] li benoiez rois Loys fist
fere delez la dite chapele. Et pour soverainement ennorer
les dites reliques, li benoiez rois establi en la dite chapele
trois sollempnitez chascun an. En la premiere sollennité il
fesoit estre le couvent des Freres preecheeurs de Paris, en
la seconde le couvent des Freres meneurs, et en la tierce,
il fesoit estre des uns et des autres ordres des devant diz
religieus[a] et des autres ordres [ausi][b] qui sont a Paris,
grant plenté des freres qui gisoient en une meson delez le
palès le Roi et après cele meemes chapele delez le[c], pour ce
que il fussent [lors] a matines a la requeste du benoiet roi.
Et a chascune des trois dites sollempnitez, quant la messe
estoit chantee tres sollempnelment, li frere qui avoient esté
a cele messe mengoient en la sale du benoiet roy, et li rois
avec els[d], et lisoit l'en continuelment au mengier ausi com
il est acoustumé es[e] refroitoiers des diz freres. Et encore
fesoit apeler li benoiez rois as dites festes aucuns evesques
que il pooit avoir et fesoit fere procession de ces evesques
et des freres par le palès roial en revenant a la Chapele. Et
a cele procession li benoiez rois portoit a ses propres
espaules, avec les evesques, les reliques devant dites, et a
cele procession s'assembloit li clergié de Paris et li pueples.
Et li benoiez rois entroit acoustumeement, quant il estoit a
Paris, en la dite Chapele après ce que complie estoit dite
chascun soir[f] des chapelains, et estoit ilec longuement en
oroisons.

Et vint une foiz a l'abeie de Roiaumont la vegile saint

a. ordres des devant diz religieux biffé et remplacé par freres dans A[3],
correction reproduite dans B, C. — b. et des autres ordres ausi omis C. — c.
delez le biffé A[2], omis B, C. — d. eus B, eulz C. — e. as B. — f. jour B corrigé
dans la marge en soir d'une écriture du XIVe siècle.

1. Le nombre des prébendes fondées par saint Louis n'était que de huit.
Voyez les deux actes de fondation de 1245 et 1248 dans Morand, Histoire de
la Sainte Chapelle, pr., p. 3 et 8.

Michiel, la ou il jut cele nuit *a*, et comme li abes se fust levez cele nuit a matines, les clers du benoiet roi avoient ja presque dites les matines du dit *b* roy ou il avoit grant luminaire et les chantoient mout sollempnelment. Et comme l'en ot sonné a matines en l'eglise et l'en ot dit [*Venite exultemus*], li benoiez rois entra en l'eglise a grant luminaire, et entra eu siege l'abbé dedenz le cuer et s'assist delez l'abbé, et fu touzjors ilecques li benoiez rois as matines des moines la ou l'en dit xviij siaumes et xij leçons et xij respons et [*Te Deum laudamus*] et Evangile *c*. Et quant l'en chantoit les respons, li benoiez rois descendoit de l'estal et prenoit l'esconse et la lumiere et aloit au livre et regardoit dedenz. Et après ce, quant matines furent finees, einsi comme l'en commence les laudes, li benoiez rois dist a l'abé que il se vouloit un petit reposer, car il devoit aler en cel matin a Paris, et lors s'en rala li benoiez rois en sa chambre. Mes ainçois que les laudes fussent dites, il revint a cele meesmes eglise et oy ilecques la messe a note et lors chevaucha jusques a Paris *d*; car l'endemain de la saint Michiel, il avoit acoustumé a fere la celebracion et la feste des saintes Reliques a Paris. Et en la feste saint Denis ausi comme chascun an *e*, li benoiez rois, quant il estoit en ces parties, il venoit a Saint Denis, et pour ce que coustume est en l'abeie de Saint Denis que en la nuit de cele feste les chanoines de Saint Pol de *f* Saint Denis chantent tantost sollempnelment matines eu commencement de la nuit, et quant eles sont dites li couvenz de l'abeie de Saint Denis entre adonques eu cuer et chante matines en cele meesme eglise sollempneument *g*, li benoiez saint Loys disoit que l'en devoit *h* de raison en cele nuit et continuelment Dieu loer et fere *i* granz chanz et rendre a Dieu granz loenges, et fesoit chanter ses matines sollempnelment et tost *j* en sa

---

a. vit C. — *b.* saint *add.* A³, B, du benoit saint C. — *c.* l'Evangile B, l'Euvangile C. — *d.* pour estre a la feste des saintes Reliques *add.* A³, B, C. — *e.* an *omis* B. — *f.* u C. — *g. Ces dernières lignes* (matines-sollempneu- ment, *répétées dans* A *par suite d'un bourdon, ont été biffées dans* A² *et* A³. — *h.* fere *mal placé ici dans* A, *biffé* A² *et* A³. — *i.* fere *rétabli ici avec raison dans* A³. — *j.* tantost C.

chapele par ses chapelains et par ses clers. Et quant matines
estoient chantees par les moines, li benoiez rois venoit a
procession *a*, avecques lui ses chapelains et ses clers revestuz
de chapes de soie et de seurpeliz, la croiz devant, de *b* la
chapele Saint Clement *c* qui est en l'abcie, la ou il avoit ses
matines commencices jusques a l'eglise de Saint Denis
desus dite, delez les cors de saint Denis et de ses compai-
gnons et fesoit illecques sollempnement le remanant de ses
matines chanter, et en ceste maniere que, quant eles estoient
chantees, il estoit jour. Et einsi toute la nuit de cele feste
estoient loenges continuees en cele eglise. Et furent ces
choses fetes tres souvent et acoustumeement el tens du
benoiet saint Loys.

Et encore chascun an, quant li benoiez rois estoit a
Saint Denis a la dite feste, ou se aucune foiz avenoit que il
eust tant a besoignier que il n'i poist *d* pas estre, au plus
tost que il pooit après, il aloit a l'autel saint Denis et apeloit
s[on] fiuz ainzné avecques lui et, en sa presence, se metoit
devant l'autel saint Denis par tres grant devocion a genouz
et son chies *e* nu en oroisons, et lors metoit iiij besanz d'or
premierement seur son chief et les tenoit a sa main et
offroit ces iiij besanz par grant reverence sus l'autel desus
dit et le besoit. Et pour ce que, a la premiere foiz que li
sainz rois passa outremer, il avoit esté vij ans que il n'avoit
rendu cele offrende audit autel *f*, quant il fu revenu en
France, il fist après ce *g* un jour icele offrende sus l'autel
tout ensemble, si com il est dit desus, pour les vij ans devant
diz [1].

---

a. et *addit.* A³, B, C. — *b.* de *omis* A. — *c.* Climent A², B, C. — *d.* peus
B. — *e.* chief B, C. — *f.* por ce qu'il avoit esté outremer *add.* A³, B, C. — *g.*
après ce *biffé* A² et A³, *omis* B, C.

---

1. Quatre deniers constituaient ordinairement le chevage, le *census capitis
proprii* payé par les serfs à leur seigneur, d'où ceux qui le devaient étaient
souvent appelés *homines quatuor nummorum* ou *de quatuor nummis* (Voir
Ducange, *Glossarium*, vº *capitale* 3). Les serfs d'une église avaient coutume de
placer le montant du chevage sur leur tête avant de le déposer sur l'autel.
(Voir Guérard, *Prolégomènes au cartulaire de Saint-Père de Chartres*, 540.)
En les imitant, saint Louis se déclarait donc l'homme de saint Denis. Le
morceau correspondant du moine Yves (voir le fragment publié sous le nom

[Et] comme li benoiez sainz Loys eust conceu que il feroit
fere a Senliz, delez son palez, une meson en l'enneur de
saint [Morise] et de ses compaignons, il fist et procura tant
que il ot xxiiij cors ou environ des compaignons saint
Morice [de] cele legion, de l'abé et du couvent de cele abcie
qui est en Bourgoigne, ou les *a* cors reposoient, et li abbes
avec aucuns de ses freres et avec les messages qui la estoient
alez de par le benoiet roy les aporterent a Senliz. Et quant
il vindrent assez pres de Senliz, ainçois que il fussent
aportez en la cité, li benoiez rois les fist metre en une meson
qui est a l'evesque qui a non Monz qui est loing de Senliz
par demie lieue ou en[tour]. Et lors il fist assembler pluseurs
evesques et abbez, et en la presence de mout de barons et
de grant multitude de pueple, il fist fere procession ordenee
par tout le clergié de la cité *b* de Senliz, et furent les dix
cors sainz mis en pluseurs chasses, couverz sollempneument
de dras de soie. Et adonques les fist porter a grant pro-
cession en la cité a la meme eglise [1], en tele maniere que li
benoiez rois meesmement portoit seur ses propres espaules
la derreainne chasse ensemble *c* avecques homme de noble

---

a. diz *add*. A³, B, C. — b. de la cité *omis* C. — c. ensemble *omis* C.

---

de *Gesta sancti Ludovici noni*, Historiens de France, XX, 51-52, étant certai-
nement imité du présent passage, cet acte de sujétion du roi de France à
saint Denis n'est connu que par le récit du Confesseur. On serait d'autant
plus tenté de le considérer comme inexact et d'y voir une invention des
religieux toujours jaloux de rehausser la gloire de leur monastère, qu'une
invention semblable avait déjà paru dans un texte notoirement apocryphe.
On lit en effet dans le Pseudo-Turpin qu'à l'imitation de ce qu'il avait déjà
fait pour S. Jacques de Compostelle, Charlemagne aurait ordonné que, dans
toute la Gaule, chaque propriétaire de maison payât annuellement quatre
pièces de monnaie à Saint-Denis pour la construction de l'église (Voir Reiffen-
berg à la suite de la *Chronique de Ph. Mousket*, chap. XXXI, p. 516). Néan-
moins, en ce qui concerne saint Louis, il est difficile de considérer le fait
comme purement imaginaire. Le témoin qui l'a rapporté appartenait sans
doute à l'abbaye de Saint-Denis, mais la déposition de ce témoin, si elle eût
été mensongère, n'aurait pas manqué d'être contredite par d'autres témoi-
gnages et les commissaires ne l'eussent assurément pas admise dans le
compte rendu d'où l'a tiré le Confesseur. (Voyez à ce sujet une note que j'ai
publiée dans le *Bulletin de la Société des Antiquaires de France*, année 1897,
p. 254.)
  1. Les corps saints apportés à Senlis en 1262, furent déposés dans la cha-
pelle du palais royal, et non dans l'église du prieuré de Saint-Maurice qui
n'existait pas encore et ne fut dédiée que le 1er juin 1264 (Le Nain de Tille-
mont, IV, p. 255-258).

remembrance Tyebaut, roy de Navarre, de ª la meson a
l'evesque jusque a l'eglise devant dite, et fist les autres
chasses porter [ausi] devant lui par autres barons et par
chevaliers. Et estoit l'entente du benoiet roy tele, si comme
l'en croit, que c'estoit bonne chose et honeste que li dit
saint qui avoient esté chevaliers de Jhesu Crist fussent
portez par chevaliers. Et quant les cors sainz furent en la
dite eglise, li benoiez rois fist ilecques chanter la messe
sollempneument et fere le sermon au pueple qui ilecques
fu assemblé. [Ainsi] ennoroit tres volentiers ᵇ les sainz et
gardoit leur festes et portoit si grant reverence a toutes
manieres de reliques, que il ne vouloit pas besier les le jour
que il avoit esté avec sa femme et disoit que un preudomme
li avoit ce enseignié.

Outre les choses devant dites, li benoiez rois fist a ses
propres despenz, fonda et doua l'abeie de Roiaumont de
l'ordre de Cistiaus [1]; en la quele abeie il a tant d'uevre
que l'en ne croit pas que ele peust avoir esté fete par aucun
autre de ces parties fors que par le roy. Et croit l'en que es
edefices purement, les cou[z] et les mises se monterent [plus
de] cent mile livres de Parisis. De rechief il fonda la meson
des Beguines de Paris delez la porte de Barbeel [2]; de
rechief l'eglise des Freres Meneurs de Paris [3]; de rechief
l'eglise et la meson des Freres Meneurs de la cite de Jopem
outre mer [4]. De rechief il fonda ᶜ et fist fere x calices
d'argent dorez ᵈ et autres aournemenz d'eglise pour x autex

---

a. des *orr.* A³, B. C. — b. li saint roys *add.* C. — c. De rechief il fonda
biffé A² et A³, *omis* B. C. — d. et vestemenz *add.* A³, B.

---

1. L'abbaye de Royaumont, fondée par Louis IX vers 1228 pour exécuter
une des dernières volontés de son père, fut dédiée en 1235 (Le Nain de Tille-
mont, I, 489-493; *Gallia christiana*, IX, 842).

2. La maison des Béguines de Paris était construite avant le mois de
novembre 1264 Cf. Léon Le Grand, *Les Béguines de Paris*, dans les *Mém. de
la Société de l'Histoire de Paris*, année 1893, p. 303. Elle fut remplacée plus
tard par le couvent des Cordelières de l'*Ave Maria* (Le Nain de Tillemont,
V, 312-314).

3. Les Frères-Mineurs étaient établis à Paris depuis 1216. Saint Louis leur
bâtit une église qui ne fut consacrée qu'après son retour de Terre-Sainte, le
6 juin 1262, sous le titre de Sainte-Madeleine (Le Nain de Tillemont, I, 76).

4. La fondation des Cordeliers de Jaffa remonte à 1252 (*Ibidem*, III, 449).

qui sont ilecques, et avecques ce il establi ᵃ et fist fere
livres pour dire le service de Dieu et pour l'estude des
freres, et estora la dite meson de liz et d'autres ostillemenz
qui leenz estoient necessaires. Et ᵇ de rechief il fonda
l'eglise et la meson des Freres Preecheeurs de Compiegne ¹,
pour lequel lieu et pour les edefices sanz les muebles, li
benoiez rois despendi bien xiiij mile et lx livres de parisis;
et nonpourquant après tout ce furent fetes ilec mout d'uevres
par le commandement du benoiet roy qui mout costerent. Et
fist encore li benoiez rois a ses propres despenz consacrer la
dite eglise des freres devant diz. De rechief il fonda et fist
edefier a Senliz delez son palès, en l'enneur du benoiet saint
Morice et de ses compaignons, une eglise avecques les offi-
cines qui convienent ᶜ a xij freres ou environ de l'ordre et
de l'abit de Saint Morice en Bourgoigne ², et establi que
Dieu fust ilecques servi par ces freres perpetuelment. Et
après, il doua la dite eglise et li donna rentes et possessions
a recevoir perpetuelment d'an en an jusques a la value de
v̊ livres de parisis ou environ. De rechief il fist fonder et
fere la meson des suers de l'ordre des Freres Preecheeurs de
Roen ³; de rechief la meson des Freres Preecheeurs de Caen ⁴;
de rechief la meson de Valvert delez Paris, de l'ordre de
Chartreuse ⁵; de rechief la meson des Freres du Carme de
Paris, la greigneur partie ⁶. De rechief il fonda l'eglise et la
meson des freres de l'ordre de la Trinité de Fontainebli[aut] ⁷.

a. et avecques ce il establi *biffé* A² et A³ *omis* B, C. — b. Et *omis* C. — c.
convient C.

---

1. Le monastère des Dominicains de Compiègne fut bâti en 1257 (*Ibidem*,
IV, 117).
2. Saint-Maurice d'Agaune, dans le Valais actuel.
3. Ces religieuses dominicaines que le peuple de Rouen surnomma les
Emmurées furent établies au faubourg Saint-Sever par saint Louis et l'arche-
vêque Eudes Rigaud en 1263 (Abbés Brunel et Tougard, *Géographie de la
Seine-Inférieure*, arrondissement de Rouen, p. 37-38).
4. La première pierre du monastère des Jacobins de Caen fut posée en 1234
(Le Nain de Tillemont, V, 307).
5. La maison de Vauvert appartenait au roi qui la donna aux Chartreux
en mai 1259 (*Ibidem*, IV, 204-205).
6. Les Carmes avaient été ramenés de Terre-Sainte par Louis IX qui les
établit à Paris, sur le bord de la Seine, au lieu où fut ensuite le couvent des
Célestins (*Ibidem*, IV, 34 et V, 299).
7. Cette fondation fut faite en 1259 (*Ibidem*, IV, 206-207).

[*Et encores*], comme li abbes de Saint Denis fust une foiz alé a Pontaise ou li benoiez rois estoit qui croit que l'abeie de Saint Denis li deust procuracion sollempnel, il dist a celui abbé par bonne entencion, si comme l'en croit : « Sire « abbes, pourquoi ne vous acordez vous a nous de nostre « procuracion que vous nous devez? Bien porra estre que « aucuns des rois qui après nous seront ne vous ameront « pas tant comme nous fesons. » Lors fu avis a l'abbé que il entendoit a delivrer pour pou de chose de cele procuracion, se il la deust, pour ce que l'abeie ne fust grevee des rois qui vendroient après lui. Et li abbes li respondi que il ne li devoit nule procuracion, car il avoit chartres des rois qui avoient esté devant lui, d'un ou de pluseurs, par les queles la dite abeie avoit esté franchie de tele chose; les queles chartres li dit abbes fist mostrer au benoiet saint Loys quant il fu venu a Paris. Mes il fu trouvé es registres du roi que les abez qui avoient esté devant, avoient paié la procuracion desus dite, et einsi il ne sembloit pas que il deussent user de leurs chartres ne de leur privileges desus diz, et ce avoit esté par aventure par la petite cure et par la negligence des abbez et des moines de l'abeie desus dite. Et nonpourquant icil benoiez rois, tout fust il einsi que les registres roiaus fussent tex com il est dit desus, aprouva ces chartres et la devocion des rois qui les avoient otroiees et volt que eles eussent force et fermeté[1], et non pas sanz plus seulement ne quita a l'abeie de Saint Denis, mes as hommes de la dite abeie et de la priorté *a* d'Argenteuil et de cele *b* de Cormeilles[2] et de Rueil[3], por l'enneur de Saint Denis, qui au roi devoient procuracion et pour l'amor dudit

a. de la priorté *biffé* A² *et* A⁵, *omis* B, C. — *b.* de cele *biffé* A² *et* A³, *omis* B, C.

1. L'acte en question donné à Saint Denis en octobre 1259, indiqué par Doublet (*Histoire de l'abbaye de S. Denys*, p. 909), existe en original aux Archives Nationales (K 31, n° 13).
2. Louis VII avait déjà exempté l'abbaye du droit de gite et de procuration qu'il prétendait à Cormeilles en 1158 (Doublet, p. 878); cette exemption fut confirmée par saint Louis en mars 1256 (n. st) à Argenteuil (Doublet, p. 908).
3. Ce fut à Melun, en octobre 1258, que saint Louis renonça à tout droit de gite et de procuration sur la seigneurie de Rueil (Doublet, p. 709).

moustier, ja soit ce que ses ancesseurs qui rois furent eussent eu possession et il *a* contre les chartres, la quele li benoiez rois avoit eue et ses devanciers et leur delessa *b* du tout par sa misericorde ; et de ce li sainz rois pour chascun lieu desusdit fist fere chartre certainne sus cele quitance et seeler de son seel, les queles chartres sont gardees en la dite abeie. Et plus li diz sainz rois qui vouloit la dite abeie garder de damage et tens avenir, quant il ot entendu que li rois Challes leur avoit otroié privileges que il ne paiassent *c* paiages en tout son roiaume en yaue ne en terre et que aucuns gentilz hommes du roiaume vouloient empeechier les privileges dudit abbé et disoient que li rois Challes ne pooit pas donner tex privileges en leur prejudice a l'abeie desus dite, lors li benoiez rois otroia tout de nouvel a la dite abeie de Saint Denis que en touz ses demeignes, et en terre et en yaue, li abbes et li couvenz de Saint Denis ne soient tenuz a nul travers ne paiage ne aquit ne a autre chose de ce que il vodront amener pour leur usage [1]. Et de rechief li benoiez rois leur otroia que il peussent joir de touz leur biens que il avoient aquis et cil abbes et ses ancesseurs el *d* roiaume de France et que il les peussent tenir a tozjors, et que il ne peussent estre contreins de vendre les ne de mettre ailleurs hors de leur main, et que les biens de la dite abeie ne puissent estre ostez de la main ne de la couronne de France [2]. Et de rechief l'abeie de Chaaliz, de l'ordre de Cistiax, aquist mout de terres et de possessions et les achetoit de nobles hommes et de autres el *e* tens du dit benoiet roy, pour les queles cil qui vendoient estoient obligiez a certainnes redevances et services et ne pooient estre venduz a religieus ne

---

a. li C. — *b.* lessa C. — *c.* poissent (*sic*) C. — *d.* eu B. — *e.* eu B.

---

1. Cette exemption générale accordée par saint Louis en janvier 1259 (n. st.), conservée aux Archives nationales sous la cote K 31, n° 15, publiée par Doublet (p. 908) et par Félibien (pr. n° clxxv), est, comme on le voit, antérieure de plusieurs années à l'élévation de Charles d'Anjou au trône de Naples.

2. Cette confirmation générale, donnée à Vézelay en mars 1270 (n. st.), a été publiée par Doublet (p. 910). L'original est conservé aux Archives nationales sous la cote K 33, n° 7.

a autres persones de sainte eglise sanz le congié du roy. Cil benoiez rois conferma ces *achaz* et volt que la dite abeie tenist ces possessions pardurablement et que il ne fussent mie tenuz as redevances as queles cil qui avoient vendu estoient tenu.

[*Encores li benoiz*][b] rois ennoroit tant clers que la table de ses chapelains qui menjoient devant lui por fere la beneiçon a table et pour rendre graces après mengier, estoit aucune foiz plus haute que la table du benoiet roy ou au moins egal[c]. Et li diz sainz rois se levoit contre les preudes hommes et les fesoit seoir delez lui pour leur bonté et leur pourtoit tres grant enneur pour ce que il amoit bons hommes et ceus qui avoient bon tesmoing de quel[que] lieu que il fussent, et visitoit tres sovent et tres familiairement les eglises et les lieus religieus. Et disoit frere Giefroy de Biaulieu, homme religieus, son confesseu[r] et frere de l'ordre des Preecheeurs, que il avoit trouvé el[d] dit beneuré[e] roy si grant devocion que il disoit que, se la royne, sa femme, trespassoit ainçois que il trespassast, que il se feroit ordener a prestre[1]. Et li benoiez rois avoit les sainz hommes en si grant reverence que il estoit une foiz a Chaaliz en l'eglise, qui est de l'ordre de Cystiax, de la dyocese de Senliz, et oï dire que les cors des moines qui leenz moroient estoient lavez en une pierre qui ilecques estoit. Et li benoiez rois besa cele pierre et dist einsi : « Ha Diex! tant de sainz « hommes ont ici esté lavez! » [*Et com il*] soit[f] acoustumé en l'ordre de Cistiaus que certains moines en chascune abeie de cele ordre, ore cil, ore il[g], chascun samedi après vespres, combien que li jors soit sollempnex, doivent laver les piez as autres[h] en fesant le Mandé et sont assemblez

---

a. les C. — b. benoiez B. — c. ygal B. — d. eu B, ou C. — e. benoiet B, benoit C. — f. einsi *add.* B. — g. cil B C. — h. les piez l'un a l'autel (*sic*) C.

---

1. Ce fait sera rapporté au XVIe chapitre d'une manière plus conforme au récit de Geoffroy de Beaulieu (*Hist. de Fr.*, XX, p. 7 b. c). S. Louis avoit proposé à sa femme de se séparer d'elle pour entrer dans un ordre religieux; mais Marguerite lui avoit démontré qu'il rendroit beaucoup plus de services en restant sur le tróne.

adonques li abbes et li couvenz en cloistre, li dit*a* benoiez
rois qui souvent venoit a Roiaumont qui est de l'ordre
devant dite, quant einsi avenoit que il fust en l'abeie du dit
lieu au jour de samedi, il vouloit estre au Mandé et seoit
ilecques delez l'abbé, et regardoit ilecques par mout grant
devocion ce que les moines desus diz fesoient. Et avint plu-
seurs foiz que, après ce, assez tost que le Mandé estoit fet
et la leçon leue qui a esté acoustumee de la Vie des Peres
ou des Morales saint Gringoire, li abbes et li couventz
entroient en l'eglise pour dire complie, li benoiez rois estoit
avec eus a complie ausi comme les moines. Et quant complie
estoit fince, comme coustume soit en cel ordre que li abes
qui va devant les autres doint l'iaue benoiete qui est devant
l'uis du dortoier a chascun qui l'ensuit par ordre, et lors
ils s'enclinent et montent le dortoier pour gesir, li diz
benoiez rois fu pluseurs foiz delez l'abbé qui einsi leur
donnoit l'iaue benoiete a chascun, et regardoit par grant
devocion ce qui ilecques estoit fet et recevoit l'iaue benoiete
du dit abbé ausi com un des moines et, son chief encliné,
issoit du cloistre et aloit a son hostel. Et ces choses devant
dites fesoit li rois en la presence de mout de ses mesnices.

Et*b* pour ce que il vouloit avoir le pardon que li legaz de
Romme otroioit outre mer*c*, il portoit a la foiz pour ce
pierres ou aucunes choses semblables*1* et fesoit oevres
d'umilité ; et avecques ce, il le fesoit, si comme l'en croit,
pour ce que il donnast as autres bon essample, et pour*d*
le bon essample de lui fesoient les evesques ce meemes et
les barons et les chevaliers et mout d'autres. [Einsi] enfor-
moit neis [li] sain[z] roi[s] les autres a fere les choses desus
dites. De quoi une clause est contenue entre les autres
choses en la doctrine qui fu escrite de sa main propre et

a. dit *omis* C. — b. Et *corr. en* Encores, quant il estoit outre mer A³, B, C.
— c. a ceus qui portoient les pierres et aidoient as oevres fere A³, B, C. — d.
pour *omis* C.

1. Joinville rapporte que lorsqu'on fortifiait Jaffa, il vit maintes fois le roi
« porter la hote aux fossés, pour avoir le pardon. » (§ 517).

envoice a sa fille noble roine de Navarre, et cele clause est
tele : « Chiere fille, oiez volentiers le service de sainte
« Eglise; et quant vos serez au service *, gardez que vos ne
« musez ne ne dites paroles vaines. Dites voz oroisons en pes
« ou de bouche ou de pensee, et especiaument quant li cors
« Nostre Seigneur Jhesu Christ sera present a la messe. Et
« encore par aucune espace devant, soiez encore plus en
« pes et plus meue et plus soigneuse de Dieu prier. Et oez
« volentiers parler de Nostre Seigneur [en sermons et en]
« parlemenz privez ensement *. » Et avecques ce, il est
contenu en la letre de sa * main escrite a[u roi Phelipe, son
fiuz de bone memoire], une clause qui apartient aus choses
devant dites, qui est tele : « Soies bien diligenz de fere
« [garder soigneusement] * toute maniere [de bonnes genz]
« en ta terre, et especiaument les persones de sainte eglise,
« et ceus defent que injure ne leur soit fete ne violence en
« leur persones ne en leur choses. » Et après assez tost
ensuit ceste autre clause : « Ne soies pas legiers a croire
« a nul contre les persones de sainte Eglise; ainçois leur fai
« enneur et les garde si que il puissent fere le service
« Nostre Seigneur en pes. Et ausi je t'enseigne que tu
« aimmes especiaument les genz religieus et leur ayde
« volentiers en leur necessitez *; et ceus par qui tu cui-
« deras que Diex soit plus ennorez et plus serviz, aime les
« plus que les autres. »

CI FINE LI SISIEMES ET COMMENCE LI SETIEMES
QUI EST EN ∫ SAINTE ESCRITURE ESTUDIER

Li benoiet saint Loys entendanz que l'en ne doit pas des-
pendre le tens en choses oiseuses ne [en demandes] curieuses
de cest monde, le quel tens doit estre emploié en choses
de pois et meilleurs *, s'estude il metoit a lire Sainte Escri-
ture, car il avoit la Bible glosee et originaux de saint

a. Dieu add. A³, B, C. — b. ensement corr. en ousi A³ B, omis C. — c. propre
add. C. — d. diligence A, biffé A² et A³. — e. neccessitez B. — f. des. — g. et
meilleurs biffé A² et A³, omis B, C.

Augustin et d'autres sainz et autres livres de la Sainte Escripture, es quex il lisoit et fesoit lire mout de foiz devant lui el tens d'entre disner et heure de dormir, c'est a savoir quant il dormoit de jour. Mes pou li avenoit que il dormist a cele heure, et quant il couvenoit que il dormist, si demoroit il pou en son dormir; et ce meesmes fesoit il mout de foiz après dormir jusques a vespres quant il n'estoit [embesoignié] de choses pesanz. Et fesoit es heure et es tens desus diz apeler aucuns religieus ou aucunes autres persones honestes a qui il parloit de Dieu, de ses sainz et de leur fez, et a la foiz des histoires de la Sainte Escripture et des vies des Peres. Et avecques tout ce chascun jour, quant complie estoit dite de ses chapelains en la chapele, il s'en raloit en sa chambre, et adonques estoit alumee une chandele de certaine longueur, c'est a savoir de iij piez ou environ, et endementieres que ele duroit, il lisoit en la Bible ou en un autre saint livre. Et quant la chandele estoit vers la fin, un de ses chapelains estoit apelé et lors il disoit complie avecques lui.

Et quant il pooit avoir aucunes persones de reverence avecques lui a sa table, il les i avoit volentiers, c'est a savoir ou hommes de religion ou neis seculers, a qui il parlast de Dieu a la table aucune foiz, pour ce que ce fust en lieu de la lecon que l'en lit en couvent quant li frere sont ensemble venu a *a* table. Por ce est ce que il menjoit petit avec les barons, mes nonpourquant ses chevaliers privez et *b* de son hostel estoient avecques lui. De rechief, comme un mestre de divinité leust le sautier en l'abeie de Roiaumont quant li rois estoit ilecques, il aloit aucune foiz, quant il ooit la cloche sonner que l'en sonnoit quant les moines devoient assembler pour aler as escoles, et lors il venoit a l'escole et seoit ilec entre les moines, ausi comme moine, as piez du mestre qui lisoit et l'ooit diligaument; et ce fist li benoiez rois par pluseurs foiz. Et aucune foiz li benoiez rois entroit es escoles des Freres Preecheeurs de Com-

a. la *add.* B. — *b.* et *omis* C.

piegne et se seoit ilecques sus un carrel a terre devant le
mestre lisant en chaiere et l'escoutoit diligaument. Et li
frere se seoient es sieges haut, si com il avoient acoustumé
en l'escole, et quant li frere voloient descendre de leur
sieges et seoir a terre, il ne le soufroit pas. Et neis aucune
foiz avenoit que, quant il estoit eu refretoier des Freres
Preecheeurs de Compiegne que il montoit en letrun*a* la ou
l'en lisoit de la Bible quant l'en mengoit, si comme les
freres ont acoustumé. Et ilecques estoit longuement li
benoiez rois de lez le frere qui lisoit la leçon et l'escoutoit
volentiers.

Ces deux choses s'acordent l'une a l'autre envers Nostre
[*Seigneur*] tout puissant que oevre soit apuiee d'ouroison et
oroison d'oevre. Et ce regarda bien li benoiez rois sainz
Loys qui touzjors emploia son tens en bonnes oevres et
s'efforçoit a [*metre son esperit present devant Dieu en oroi-
son*], pour ce que il eust en contemplacion, solaz et ayde [*de
Dieu en*] bonne oevre; car touz les jours au soir, a tot le
moins quant il n'estoit malades, puis que il avoit dit complie
avec un de ses chapelains la quele il disoit en la chapele
quant il estoit en lieu ou il eust chapele et, se ce non, en
sa garderobe delez sa chambre. Et quant li diz chapelains
se departoit d'ilecques, li benoiez rois demouroit seul
ilecques ou delez son lit, et estoit ilecques*c* en oroison par
lonc tens enclin a terre en tenant ses coutes au banc si lon-
guement que il ennuioit mout a la mesniee de sa chambre
qui l'atendoient par dehors. Et, sanz les autres oroisons, li
sainz rois s'agenoilloit chascun jour au soir cinquante foiz
et a chascune foiz se levoit tout droit, et donc se ragenoil-
loit, et a chascune foiz que il s'agenoilloit, il disoit mout a
loisir un Ave Maria; et après ces choses, il ne bevoit

a. letrin C. — b. de corr. A², B, C. — c. ilecques *omis* C.

point[1], ainçois entroit en son lit, et touzjours après matines, meesmement en yver; car adonques, puis que il revint d'outre mer, il se levoit si par tens que matines estoient chantees grant piece devant le jour. Lors, après matines dites, estoit[a] li benoiez rois en oroison devant l'autel tout seul, quant il estoit en lieu ou il eust chapele. Et se il n'i avoit chapele, il estoit en oroisons delez son lit si souvent que ses esperiz estoient si afebloiez et sa veue, pour ce que il gisoit enclin a terre et le chief encliné delez terre que, quant il se levoit, il ne savoit revenir a son lit, ainçois demandoit a aucun de ses chambellens qui l'avoit atendu quant il revenoit d'ouroison, et li disoit : « Ou sui ge ? », a basse voiz toutevoies por les chevaliers qui gisoient en sa chambre.

Et, si comme li confesseurs du benoiet roi dit en la vie que il escrist de lui, il[b] desirroit merveilleusement grace de lermes, et se compleignoit a son confesseur de ce que lermes li defailloient, et li disoit debonnerement, humblement et priveement que, quant l'en disoit en la letanie ces motz : « Biau Sire Diex, nous te prions que tu nous doinses[c] « fontaine de lermes, » li sainz rois disoit devotement : « O Sire Diex, je n'ose requerre fontaine de lermes, ainçois « me soufisissent petites goutes de lermes a arouser la « secherece de mon cuer ! » Et aucune foiz reconnut il a son confesseur priveement que aucune foiz li donna Nostre Sires lermes en oroison, les queles quant il les sentoit courre par sa face souef et entrer en sa bouche, eles li sembloient tres savoureuses et tres douces, non pas seulement au cuer, mes a la bouche[2]. Apres toutes ces choses, il estoit chascun jour si longuement en ouroisons enclin a terre, en tenant

---

a. estoit, *omis ici dans B, y est rejeté après* tout seul. — b. il *remplacé par* li beneoiz rois A[3], li benoiez rois B, li benoiz rois C. — c. doignes *substitué à* doinses A[3], B, C.

---

1. On sait que l'usage de boire, avant de se mettre au lit, le *vin de couchier*, était universel au moyen âge.
2. Voyez Geoffroy de Beaulieu dans les *Historiens de France*, tome XX, p. 14 a b.

ses coutes seur un banc, que ses privez qui par dehors l'aten-
doient en estoient touz ennuiez et griement lassez[1].

Et comme li benoiez rois fust tenu pris *a* des Sarrazins
après son premier passage, il fu si malades que les denz li
[lochoient] et sa char estoit teinte et pale et avoit flus de
ventre mout grief et estoit si megres que [ses os] de l'es-
chine du dos sembloient touz aguz, et estoit si febles que il
couvenoit que un seul de sa mesniee[2] le portast a toutes
ses necessitez et couvenoit que il le descouvrist; car icil
serganz li estoit seul demouré et les autres estoient empec-
chiez de maladie ou il n'estoient mie presenz. Et nonpour-
quant il estoit adonques touzjors en oroisons et palloit *b* a
soi meemes, ausi comme s'il deist touzjors sa Paternostre
ou autres oroisons.

[*Encores ses propres oroisons*] ne li soufisoient mie, ainçois
se recommandoit humblement as oroisons des autres per-
sones que il cuidoit qui fussent bonnes. Et quant il se com-
mandoit as oroisons des religieus et il s'agenoilloient en
respondant *c* et en otroiant li ce que il requeroit, li benoiez
rois flechissoit *d* ausi ses genouz *e* devant eus. Et chascun
an il enveoit devotes letres au chapitre general qui est fet
a Cystiax d'an en an, es queles letres il se recommandoit au
dit chapitre et a leur oroisons; et li renveoient leur letres
que par toute l'ordre *f* il feroient dire iij messes de chascun
moine en l'an : une du Saint Esperit, l'autre de la Croiz,
et la tierce de Nostre Dame, por lui. Et il avoit d'els *g* et
de pluseurs autres pluseurs messes. [*Encore une*] tele clause
entre les autres choses est contenue en une letre qui fu de
lui envoiée et escripte de sa propre main a sa fille la royne

a. outre mer *add.* A³, B, C. — b. pailloit A, parloit B C. — c. responnant
B. — d. flechissoit *restitué par conjecture à la place d'un mot gratté et rem-
placé par* s'agenoilloit *dans* A³ *et dans* B C. — e. ses genouz *biffé* A² *et* A³,
omis B. — f. leur ordre C. — g. eus B, eulz C.

1. Ces dernières lignes font double emploi avec celles qu'on vient de lire
plus haut, p. 54.
2. Ce dévoué serviteur dont il sera plus longuement question au cha-
pitre XIII n'était autre que le cuisinier Isembart, nommé dans la liste des
témoins interrogés par les commissaires pontificaux (Voyez plus haut, p. 10).

de Navarre : « Chiere fille, procurez volentiers les prieres
« de bonnes genz et m'acompaigniez [*avec vos en*] leur
« oroisons, et s'il plest a Dieu que je parte de cest monde
« ainçois que vos, je vos pri que vos procurez messes et
« ouroisons et autres bienfez pour l'ame de moi. » [*Et
encores li benoiz sainz*] rois *a* fist semblables letres et
proieres a son fiuz le bon roi Phelipe qui regna après lui,
si com il apert en une epistre escripte de sa main qui fu
envoiée par lui a ce dit fill, en la quele ces paroles sont
contenues : « Chier fiuz, je te pri que, se il plest a Dieu
« que je m'en voise de cest monde devant toi, que tu me
« faces aidier par messes et par autres oroisons, et que tu
« envoies par les congregacions du roiaume de France et
« leur fai priere que il prient pour l'ame de moi, et que tu
« entendes que en touz les biens que tu feras que Nostre
« Sires m'i doinst part. » [*Encore comme*] li benoiez rois
deust aler outre mer a la derreniere foiz que il y ala, un
pou devant ce que il empreist sa voie, il visita les mesons
des religions de Paris. Et donques *b* es mesons des Freres
Preecheeurs de Paris et des Freres Meneurs *c* et d'aucuns
autres religieus, il se mist a *d* genouz devant les Freres
assemblez et [*leur re*]quist humblement et devotement que
il priassent Dieu pour lui. Et lors il s'en ala a la meson de
Saint Ladre de Paris et s'agenoilla devant les mesiax
assemblez, et leur requist li benoiez rois humblement et
devotement que il proiassent Nostre Seigneur por lui. Et
ces choses devant dites furent fetes, presente sa mesniee,
chevaliers et autres.

[*De rechief*] comme li benoiez rois, eu tens de son
premier passage, eust esté pris des Sarrazins et l'en eust
tretié de la delivrance de lui et des autres Crestiens, et le
sodan eust ja fet le serement por fere *e* cele delivrance, et li
sainz rois eust esté mené et autres par le flun, par yaue

a. Loys C. — b. donques *omis* B C. — c. et des Freres Meneurs *omis* C. —
d. se mist a *restitué conjecturalement à la place d'un mot gratté et remplacé
par* s'agenoilla *dans* A³ *bien que le correcteur ait oublié de biffer ensuite
genoux que celui de* A² *avait déjà exponctué*; s'agenoilla B C. — e. fere *omis* C.

jusques pres de Damiete, et a la parfin, li sainz rois et mon
seigneur Challes et mes sires Allons, ses freres, et aucuns
autres furent mis a terre, et les autres Crestiens demorerent
es nes. Et comme li benoiez rois et ses freres devant diz et
aucuns autres fussent dessous un paveillon, il oirent une
grant commocion et une grant noise, por la quele cil mees-
mement qui estoient gardes d'eus furent touz espoentez, et
leur demanda l'en que c'estoit; si virent bien [li] sain[z]
roi[s et li] autres, par les contenances et par les responses
des dites gardes, que il y avoit grant tribulation et orent
poour [1]. Et adonques li benoiez rois, comme bons crestiens
et sages et pourveuz, fist dire l'office de la Croiz et le service
du jour et du Saint Esperit et avecques ce des Morz et
autres bonnes oroisons que il savoit. [Et comme li benoiz]
rois fust [a], el tens de son premier passage, en la cité de
Sydoine, il fist crier que touz venissent au sermon du
patriarche qui [estoit ilecques] avecques lui et que il venis-
sent nuz piez et en langes pour prier Dieu que il li demostrast
quele chose seroit plus couvenable [b] : ou a demorer encore
en la Seinte Terre ou revenir en France [2]. Avecques les choses
desus dites, quant aucune grant [besoigne venoit] au saint
roy en tens de parlement, il enveoit ses messages as couvenz
des religieus et leur prioit que il supliassent a Nostre
Seigneur en leur oroisons que Nostre Sires li donast de la
besoigne fere la chose qui meilleur seroit et qui plus torneroit
a l'enneur de Dieu et que Nostre Sires li donast bon conseil.

CI FINE LI HUITIEMES CHAPITRES ET COMMENCE LI NOVIEMES
QUI EST D'AMOUR A SES PROISMES [c] FERVENT [d].

Pour ce que homme est ymage de Nostre Seigneur en
quoi Dieu est amé, ausi comme roy est ennoré en s'ymage [e],

a. fust omis C. — b. profitable C. — c. prismes B. — d. qui est de la tres
grant amour a ses proismes C. — e. en son ymage C.

1. Ce tumulte est évidemment celui au milieu duquel fut tué le soudan
Touran-Schah le 2 mai 1250. On se rappelle que Joinville et ses compagnons
crurent leur dernière heure arrivée (Joinville, §§ 354-355.)
2. Cf. Joinville, §§ 609-610.

et qui aime homme, semblable chose est ausi comme qui
aimme Dieu, et qui aimme les hommes, il les doit amer
[*ou*] por ce que il sont [*bons ou por ce que il le soient. Et
ce attendanz* li beneoiz* sainz Loys, comme cil qui estoit
embrasé d'ardeur de charité, s'amour estendi a touz en
desirrant qu'il fussent bons et en enseignant pluseurs a ce
qu'il le fussent*]*, especiaument ses enfanz, ses privez et
autres par bons* essamples et par sainz amonestemenz, si
com il apert après assez clerement. Et premierement il
apert que il ait enformé ses enfanz a bonne vie, si com ordre
de charité le requiert. De quoi li benoiez sainz Loys envoia
a ma dame Ysabel, sa fille, [*roine de Navarre, une letre
d'enseignement escrite de*] sa propre main, de la quele......
acion* la teneur est tele* :

« A sa chiere et amee fille Ysabel, royne de Navarre,
salut et amour de pere.

« Chiere fille, pour ce que je croi que vos retendrez plus
« volentiers de moi pour l'amour que vous avez a moi que
« vos ne feriez de aucuns autres, je pense que je vous ferai
« aucuns enseignemenz escriz de ma propre main. Chiere

---

a. entendant C. — *b.* roys add. C. — *c. Le passage de A auquel le correc-
teur de A³ a substitué les lignes qui précèdent, était beaucoup plus long; il se
terminait par ces mots biffés dans A³ «..... tes et en entroduisant pluseurs
a ce que il eussent eu eus bien,..... » La correction avait dû être déjà faite
par le correcteur de A² ; car celui-ci avait inscrit en marge du passage sup-
primé le mot vacat et sans doute écrit sa nouvelle rédaction dans la marge
inférieure où se voient les traces d'un long grattage.* — *d.* bones C. — *e.....
acion biffé et remplacé par letre dans A³, B, C.*

---

1. Le texte français des Enseignements de saint Louis à sa fille que l'on
donne ici n'est assurément pas le texte original. Nous savons, en effet, que le
Confesseur avait écrit son œuvre entière en latin; de plus, les extraits de ces
Enseignements cités dans les chapitres précédents nous ont déjà fourni l'occa-
sion de signaler, avec le morceau qu'on va lire, des différences de traduction
qui prouvent bien l'existence d'un texte latin. Enfin, nous savons par Geoffroy
de Beaulieu que le texte original des Enseignements de saint Louis à son
fils était en français (*Historiens de France*, XX, 8 bc) ; à plus forte raison dut-il
en être ainsi du texte original des Enseignements de saint Louis à sa fille. Le
texte latin était donc lui-même une traduction de l'original français, et le
texte français que nous imprimons ici n'est que la traduction d'une traduc-
tion. Les Enseignements de saint Louis à sa fille et à son fils ont jadis donné
lieu, entre MM. Natalis de Wailly et Paul Viollet, à une très intéressante
discussion dont on pourra suivre les phases dans la *Bibliothèque de l'Ecole des
Chartes* (année 1869, p 129-148; année 1872, p. 424-442; année 1874, p. 1 à 16).

« fille, je vous enseigne que vos amez Nostre Seigneur Dieu
« de tout votre cuer et de tout vostre pooir ; car sanz ce ne
« puet nul valoir nule chose ne autre chose ne puet estre
« amee si profitablement. Cil est [li sires] a qui toute crea-
« ture puet dire : Sire, vous estes mon Dieu ᵃ, qui n'avez
« besoing de nul de mes biens. Cist ᵇ est li sires qui envoia
« son benoiet fiuz en terre et l'offri a mort por ce que il
« 'nous delivrast des poines d'enfer. Chiere fille, se vos
« l'amez, le proufit en sera vostre ; la creature est mout hors
« voie qui met ailleurs l'amour de son cuer fors en lui ou
« souz lui. Chiere fille, la mesure par la quele nous devons
« Dieu amer est amer le sanz mesure. Il a ᶜ bien deservi
« que nous l'amons, car il nos ama premierement. Je vodroie
« que vos seussiez bien penser as oevres que li benoiez ᵈ
« Filz Dieu a fet pour nostre redemption. Chiere fille, aiez
« grant desir comment vous li puissiez plus plaire, et metez
« grant cure et grant diligence a eschiver les choses que vos
« cuiderez qui li doient desplere. Especiaument vous devez
« avoir ceste volenté que vos ne feriez pechié mortel pour
« chose qui poist avenir, et que vos souferriez ainçois que
« l'en ᵉ vous [trenchast] touz les membres et que l'en vos
« [ostast] la vie par cruel martire que vous feissiez pechié
« mortel a escient. Chiere fille, acoustumez vous a confes-
« ser vos ᶠ souvent et eslisiez touzjors confesseur qui soit
« de sainte vie et qui soit soufisamment letré, si que vous
« soiez par lui enseigniee es choses que vous devez eschiver
« et que vos devez faire, et soiez de tele maniere que vostre
« confesseur et voz autres amis vous osent enseignier et
« reprendre vous ᵍ hardiement. Chiere fille, oiez volentiers
« le service de sainte Eglise, et quant vous serez en l'eglise,
« gardez que vous ne musez ʰ pas et que vos ne diez vaines
« paroles. Dites voz oroisons en pes par bouche et par pen-
« see et especiaument quant li cors Jhesu Criz sera presenz
« a la messe ; et par espace de tens avant ⁱ, soiez plus en

a. mes Diex A² B, C. — b. II C. — c. l'a A. — d. benoiez omis C. — e. que
n'en C. — f. vos omis C. — g. vous biffé A² et A³, omis B, C. — h. nuisiés C.
— i. devant C.

« pes et plus entendible a ª oroison. Chiere fille, oiez volen-
« tiers parler de Dieu es sermons et en parlemenz privez,
« mes eschivez touzjours privez parlemenz fors de gens
« mout esleuz en bonté et en saintee. Procurez volentiers
« indulgences et pardons. Chiere fille, se vos avez aucune
« persecucion de maladie ou autre chose en la quele vous
« ne puissiez metre conseil en bonne maniere, soufrez la
« donques de ᵇ bonne volenté et rendez pour ce graces a
« Nostre Seigneur et l'en sachiez bon gré ; car vos devez
« croire que il fet ce pour nostre bien, et devez croire que
« vos avez ce deservi, et plus se il voloit, pour ce que vos
« l'avez pou amé et pou servi et fet mout de choses contreres
« a sa volenté. Et se ᶜ vos avez aucune prosperité de santé
« de cors ou autre, regraciez Nostre Seigneur humblement
« et li sachiez de ce bon gré, et gardez que vous n'empiriez
« pas ᵈ de ce par orgueil ne par autre vice ; car c'est mout
« grant pechié que fere guerre a Nostre Seigneur par
« l'achoison de ses dons. Se vous avez aucune tribulacion
« de cuer, se ele est tele que vos la puissiez et doiez dire a
« vostre confesseur, dites li ou a autre personne que ele
« soit loiale et que ele ᵉ vos doie bien celer pour ce que
« vous portez vostre tribulacion et soutiegniez plus en pes.
« Chiere fille, aiez le cuer debonnere vers les genz que vos
« entendez qui sont en ᶠ [mesese] de cuer et de cors et les
« secourez volentiers ou de confort ou d'aumone, selon ce
« que vos porrez en bonne maniere. Chiere fille, amez toutes
« bonnes genz et de religion et de ᵍ siecle, ceus que vous
« entendrez par qui Diex soit ennorez et serviz. Amez les
« povres et les secourez et especiaument cels ʰ qui pour
« l'amour de Nostre Seigneur se sont mis a povreté ¹.

a. en C. — b. en B. — c. se *omis* A. — d. pas *omis* C. — e. qui soit loial et qui A² *et* A³, B, que vous creez qui soit loial et qui vous C. — f. a B. — g. du C. — h. ceus B, ceulz C.

1. Ce qui précède se retrouvera disposé dans un ordre quelque peu diffé-
rent dans les Enseignements de saint Louis à son fils ; à partir d'ici les
recommandations prennent un caractère tout à fait personnel à la reine de
Navarre.

« Chiere fille, pourveez vous a vostre pooir que les
« femmes et les autres mesniees qui avecques vous con-
« versent plus priveement et secreement soient de bonne
« vie et de sainte, et eschivez a vostre pooir toutes genz de
« male renommee. Chiere fille, obeissiez humblement a
« vostre mari et a vostre pere et a vostre mere es choses
« qui sont selon Dieu. Vos devez volentiers faire a chascun
« ce qu'a lui apartient pour l'amour que vous devez avoir ª,
« et encore leur devez vos miex fere pour l'amour de Nostre
« Seigneur qui a ce einsi ordené, mes contre Dieu vos ne
« devez a nul obeir. Chiere fille, metez si grant entente que
« vous soiez si parfete en tout bien que cil qui vous verront
« et orront parler de vous i puissent prendre bon ᵇ essample.
« Il me semble que ce soit bon que vos n'aiez pas trop grant
« seurcrois de robes ensemble et de joiaus selon l'estat ou
« vos estes, ainçois m'[est] avis que meilleur chose est que
« vous en faciez voz aumosnes au moins de ce qui seroit
« trop. Et m'est avis que ce soit bon que vous ne metez pas
« trop grant tens ne trop grant estude ᶜ a vous parer et
« atorner; et gardez bien que vos ne faciez exces en vostre
« aournement, ainçois soiez plus encline au moins que au
« plus. Chiere fille, aiez en vous un desir qui ja de vos ne
« se parte, c'est a dire comment vos puissiez plus plere a
« Nostre Seigneur et metez vostre cuer a ce que, se vous
« estiez certaine que vos n'auriez jamès guerredon de nul
« bien que vos feissiez ne ne fussiez punie de nul mal que
« vous feissiez, nonpourquant si vos voudriez vous garder
« de fere chose qui a Dieu despleust et entendriez a fere les
« choses qui li pleroient a vostre pooir, purement pour
« l'amour de lui. Chiere fille, procurez volentiers les proieres
« des bonnes gens et m'acompaigniez a vous en ces
« proieres, et se il avient que il plese a Dieu que je me
« parte de cest monde ainçois que vous, je vos pri que vos ᵈ
« procurez messes et ouroisons et autres biens fez pour
« l'ame de moi. Je vous commant que nul ne voie cest

<hr />

a. a eus *add.* A³, B, C. — *b.* bone C. — *c.* estuide A², B. — *d.* je vos pri que
vos *omis* C.

« escrit sanz mon congié, excepté vostre frere. Nostre Sire
« vos face si bonne en toutes choses comme je desirre et
« plus assez que je ne sache desirrer. Amen. »

Li benoiez rois encores envoia a sa dite fille de Navarre
deux boistes ou trois d'iviere, et el fons de ces boistes[a]
avoit un cloct de fer auquel il avoit liees cheennetes de fer
de la longueur d'un coute ou environ; les cheennetes
estoient encloses en chascune de ces boistes, des queles la
dite royne se disciplinoit et batoit aucune foiz, si com ele
recorda a son confesseur quant ele aprocha de la mort. Et
encores envoia li diz benoiez rois a cele meesmes fille unes
chaiennetes de haire lees ausi comme[b] la paume de la main
d'un homme, des queles ele se ceignoit aucune foiz, si com
ele recorda a son confesseur el tens devant dit. Et avecques
tout ce, li benoiez rois envoia a la dite roine une letre
escrite de sa main, en la quele il estoit contenu que il
envoit par frere Jehan de Monz[1], de l'ordre des Freres
meneurs[c], adonques [confessor de celle] roine et aucune
foiz du benoiet roy, unes deceplines encloses, si com il est
dit desus, et la prioit en cele letre que ele se deciplinast
souvent a celes deceplines pour ses propres pechiez et por
les pechiez de son chetif pere.

Et tozjours, au jour du juesdi assolu, li benoiez rois
lavoit les piez a xiij povres et donnoit a chascun d'eus xl
deniers, et après il proprement les servoit a table. Et ce
meesme fesoit il fere par mon seigneur Phelipe[d] et par mon
seigneur Pierres, ses fiuz, quant il estoient avecques lui a
cel jour, en tele maniere que en cel meesmes lieu ou li rois
lavoit les piez de ses xiij povres, mon seigneur Phelipe ausi
et ses autres fiuz lavoient les piez[e] chascun de xiij povres

---

a. ou fons de ces fons C. — b. de add. C. — c. de l'ordre des Freres
Meneurs omis C. — d. et par mon seigneur Jehan add. A³, B, C. — e. ausi
add. C.

---

1. Jean de Mons, de Montibus, frère mineur, accompagna saint Louis en
Afrique en 1270 et fut témoin de sa mort. Il quitta Tunis le 12 septembre
avec Guillaume de Chartres et Geoffroy de Beaulieu pour venir demander
des prières pour le roi défunt. On a de lui quatre sermons prononcés à Paris
en 1272 et 1273 (Histoire littéraire de la France, t. XXVI, p. 413).

et donnoient a chascun de ceus a qui il lavoient les piez, xl deniers; et en après ces povres a qui les fiuz avoient lavé les piez menjoient ausi, comme cil a qui li*a* roiz avoit lavé les leur piez, et chascun des fiuz servoit a la*b* table a ces xiij povres, ausi*c* ccm il est par desus dit*d* du saint roi qui les siens xiij servoit. Et sovent avenoit, quant li benoiez rois estoit a Vernon, que il descendoit en*e* la Meson-Dieu a heure de mengier et servoit les povres a ses propres mains des viandes que il avoit fet apareiller par ses queuz por les povres en la dite meson, et les servoit en la presence de ces fiuz que il voloit qui*f* fussent ilecques; et croit l'en que il vouloit que il fussent ilecques pour ce que il les enformast et enseignast en oevres de pitié. Et administroit li sainz rois as povres et servoit de potage devant eus, einsi com il leur couvenoit, et des autres mes de chars ou de poissons couvenables a leur maladies. Et quant il offroit a l'autel Saint Denis iiij besanz, il fesoit ilecques estre present mon seigneur Phelipe, son fiuz ainsné, si com il est dit par desus el secont trettié[1] et offroit devant lui. Et encores li benoiez rois a son fiuz mon seigneur Phelipe, qui regna après lui, escrist de sa propre main et lessa escrit un saint enseignement, du quel la teneur est tele[2] :

« A son chier fiuz ainsné Phelipe, salut. Chier fiuz, pour
« ce que je desirre de tout mon cuer que tu sois bien ensei-
« gnié en toutes choses, je pense que je te face aucun ensei-
« gnement par cest escrit, car je t'ai aucune foiz oy dire
« que tu retendroies plus*g* de moi que d'autre persone. Por
« ce, chier fiuz, je t'enseigne premierement que tu aimes
« Dieu de tout ton cuer et de tout ton pooir, car sanz ce,
« ne puet nul valoir nule chose. Tu te dois garder a tout

---

a. beneiaz *add.* A³, benoiez B *add.* benoiz C. — *b.* la *omis* B. — *c.* si C. — *d.* dit *omis* A. — *e.* a C. — *f.* que il C. — *g.* volentiers. C.

---

1. Le chapitre où est raconté cet acte d'excessive dévotion de saint Louis envers saint Denis n'est pas le second, mais bien le sixième. Voyez plus haut p. 44

2. Voyez plus haut p. 59 la note relative aux Enseignements de saint Louis à sa fille.

« ton pooir de toutes choses que tu croiras qui li doient
« desplere, et especiaument tu dois avoir volenté que tu ne
« feroies pour nule chose du monde pechi· mortel et que
« tu souferroies avant que touz tes membres te fussent
« trenchiez et que l'en te tolist la vie par cruel martire, que
« tu feisses a escient pechié mortel [1]. Se Nostre Seigneur
« t'envoie aucune persecucion ou maladie ou autre chose,
« tu le dois souffrir de bonne volenté et li dois rendre graces
« et savoir l'en bon gré; car tu dois penser que il le fait
« pour ton bien et ausi dois tu penser que tu l'as bien
« deservi et ce, et plus se il vouloit, pour ce que tu l'as pou
« amé et pou servi et as fet mout de choses contreres a sa
« volenté. Et se Nostre Seigneur t'envoie auc ne prosperité,
« tu l'en dois rendre graces humbleme·   et dois prendre
« garde que tu n'empires pas de ce n· par orgueil ne par
« autre vice; car c'est mout grant pechié que faire guerre a
« Nostre Seigneur pour ses dons meesmes. Chier fiuz, je
« t'enseigne que tu acoustumes a confesser toi souvent et
« que tu eslises touzjors tex confesseurs qui soient de sainte
« vie et de soufisant science, par les quex tu soies ensei-
« gnié es choses que tu dois eschiver et que tu dois fere, et
« aies en toi tele maniere que tes confesseurs et tes autres
« amis t'osent enseignier et reprendre hardiement. Chier
« fiuz, je t'enseigne que tu oies volentiers le service de
« sainte Eglise. Et quant tu seras en l'eglise, garde que tu
« ne muses et que tu ne dies vaines paroles. Di en pes tes
« oroisons ou de bouche ou de pensee et especiaument soies
« plus en pes [a] et plus entendant a Dieu prier, tant comme
« le cors Nostre Seigneur Jhesu Crist sera present a la
« messe et encore devant par une espace de tens. Chier
« filz, aies le cuer debonnere vers les povres et vers touz
« ceus que tu croiras qui aient mesaise de cuer et de cors,

a. en pes *omis* B.

1. Il est presque superflu de faire remarquer la grande analogie de ce qui
précède avec le début des Enseignements de saint Louis à sa fille. Ces ana-
logies du reste se représenteront encore ailleurs.

« et selon ce que tu auras de pooir, sequeur les volentiers
« ou de confort ou d'aucune aumone. Et se tu as aucune
« tribulacion de cuer qui soit tele que tu la puisses et doies
« dire, di la a ton confesseur ou a autre que tu croies qui
« soit loial et que tu saches que il te celera bien, et tu «
« porteras donques plus en pes ta tribulacion. Chier fiuz,
« aies avecques toi compaignie de bonnes genz ou de reli-
« gieus ou de seculers et eschive la compaignie des malvés.
« Et aies volentiers as bons [b] parlemenz, et escoute volen-
« tiers parler de Dieu en sermon et priveement, et procure
« volentiers pardons [1].

« Aime le bien en autrui et hé le mal. Ne suefre pas que
« l'en dit devant toi paroles qui puissent trere les genz a
« pechié. N'escoute pas volentiers dire mal d'autrui. Ne
« suefre pas en nule maniere parole qui puist torner [c] au
« despit de Dieu ou de ses sains que tu n'en pregnes ven-
« gance, et se c'est clerc ou persone si grant que tu ne
« doies pas justicier, fai le donques dire a celui qui justi-
« cier la porroit [d]. Chier filz, pourvoi que tu soies si bon
« en toutes choses que il apere que tu reconnoisses les bon-
« tez et les enneurs que Nostre Sires t'a fet, en tele maniere
« que se il plesoit a Dieu que tu venisses au fes et a l'en-
« neur de gouverner [e] roiaume, que tu fusses digne de rece-
« voir la sainte oncion de la quele les rois de France sont
« consacrez. Chier filz, se il avient que tu viegnes a regner,
« porvoi que tu aies ce qui a roi apartient, c'est a dire que
« tu soies si justes que tu ne declines ne desvoies de justice
« pour nule riens qui avenir puisse. Se il avient que aucune
« querele qui soit meue entre riche et povre viegne devant
« toi, soustien plus le povre que le riche et, quant tu
« entendras la verité, si leur fai droit. Et se il avient que tu
« aies querele encontre [f] autrui, sostien la querele de l'es-

a. le add. C. — b. bons omis C. — c. trouver C. — d. fai le donc a celi qui
la pourra justisier C. — e. le add. B. — f. contre C.

1. Cette première partie est presque identique à la première partie des
enseignements de saint Louis à sa fille. Ce qui suit est, au contraire, tout à
fait spécial à l'heritier du trone.

« trange devant ton conseil, ne ne montre pas que tu
« aimmes mout ta querele jusques a tant que tu connoisses
« la verité, car cil de ton conseil pourroient estre creme-
« teus [a] de parler contre toi, et ce ne dois tu pas vouloir.
« Et se tu entens que tu tiegnes nule chose a tort ou de ton
« tens ou du tens a tes ancesseurs, fai le tantost rendre,
« combien que la chose soit grant, ou en tere ou en deniers
« ou en autre chose. Et se la chose est oscure pour quoi tu
« ne puisses pas savoir la verité, fai tele pes par conseil de
« preudeshomes que l'ame de toi et les ames de tes ances-
« seurs en soient du tout despeechiees. Et combien que tu
« aies oy dire que tes ancesseurs aient teles choses rendues,
« nonpourquant aies tozjours grant volenté de savoir se il
« demeure riens de ces choses a rendre [1]. Et se tu trueves
« que aucune chose [en soit a] rendre, fai tantost que ce
« soit rendu et restabli por le salut de l'ame de toi et des
« ames de tes ancesseurs. Soies bien diligent de faire gar-
« der toutes manieres de gens par ton roiaume et especiau-
« ment les persones de sainte Eglise, et les defent que
« injure ne violence ne soit fete en leur persones ne en leur
« choses. Et te voil ici recorder une parole que li rois Phe-
« lipes, mon aieul, dist une foiz, si comme un qui estoit de
« son conseil me recorda qui disoit qui l'avoit oïe. Li rois
« estoit un jour avec son privé conseil et estoit ilecques cil
« qui m'a recordé [b] ceste parole tout present, et li disoient
« cil de son conseil que clers li fesoient mout d'injures, et
« se merveilloient moult de genz comment il povoit tele
« chose soufrir. Et adonques li diz rois Phelipes respondi en
« ceste maniere : « Je croi bien, dist il, que il me font
« assez d'injures. Mes quant je pense as enneurs que Nostre
« Seigneur [c] m'a fetes [d], je voil miex soufrir mon damage
« que fere ce por quoi discorde venist entre moi et sainte

a. creintiz C. — b. de add. C. — c. aus oeuvres que Dieu C. — d. fet B.

1. On reconnait bien ici le monarque aux scrupules excessifs qui rendit
au roi d'Angleterre une partie des conquêtes de Philippe-Auguste, par le traité
de Paris, en 1259.

« Eglise. » Et ceste chose je te recorde pour ce que tu ne
« soies pas legier a croire aucuns contre les persones de
« sainte Eglise, aincois leur porte enneur et les garde, si
« que il puissent fere le service Nostre Seigneur en pe...
« Et ausi je t'enseigne que tu aimmes especiaument les genz
« de religion et les sequeur volentiers en leur necessitez,
« et aime ceus plus que les autres que tu sauras qui plus
« ennourront Dieu et serviront. Chier fiuz, je t'enseigne
« que tu aimes ta mere et enneures et que tu retiegnes
« volentiers et faces ses bons enseignemens et soies enclin
« a croire a son bon conseil. Aime tes freres et leurs voilles
« touzjors bien et aimmes leurs bons avancemenz et leur
« soies en lieu de pere a enseignier les en tout bien; mes
« garde, pour amour que tu aies vers aucun, [que] tu ne te
« desvoies de fere droit, ne ne fai as autres chose que tu ne
« doies. Chier fiuz, je t'enseigne que les benefices de
« sainte Eglise que tu as a donner, que tu les [*doignes*] a
« bonnes persones et par grant conseil de preudeshommes,
« et m'est avis que miex vaut que tu les doin[*gnes*] a ceus
« qui n'auront nules provendes que ce que tu les doi[*gnes*]
« aus autres. Car se tu enquiers bien, tu trouveras assez de
« ceus qui riens n'ont, en qui les biens de sainte Eglise
« seront bien emploiez. Chier fiuz, je t'enseigne que tu te
« gardes a ton pooir que tu n'aies guerre a nul crestien, et
« s'il te fesoit aucunes injures, essaie pluseurs voies a savoir
« se tu pourroies trouver aucunes bonnes voies par les
« queles tu peusses recouvrer ton droit aincois que tu
« leisses guerre, et aies entente tele que ce soit pour eschi-
« ver les pechiez qui sont fez en guerre. Et se il avenoit que
« il *a* couvenist fere guerre, ou pour ce que aucun de tes
« hommes defaillist de prendre droit en ta court, ou il feist
« injure a aucune eglise ou a aucune autre persone quele
« que ele fust et ne le vosist amender por toi ou pour
« aucun[*e*] aut[*re cause*] resonnable, quele que la cause soit
« pour la quele il te coviegne fere guerre, commande dili-
« gaument que les povres genz qui n'ont corpes eu forfet

a. te add. A², B, C.

« soient gardez que damage ne leur viegne ne ª par ardoir
« leurs biens ne par autre maniere. Car il apartient miex a
« toi que tu contreignes le maufeteur en prenant [ses]
« choses ou ses viles ou ses chastiaus par force de siege,
« que ce que tu degastasses les biens des povres genz. Et
« pourvoi que ainçois que tu mueves guerre, que tu aies eu
« bon conseil que la cause soit mout resonnable et que tu
« aies bien amonesté le maufeteur et que tu aies atendu
« tant comme tu devras. Chier fiuz, encor t'enseigne ge que
« tu entendes diligaument a apesier a ton pooir les guerres
« et les contens qui seront en ta terre ou entre tes
« hommes, que c'est une chose qui mout plest a Nostre
« Seigneur. Et mon seigneur saint Martin nous donna tres
« grant essample; car eu tens que il sot de par Nostre Sei-
« gneur que il se devoit morir, il ala pour metre la pes entre
« les clers qui estoient en son arceveschié, et li fu avis que,
« en ce fesant, il metoit bonne fin a sa vie. Chier fiuz
« pourvoi [bien] diligaument que tu aies bon prevoz et bons
« baillis en ta terre et fai sovent pourveoir que il facent bien
« justice ᵇ et que il ne facent injure a nului ne nule chose
« que il ne doient. Et fai ᶜ ausi pourveoir de cels meesmes
« de ton hostel que il ne facent chose que il ne doient que,
« ja soit ce que tu doies haïr tout mal en autre, nonpour-
« quant tu dois plus haïr le mal qui vendroit de ceus qui
« ont pooir de toi que le mal des autres persones ᵈ, et plus
« dois garder et defendre que ce n'aviegne que ta gent facent
« mal. Chier fiuz, je t'enseigne que tu soies tozjors devot a
« l'eglise de Rome et au soverain evesque, nostre pere, c'est
« le pape, et li porte reverence et enneur, si comme tu dois
« fere a ton pere esperituel. Chier fiuz, donne volentiers
« pooir as genz de bonne volenté et qui bien en sachent
« user, et pense par grant diligence que pechiez soient
« ostez de ta tere, c'est a dire vilains seremenz et toute
« chose qui est fete et dite en despit de Dieu ou de Nostre
« Dame ou des sainz, et fai ᵉ cesser le gieu des dez et

a. ne omis C. — b. jostice corr. A², justise B, joustice C. — c. fei corr. A².
— d. que les autres persones C. — e. fei corr. A².

« pechié de cors et les tavernes et les autres pechiez a ton
« pooir en ta terre ; et fai chacier les bougres sagement et
« en bonne maniere a ton pooir de ta terre et autres mal-
« veses genz, si que ta terre soit de ce bien purgiee, si
« comme tu entendras que ce doie estre fet par le conseil
« de bonnes genz, et avance les biens par toz liex a tout
« pooir. Et met grant entente que tu saches reconnoistre
« les bontez que Nostre Sires t'aura fetes et que tu l'en
« saches rendre graces. Chier fiuz, je t'enseigne que tu metes
« grant entente a ce que les deniers que *a* tu despendras
« soient despenduz en bons usages et que il soient juste-
« ment receu[z]. Et c'est un sens que je vodroie mout que
« tu eusses, c'est a dire que tu te gardasses de foles mises
« et de malveses recetes, et que tes deniers fussent bien mis
« et bien receuz, et cest sens te voille Nostre Sires ensei-
« gnier ensemble *b* avec les autres sens qui te sont couve-
« nables et proufitables.

« Chier fiuz, je te pri que, se il plest a Nostre Seigneur
« que je parte de cest monde ainçois que tu *c*, que tu me
« faces aidier par messes et par autres oroisons *1* et que tu
« envoies par les congregacions des religions du roiaume
« de France pour requerre leurs prieres pour l'ame de moi
« et que tu entendes que en touz les biens que tu feras, que
« Nostre Sires m'i doint partie. Chier fiuz, je te doinz toute
« cele beneiçon que pere puet et doit donner a fiuz et pri
« Nostre Seigneur Jhesu Crist, Dieu, que il, par sa grant
« misericorde et par les prieres et par les merites de sa
« benoiete mere *d* virge Marie et *e* d'anges et d'archanges
« et de touz sainz et de toutes saintes, te gart et defende
« que tu ne faces nule chose qui soit contre la volenté de
« celui *f* et que il te doint grace de fere sa volenté, si que

a. les deniers que *omis dans A, sans doute par suite d'un bourdon*. — b.
ensemble *biffé* A² *et* A³, *omis* B, C. — c. toi C. — d. la *add.* A³, B, C. — e.
par les merites *add.* A³, B, C. — f. de lui *corr.* A², B, C.

1. Cette dernière recommandation se retrouve dans les Enseignements de
saint Louis à sa fille.

« il soit ennoré et servi par toi; et ce face Nostre Sires a
« moi et a toi par sa grant largece en tele maniere que après
« ceste mortel vie, nous le puissons veoir et loer et amer
« sanz fin. Amen. Et gloire et enneur et loenge soit a celui
« qui est un Dieu avecques le Pere et le Fiuz et le Saint
« Esperit sanz commencement et sans fin. Amen. »

[Encores, comme] l'en feist un mur en l'abeie de Roiau-
mont, li benoiez rois qui demoroit en cel tens en son manoir
d'Anieres qui est assez pres de la dite abeie [1], venoit sou-
vent a cele abeie oir la messe et l'autre service et pour
visiter le lieu. Et comme les moines ississent, selon la cos-
tume de leur ordre de Cistiaus, après heure de tierce, au
labour et a porter les pierres et le mortier au lieu ou l'en
fesoit le dit mur, li benoiez rois prenoit la civiere et la
portoit charchiee de pierres et aloit devant, et un moine
portoit derriere; et einsi fist li benoiez rois par pluseurs
foiz eu tens devant dit. Et einsi en cel tens li benoiez rois
fesoit porter la civiere par ses freres mon seigneur Alfons,
mon seigneur Robert et mon seigneur Challes [a]. Et avoit
avec chascun d'els un des moines desus diz a porter la
civiere d'une part. Et ce meesmes fesoit fere li sainz rois
par autres chevaliers de sa compaignie. Et pour ce que ses
freres voloient aucune foiz parler et [b] crier et jouer, li
benoiez rois leur disoit : « Les moines tienent orendroit
« silence et ausi la devon nos tenir. » Et comme les freres
du benoiet roy charchassent mout leurs civieres et se
vosissent reposer en mi la voie, ainçois que il venissent au
mur, il leur disoit : « Les moines ne se reposent pas, ne
« vous ne vos devez pas reposer. » Et ainsi li sainz rois
enformoit sa mesniee a bien fere.

[Encore com] fust que [c] il fust une foiz griement malade
a Pontaise [2], ainçois que il passast la premiere foiz outre

a. L'ordre des frères de saint Louis est rétabli par a, b, c dans A[2], correction
reproduite dans B et C. — b. et omis C. — c. fust que biffé A[2] et A[3], omis B,C.

1. Asnières-sur-Oise n'est en effet qu'à 2 kilomètres de Royaumont.
2. Ce fait se place lors de la grande maladie de saint Louis qui commença
vers le 10 décembre 1244 (Le Nain de Tillemont, III, p. 58).

mer, il fist venir sa mesniee devant lui et les amonestoit a servir Nostre Seigneur et leur en fist grant sermon. Après quant il fu outre mer, eu tens de son premier passage, il fist apeler toute sa mesniee en sa presence et les amonesta diligaument que il vesquissent chastement et honestement[a]. Il enseigna a[b] noble chevalier mon seigneur Jehan de Join-ville[c] mout de bons[d] essamples, qui fu avecques lui en sa court assez priveement et de son hostel par xxiiij anz et plus, et li enseignoit mout souvent les bons essamples, si com il est desus dit. Et une foiz avint einsi que li sainz rois demanda au dit chevalier lequel il voudroit miex, ou avoir fet un pechié mortel ou estre mesel ; et li chevaliers respondi que il vodroit miex avoir fet xxx pechiez mortex que ce que il fust mesel. Et donques li sainz rois le blama mout et li dist et mostra que miex vaudroit estre mesel, car pechié mortel est meselerie de l'ame, de la quele home ne set comment il en puist estre gueri, car il ne set quant il[e] doit mourir, et se il muert sanz droite contricion et sanz vraie confession, que il ne set se il porra avoir, comme cele chose depende et viegne de la grace[f] Dieu, l'ame remaindra touzjors mesele se il muert en mortel pechié et sem-blable au deable ; mes de la meselerie du cors doit estre chascun certain que il en doit estre gueri[g] par la mort cor-porele. Pour quoi li sainz rois disoit que de trop loing il valt miex a homme estre mesel que ce que il soit en pechié mortel[1]. Et aucune foiz avecques ce li benoiez rois dist au dit chevalier ces paroles : « Voudriez vous avoir enseigne-« ment tel par quoi vous eussiez enneur en cest monde et « pleussiez as hommes et eussiez la grace de Dieu et si « eussiez gloire eu tens avenir? » Et li chevaliers respondi que il vodroit bien avoir tel enseignement. Et lors li dist li benoiez rois : « Ne fetes choses ne ne dites que se tout li

---

a. Et ausi *add.* A³, B, C. — b. a *omis* C. — c. seneschal de Champaigne *add.* A³, B, C. — d. benes C. — e. se *add.* C. — f. de *add.* C. — g. que il doit guerir B.

---

1. Ces propos du saint roi se retrouvent dans Joinville aux §§ 27 et 28. Il n'en est pas de même de ceux qui vont suivre.

« mondes " savoit ce *, nonpourquant vos ne le leriez mie a
« fere. » Et avecques tout ce li benoiez ˊ rois entroduisoit
le chevalier a ce que il hantast l'eglise meesmement es festes
des sainz sollennex et a ennorer les sainz, et li disoit que il
est ᵈ einsi par similitude des sainz en paradis com il est des
conseilliers des rois en terre. Car qui a a fere devant un
roi terrien, il demande qui est bien de lui et qui le puet
prier seurement et le quel li rois doit oïr, et lors, quant il set
li quex ce est, il va a lui et le prie que il prit pour lui
envers le roi. Ausi est il des sainz de paradis qui sont
privez de Nostre Seigneur et ses familiers et le pucent
seurement *prier, car il les oït* ˊ. « Et por ce devez vos
« venir a l'eglise as ᶠ jours de leur festes et ennorer les et
« prier que il prient pour vou̅ envers Nostre Seigneur. »
De rechief li sainz rois disoit au chevalier que aucuns
nobles hommes sont qui ont vergoigne de bien fere, c'est a
savoir aler a l'eglise et oïr le servise Dieu et fere autres
oevres de pitié et doutent, non pas vaine gloire, mes vaine
vergoigne et que l'en ne die que il soient papelarz, et c'est
trop meilleur chose que vaine gloire, ausi comme c'est pire
chose que une meson chice pour un petit vent ou sanz nul
vent que cele qui est dehurtee de fort vent.

[Et encores li sainz rois n'en]formoit pas tant seulement
ses fiuz et ses freres charitablement a bien ᵍ fere, si com il
est demonstré par desus, ainçois enformoit les autres a tout
bien. De quoi il fesoit preechier as religieuses persones et
as prelaz et as barons et au pueple la parole Nostre Sei-
gneur a leur edificacion.

Quant il ooit dire que il avoit guerre entre aucuns nobles
hommes hors de son roiaume, il envoioit a eus messages
sollennex pour apesier les, mes non pas sanz granz despens.
Et einsi fist il quant le conte de Bar et mon seigneur Henri,
comte de Luceborc, guerreoient l'un ʰ l'autre [1]. Et ausi fist

a. le *add.* A². B. — *b.* ce *exponctué* A², *omis* B, C. — *c.* beneaiz A², benoiz C
— *d.* est *omis* C. — *e. Tous les mss. portent* ot. — *f.* aus A², C. — *g.* bien
omis C. — *h.* a *add.* C.

1. Ce fut en 1267 que saint Louis envoya Pierre de Nemours mettre la paix

il du duc de Lorreigne et du conte de Bar desus dit [1] et de mout d'autres. Et par ces choses apert que il entendoit non pas tant seulement a enformer en bien ses prochains, mes encore a eus renfourmer en bien.

CI FINE LI NOUVIEMES CHAPITRES ET COMMENCE LI DISIEMES QUI EST DE COMPASSION A [a] SES PROISMES DECORANT [b]

Li benoiet saint Loys ot [c] une tendreur merveilleuse de compassion [d] a mesaiesiez de quelque maniere que ce fust amiablement condescendant [e], si com il pert [f]. Car comme [g] el tens de son premier passage fussent en son ost mout de povres et d'autres malades de diverses maladies de rains, des denz et d'autres enfermetez, quant li sainz rois vit le peril qui pooit [avenir] des assauz qui estoient entre les Crestiens et les Sarrazins, il commanda a un des siens que il alast as nes qui estoient venues en montant amont le flueve, es queles nes la vitaille du saint roy Loys estoit, et li commanda que il vuidast les nes et getast en l'iaue les chars, les leuns et les autres vivres qui i estoient et feist touz les febles et les malades de l'ost monter en ces nes qui pourroient et vodroient, et retenist de ces vivres tant que il peussent soufire pour sa gent seulement a viij jours. Et lors furent les nes vuidiees, et croit l'en que ileques furent receuz bien jusques a mil povres et malades. Derechief, comme el tens du dit passage, après divers assauz et après mout de granz fains et soufretes et après mout de plaies que les Crestiens orent soustenues qui estoient avec le

---

a. de sa grant compassion envers B. — b. a eus decorant A. — c. par substitué à ot A² et A³, B. C. — d. qu'il avoit add. A³, B, C. — e. condescendoit corr. A² et A³, B. C. — f. apert C. — g. A porte ici les mots de la demeure qui ne présentent pas de sens et qui ont été supprimés dans A², A³ et B.

---

entre ces deux seigneurs. Voyez Le Nain de Tillemont, V, p. 57-58, et Joinville, § 682.

1. Le 14 août 1266, durant le différend qui se termina par l'accord dont il est question dans la note précédente, le comte de Luxembourg s'était allié au duc Ferry de Lorraine (D. Calmet, *Histoire de Lorraine*, II, 315). Peut-être saint Louis fit-il un accommodement séparé entre ce duc et le comte de Bar ?

benoiet roy, et [*li benoiz*] rois fust adonques malades de
pluseurs maladies et de flus de ventre mout grief, et li
pueples des Crestiens s'en retournast[a] vers Damiete et
meemes[b] li benoiez rois cinsi malades com il est dit, qui
volt estre parçonnier du meschief et du peril de son pueple
qui venoit par terre, il se mist en leur conpaignie pour
cause d'aidier lui et sostenir pour ce qu'il se peussent[c]
defendre et garder des anemis. Li Sarrazin en grant multi-
tude l'ost avironnerent[d] et l'assaillirent si griement que il
couvint le benoiet roi que il et les autres[e] crestiens se
rendissent as Sarrazins[f]. Et li sainz rois, se il vousist estre
entré en la nef, peust bien estre eschapé, ausi comme fist li
legaz[g] et comme ce li fust conseillié et amonesté de plu-
seurs hauz[h] hommes ; nonpourquant il volt metre son cors
pour amor et por charité a tout meschief pour garder le
pueple qui estoit avecques lui, ne ne doutoit nul peril, ainçois
i metoit le travail de son cors et voloit estre parçonnier des
perilz de son pueple, combien que les Sarrazins seussent la
feblece de l'ost des crestiens et combien que les crestiens
seussent la force de l'ost des Sarrazins, li benoiez rois fu de
si grant compassion que il ne volt onques eschaper pour
monter es nes sanz les autres, ainçois dist que il avoit amené
sa chevalerie avec soi[i] et la voloit remener avec soi[j], se il
pooit, [*ou*] estre pris et morir avec eus. En ce fet et es
autres devant celui pot l'en veoir la grant vigueur et la
grant charité qu'il ot en soi en aidier, tant com il pot, le
pueple crestien.

En après, quant li benoiez rois fu pris par les Sarrazins
et mout de hauz hommes avecques lui et il oy que aucuns
riches crestiens qui estoient pris avecques lui procuroient
et fesoient que il fussent delivrés par rachat, li sainz rois
leur defendi estroitement et sus tres grant poine qu'il [*ne le
feissent*] que la delivrance des povres ne fust pour ce

---

a. s'en retournassent C. — b. meesmement C. — c. aidier et C. — d. avi-
ronnèrent l'ost D. — e. Il convint que li beneoiz rois et les autres *corr.* A²,
B, C. — f. car por leur maladies ne se porent defendre *add.* A³, B, C. — g.
de Rome *add.* C. — h. nobles C. — i. avec li C. — *ı*. avec li C.

empeechiee. Car il dist que, se c'estoit fet, que les riches
seroient delivrés et les povres qui n'auroient de quoi paier
demorroient en chartre. « Mes lessiez moi le fet et la pro-
« curacion de la delivrance tout sus moi; car je ne voil pas
« que nul mece rien du sien pour sa deiivrance et voil estre
« charchié a paier du mien propre le rachat pour touz, et
« promet que je ne ferai marchié de ma delivrance, se je
« ne le fesoie de touz cels qui sont en ma compaignie et
« qui vindrent avecques moi. » Et si comme li sainz rois
le dist, il le tint [1]; la quele chose li vint de grant cortoisie,
de grant loiauté, de grant largece et de grant charité. En
après ces choses *a*, comme l'en eust tretié entre le *b* roi
d'une partie pour soi et pour les crestiens, et entre les
Sarrazins qui maintenant avoient ocis le Soudan et estoient
encore ensanglentez de son sanc d'autre [partie, et] de la
delivrance du *c* roy et des crestiens [covenances fussent]
ordenees entre les parties, les Sarrazins, qui vodrent avoir
seurté por une partie du pris du rachat du [benoiet roi] et
des crestiens qui demoroit a paier, donerent au *d* roy election
le quel il voudroit miex : ou que il fust delivré et les autres
demorassent en prison, ou que les autres fussent delivrés
et il demorast en la prison, jusques a tant que le paiement
de *e* la reançon fust parfet *f*. Et adonques il respondi
tantost : « Je voil [demeurer] pour atendre que le paiement
« soit parfet et que les autres soient delivrés, » combien
que li haut homme qui estoient avec lui li deissent qu'il
ne le consentiroient *g* en nule maniere, et disoient encore
que il demoroient pour ce que *h* il s'en alast. Nonpourquant
li benoiez rois ne s'i volt onques acorder pour chose que il *i*
deissent, aincois leur contredist *j* et vouloit demorer pour

---

a. Après C. — *b.* benoit *add.* C. — *c.* beneoit *add.* A³, benoiet B, benoit C.
— *d.* saint *add.* A³, B, C. — *e.* le paiement de *omis* C. — *f.* parfuite C. — *g.*
point *add.* C. — *h.* pour ce que *biffé* A² *et* A³, *remplacé par* et dans B C. — *i.*
li *add.* — *j.* contredisoit B.

---

1. On sait en effet que saint Louis promit au sultan de payer 500.000 livres
pour la rançon des prisonniers, et de rendre Damiette pour la sienne (Join-
ville, § 343).

les autres en sa propre personne. Et puis que li benoiez rois et cil qui estoient avecques lui furent delivrés et mes sires Alfons *a*, conte de Poitiers, son frere, fu lessié en ostage pour parfere le dit paiement, li benoiez rois ne volt onques issir de la galie jusques a tant que le paiement fu parfet et que il ot arriere par devers soi mon seigneur Alfons *b*, son frere, et jusques a tant que touz les Crestiens prisonniers qui estoient prochains, — ce est a savoir ceus qui n'avoient pas esté menez en Babiloine, — furent delivrés et jusques a tant que cil qui estoient en Damiete furent recueilliz es nez [1].

c[*De rechief u tens de ce*] passage, comme li [*benoiz rois*] eust en *d* deliberacion de revenir en France, si com il plot a Dieu, après la Pasque ensievant, il, la royne, ses enfanz et pluseurs autres de sa mesniee [entrerent] *e* en une nef la veille Saint Marc [2] et comme *f* les notonniers de la dite nef venissent par mer jusques pres de Chypre *g*, une nuit, un pou devant le jour, la nef se feri en une dure gravele. Et quant cil qui estoient dedenz le sentirent, il orent poour que la nef ne fust froissiee. Et comme les mariniers eussent fet regarder la nef pour savoir se ele estoit depeciee, il distrent au saint roy que de *h* la creste desous de la nef estoient bien ostees *i* iij toises [3]. Pour quoi li benoiez rois ot conseil des mariniers et des autres qui estoient en la nef que *j* seroit bon a fere sus ce; et touz distrent et mariniers

a. Aulfons C. — b. Aulfons C. — c. *Ce paragraphe est, non sans raison, transporté dans A² après le suivant relatif à Roger de Soisi, comme le prouvent les mentions marginales ajoutées dans A par le correcteur de A². Cette interversion a été reproduite dans B, C.* — d. en *omis* B. — e. *Je supplee ce mot omis dans A, B et C.* — f. comme *biffé dans* A² *et* A³, *omis dans* B, C. — g. et *add.* A, *biffé dans* A² *et* A³, *omis dans* B, C. — h. de *omis* C. — i. esrachiées B. — j. que il *corr.* A² *et* A³, B, C.

1. Cf. Joinville, §§ 379, 386-389.
2. 24 avril 1254.
3. Le récit de cette aventure ne fait pas double emploi avec celui que le *Confesseur* en a déjà fait au chapitre IV, où il s'est attaché à faire ressortir l'inébranlable confiance en Dieu que montra saint Louis en cette circonstance; il va raconter ici comment le roi aime mieux risquer sa vie que de compromettre, peut-être à tout jamais, le retour de ses plus humbles compagnons en France (Cf. Joinville, § 618-629).

et autres selon leur avis que bonne chose seroit que li sainz
rois, sa femme et ses enfanz et les autres hauz hommes qui
estoient avec lui descendissent de cele nef et que il entras-
sent en une autre nef qui fust saine et entiere. Et ja soit ce
que il li fust loé de touz ses conseilliers qui ilecques
estoient et des mariniers que il issist de cele nef et que il
entrast en une autre, nonpourquant il ne volt pas ce fere,
ainçois dist que cil qui seroient en cele nef en la quele il
devroit*a* entrer et que il en metroit hors, demorroient en
grant perill; car il perdroient leur nef, et la nef de quoi li
benoiez*b* rois istroit, il douteroient a entrer dedenz, puis
que il l'auroit refusee ne n'i vodroient entrer pour eschiver
ce peril meesmes*c* de quoi li [sainz rois es]chaperoit et
einsi les covendroit il*d* demourer en l'isle de Chipre cel
esté, et ilecques par aventure mourir ou estre a grant
soufrete. Pour la quele chose il ne volt onques entrer en
autre nef eu prejudice des autres.

*e*De rechief, comme Rogier de Soisi, queu du benoiet
roy, fust ramené en Acre de la chetivoison en la quele il
avoit esté en la main des Sarrazins par les messages du
benoiet roi, il l'envoia querre et il vint ausi comme tout nu
devant lui. Et li benoiez rois ot moult grant pitié de lui pour
ce que il estoit si nuz, de quoi il commanda tantost que l'en
li feist ij pere de robes.

*f*Et mainte foiz avint que quant aucuns estoit pressé ou
diffamé des plus puissanz devant le benoiet*g* roy, il avoit
si grant compassion que il se tenoit contre les puissanz et
estoit de la partie a celui qui estoit mains puissant. Et quant
querelles venoient devant lui d'ommes ocis, il en avoit mout
grant compassion au cuer, et dist mainte foiz par maniere de
compassion que nul n'estoit pour les mors, mes touz vou-
loient estre pour les vis.

a. devroient A, A² et A³, B et C. — b. benoiz corr. A². — c. meesmement
C. — d. il exponctué A²; omis B, C. — e. On trouve ici en marge de A. une
note du correcteur de A² destinée à faire copier ce paragraphe avant le précé-
dent : « a. ce doit estre escrit ci-desus. » — f. Ici était limitée l'interversion
faite par le correcteur de A², qui a inscrit en marge de ce paragraphe :
« Scribe hoc per c. » — g. benoit corr. A².

CI FINE LI DISIEMES CHAPITRES ET COMMENCE LI ONZIEMES QUI EST DES [a] OEVRES DE PITÉ

Li benoiez rois [b] estendi ses mains a aidier largement et liberaument as [c] povres et as de [d] chetif [e]. . . . .
. . . . [f]
rempli le cuer du saint roy et si trespercié ses entrailles [g] que il sembloit que pitié l'eust tout acquis [et mis souz] sa seignorie ; car tout son courage [h] decouroit as malades et as [i] povres, si comme les choses qui ci ensivent le pruevent apertement. [Premierement chascun jor] de mercredi, de vendredi et de samedi en Quaresme et en l'Avent, il servoit en sa persone a xiij povres que il fesoit menger en sa chambre ou en sa garderobe, et leur [j] aministroit en metant devant eus potage et ij paire de mes de poissons ou d'autres choses. Et trenchoit il meesmes ij pains des quex il metoit devant chascuns d'els [1], et les vallez de la chambre le roy trenchoient les autres pains tant com il en couvenoit devant les povres desus diz. Et par desus tout ce, li benoiez rois metoit devant chascun des devant diz povres ij pains que il emportoient avec eus. Et se il avoit entre ces povres aucuns avugles ou mal voianz, li benoiez rois li metoit le morsel de pain en la main a ses propres mains, ou il menoit la main du povre jusques a l'escuele et li enseignoit comment il devoit metre la main a l'escuele. Et encores plus quant il y avoit un mal voiant ou non puissant et il avoit poissons devant lui, li benoiez rois prenoit le morsel du poisson et en treoit les arestes diligaument a ses propres mains, et le

a. de ses C. — *b.* saint Loys *add.* A². — *c.* aus *corr.* A². — *d.* a ceus de *corr.* A². — *e. Ce qui précède est biffé dans A², omis dans B et C. — f. Nous avons suppléé par des points à deux lignes qui ont été grattées par le correcteur de A³ et sur lesquelles il a réécrit : « Pitié qui vaut a toutes choses si.... », correction reproduite dans B C. — g. ses entrailles biffé et remplacé par avoit dans A³, par l'avoit dans B C. — h. cuer* A³, B, C. — *i.* aus malades et aus A². — *j.* le C.

1. Cf. Joinville, § 690.

metoit en la sausse, et lors le metoit en la bouche du malade.
Et ainçois que il menjassent, il donoit a chascun xij d.
parisis, et si donnoit plus a aucun de ces povres, c'est
a savoir a ceus que il veoit qui en avoient greigneur besoing,
et quant ilecques avoit femme qui avoit petit enfant avecques
li, il li croissoit son don.

Et ces choses meemes fesoit il hors Quaresme et hors
l'Avent chascun jour de vendredi et de samedi par tout l'an.
Et encore par desus tout ce, en touz tens, chascun samedi,
il fesoit mener iij povres des devant diz xiij en sa garde-
robe mout privement ; et estoient les plus povres des autres
ou avugles ou mal voianz, les quex il fesoit querre par grant
estude *a*, et en sa garderobe avoit iij bacins et l'iaue estoit
ilecques apareilliée toute chaude et blanches touailles, et
ilecques il leur lavoit leur piez, ceint d'un linceul et age-
noillié devant eus. Et quant aucun des siens li vouloit aidier
a laver les piez d'aucun de ces povres, pour ce que il ne les
avoit pas nez, li benoiez rois ne pooit soufrir que nul i
meist la main fors que il tant seulement. Et quant il les
avoit lavez, il les essuioit et puis les besoit chascun es piez
mout devotement, combien que il fussent roigneux ou hor-
ribles par devers les piez [1]. Et tantost après, il leur donnoit
a genoz l'iaue a laver leurs mains et leur appareilloit la
toaille a essuier leur mains ; et après il metoit xl d. *b* parisis
en la main de chascun par grant devocion et besoit la main
de chascun *c*. Et ces choses fesoit il le plus priveement que
il pooit ; et croit on *d* que pour ce il feist apeler les avugles
ou les povres mal voianz plus volentiers a ce fere leur, pour
ce que il ne le conneussent et que il ne le revelassent par
dehors. Et après ce, ces iij estoient ramenez as autres x et
menjoient ensemble, et li benoiez rois les servoit si com il
est dit desus.

a. estuide B. — b. deniers de C. — c. besoit leurs mains C. — d. croit l'en B.

1. Le roi d'Angleterre faisait le même acte de charité auquel Joinville,
malgré son admiration pour saint Louis, paraît n'avoir pu se résoudre. (C.
Joinville, § 188.)

Et outre les xiij povres desus diz, l'en prenoit chascun jour autres xiij povres touz tens en Quaresme et hors Quaresme; des quels xiij l'en prenoit chascun jour iij[a] et les fesoit l'en seoir a une table par eus pres du saint roy. Et ainçois que il menjassent et que il entrast a table, il donoit a chascun de ces povres xl d. parisis de ses propres mains et leur fesoit doner de ses viandes, et des autres tant que c'estoit assez. Et meesmes[b] li benoiez rois trenchoit aucune foiz le pain pour eus et les chars et leur aministroit, et encore il trenchoit les chars et les poissons qui estoient mises devant lui et les envoit a ces povres. Et avoit encore chascun de ces iij[c] povres qui sont nommez ici pres une piece de char que il pooient garder; et mainte foiz en gardoient il de la table du benoiet roy qui bien leur soufisoit[d].

Et avecques tout ce li benoiez rois fesoit acoustumeement aporter devant lui[e] iij escueles de potage es queles il meesmes metoit les morsiax de pain que il avoit devant lui et fesoit les soupes en ces escueles et lors fesoit metre les escueles devant dites a tout les soupes devant les devant diz povres. Et fesoit apeler a cest service fere les plus despiz povres qui pooient estre trouvez, et servoit plus volentiers et plus souvent devant tels que devant autres. Et [les x] autres povres menjoient en sale et avoient des autres viandes a ceux qui menjoient en sale, et chascun de ces x povres avoit xij d. parisis pour l'aumone du saint roy.

De rechief li diz sainz rois, outre mer et de ça la mer, chascun jour en son tens fesoit donner a vi[xx] et ij povres autres que les devant diz, a chascun ij pains qui valoient chascun j d. parisi[s]. De rechief a chascun de ces vi[xx] et ij povres une quarte de vin a la mesure de Paris et une piece de char ou de poisson, selon ce que au jo r apartenoit, ou eus ou aucune autre chose quant l'en y pooit trouver poissons, et a chascun j d. parisi[s]. Et s d ust ilecques femme qui eeust enfant, j ou pluseurs, ele avoit, pour chascun de ses enfanz. par desus ces choses, j pain et si donnoit encore a chascun des enfanz j pain. De rechief outre ces choses, il fesoit donner a lx povres a chascun ij pains et argent, c'est a savoir iiij d. De rechief il fesoit fere aumone general ij foiz la semaine a toz povres de quelque part que il venissent, du relief et des remananz des tables, et y metoit son aumonier tant de pain avecques ce *a* que chascun pooit avoir de l'aumone. De rechief li benoiez rois, quant il estoit a Paris, servoit souvent de sa propre main en sa chambre, en bas, aucune foiz xx povres, aucune foiz xxx, aucune foiz plus et metoit l'escuele de potage devant eus et les autres mes de chars ou de poissons et leur tailloit le pain. De rechief li benoiez rois aloit iiij foiz en l'an a Puisiaus en Gastinais ou en autre lieu que il creoit plus povre, et ilecques fesoit il assembler ij^c povres en sale et les fesoit mengier; et les servoit il proprement en sa personne et leur aministroit en metant devant eus pain et escueles de potage et ij paire de mes de poissons ou d'autres viandes, si comme le tens le requeroit ; et donnoit avecques ce a chascun d'els xij d. parisis et avoit en l'autre main argent de qüel *b* il croissoit son don *c* as plus besoigneus selon son avis. Et chascun d'eus emportoit ij pains a son hostel, se il voloit, que li benoiez rois metoit au commencement devant chascun d'eus ; car de l'autre pain metoient les panetiers devant eus tant com il leur couvenoit a mengier ilecques. De rechief, en chascun juesdi assolu, li sainz rois lavoit les piez a xiij povres ou a xxvj et donnoit a chascun d'eus xl d., et après il les servoit en sa persone a table, einsi com il est devisé par desus que il fesoit aus autres *d* povres. Et ce meesmes fesoit il fere par mon seigneur Phelipe et par mon seigneur Pierres et par ses autres enfanz *e* quant il estoient avecques lui en jour de juesdi, et aucuns de ses chapelains disoient l'office du Mandé ¹, endementires que il lavoit les piez as povres.

a ce omis A, C. — *b.* de laquel A, du quel B, de quoy C. — *c.* sa main (*sic*) B. — *d.* xiij *add.* A², B, C. — *e.* Phelippe filz ainsné et par ses autres filz C.

---

1. Nom donné au moyen âge à l'office du Lavement des pieds qui se fait le Jeudi Saint.

De rechief chascun jor du Saint Vendredi, il alloit nuz piez par les eglises prochaines de quelconques lieu ou il fust, et du commandement du saint roy, ij de ses chambellenz prenoient c livres, chascun l, et les aministroient au saint roy en cel jour, et metoient a la foiz ces deniers en un sachet que li benoiez rois portoit souz sa chape et pendoit a sa ceinture. Lesqueles cent livres il donnoit por Dieu as povres de sa propre main, endementieres que il aloit einsi par les eglises el dit jour, ne ne soufroit pas que ses serganz ou les autres qui le sivoient ostassent ne boutassent arriere les povres, ainçois vouloit que touz eussent franc acés a lui pour ce que il leur poist doner de ses propres mains l'aumone.

De rechief la coustume du saint roy fu qu'en quelconques cité ou vile ou lieu il entrast, ou il eust Freres Meneurs ou Freres Preecheeurs ou aucune *a* de ces ordres, il lor fesoit donner en ce jour que il venoit et l'endemain, pour pitance, pain et vin et ij paire de mes, et aministrer ce que il leur couvenoit. Et après, pour ce que plus profitable chose estoit as freres avoir argent pour les dites pitances, li sainz rois leur fesoit donner pour ce argent. De rechief toutes les *b* fois que il venoit a Paris, il fesoit donner grant argent as Freres Meneurs et aus Freres Preecheurs et a touz les autres religieus de Paris qui n'avoient possessions, c'est à savoir xviij deniers *c* por chascun. Et il avoit tele maniere que se il issoit un jour de Paris et il aloit au bois de Vicenes ou a Saint-Denis ou a autre lieu, combien que il fust prochain, et il revenoit en jour ensivant a Paris, il donnoit *d* s'aumone pour Dieu einsi com il est dit desus. Et li benoiez rois avoit commandé que l'en donnast a mengier a touz religieus povres, fussent homes ou femmes, qui vendroient a sa court ou qui passeroient par le lieu ou il seroit, neis se il venoient après mengier, et leur donnast l'en *e* ce que il leur coven-droit de la cuisine et des autres offices quant il mengeroient a sa court; et ce fu fet tant comme li benoiez rois vesqui.

[Et com] il fust une foiz a Chastelnuef sus Leire, en la

---

a. autre *add.* C. — *b.* les *omis* C. — *c.* deniers *omis dans* A. — *d.* aus reli-gieus *add.* A², B, C. — *e.* l'en *omis* B.

dyocese d'Orliens, et se vousist aler esbatre, après dormir du jour, au bois et il eust fet apeler frere Giefroi de Biaulieu *, de l'ordre des Preecheeurs, qui estoit ilecques avec lui pour ce que il alast avec lui *b* au bois, li diz freres respondi que il ne pooit pour ce que il atendoit Freres Preecheeurs qui venoient en une nef par la riviere de Leire, qui aloient a Orliens au chapitre provincial qui devoit adonques estre ilecques prochainement. Et li benoiez rois li dist que il voloit aler avecques lui jusques a la riviere pour veoir les freres ; et einsi vindrent a pié li sainz rois et li diz freres et mout d'autres jusques a la riviere, ja soit ce que il ait ilecques assez longue voie. Et quant li *c* rois fu la, ja soit ce que les freres qui estoient en la nef s'en vousissent du tot en tout aler pour aler *d* gesir a Jargueil, nepourquant il contreinst tant les freres qui estoient xviij ou environ, que il les fist venir au chastel et les fist herbegier *e* cele nuit et leur fist assigner tres bon hostel.

Encore fu la coustume du saint roy de pourveoir aus povres religieuses persones, c'est a savoir as nonnains de l'ordre de Cystiax et a autres nonnains et *g* autres persones religieuses d'autres ordres et as povres mesiax des *f* mesons Dieu des parties de France et as autres persones qui estoient en misere, chascun an, a l'entree de quaresme, de harens, de deniers pour amandes *g*, pour pois et pour autres *h* de tele maniere qui en cele seson leur estoient neccessaires. De rechief il les pourveoit chascun an, a l'entree d'yver, de busche, de robes de burel *i*, de peliçons et de sollers que il donnoit as *j* povres en grant quantité. Il fesoit acheter chascun an lx milliers de harenc et les fesoit departir et donner si com il est dit desus. Et ce fut tenu et gardé tant com il vesqui puis que il revint d'outre mer. Et encore li benoiez rois fesoit donner chascun an a Quaresme Prenant xxx bacons as *k* povres. Et ces menues aumones que li

---

a. son confesseur *add.* A *3* C. — *b.* pour ce qu'il alast avec lui *omis* C. — *c.* bennaiez *add.* A *3*, benoiez B, benoiz C. — *d.* aler *omis* C. — *e.* berbergier *corr.* A *2*, B, C. — *f.* des mesiax *répété* B. — *g.* Telle est bien la leçon des trois manuscrits. — *h.* choses *add.* A *3*, B. — *i.* et *add.* C. — *j.* aus *corr.* A *2*, B. — *k.* aus *corr.* A *2*, B, C.

benoiez rois fesoit donner de sa conscience especial a Freres
Meneurs et a Freres Preecheeurs et a autres religieus
hommes et femmes et autres povres, se montoient chascun
an a vij^m livres de parisis en argent nombré, sanz les dras
de burel et sanz les sollers et sanz les harens que il fesoit
donner et distribuer chascun an einsi com il est dit desus.

De rechief quant li benoiez rois aloit en Berri ou en
Normandie ou en autres lieus ou il ne hantoit pas souvent,
il fesoit a la foiz appeler iij^c povres et les fesoit mengier ª et
les servoit en sa propre persone, et li aidoient ses escuiers
et ses chambellens. Et ᵇ donnoit a chascun des povres xij
deniers parisis et metoit le pain devant eus et le potage et
les chars et les poissons selonc ce que il apartenoit au jour.
De rechief, en aucunes granz festes, li sainz rois fesoit
assembler iij^c povres en sa sale et les fesoit ordener a la
table.

[De rechief li beneaiz] rois venoit souvent a l'abeie de
Roiaumont et souvent, meesmement es jours de vendredi et
de samedi, il mengoit ilecques en refretoier, a la table de
l'abé, et li abbes seoit delez lui. Et toz jors quant il menjoit
ilecques, il fesoit pitance au couvent de pain et de vin et de
ij paire de mes de poisson ; et estoient en cel tens c moines
eu couvent de ce lieu, ou environ, hors les convers qui
estoient xl ou environ. Et es autres jors, quant li benoiez
rois ne mengoit pas en refretoier, il y entroit souvent et
acoustumeement et, les moines seanz a table, li [beneaiz
rois ami]nistroit avec les moines ordenés a servir ; et venoit
a la fenestre de la cuisine et prenoit ilecques les escueles
pleines de viande et les portoit et metoit devant les moines
soianz a table. Et pour ce qu'il estoient mout de moines et
pou de serviteurs, il portoit si longuement et raportoit ces
escueles jusques a tant que l'en avoit servi le dit couvent de
tout. Et pour ce que les escueles estoient trop chaudes, il
envelopoit aucune foiz ses mains de ᶜ sa chape pour la
chaleur de la viande et des escucles, et espandoit aucune
foiz la viande sus sa chape. Et li abbes li disoit adonques

a. en sale add. C. — b. en après quant il avoient mangié add. C. — c. en C.

que il honnissoit sa chape et li benoiez rois respondoit *a* :
« Ne me chaut ; j'ai autre *b*. » Et il meesmes aloit par les
tables et versoit le vin es hennas des moines aucune foiz,
et aucune foiz il essaioit de ce vin a ces hennas et looit le
vin quant il estoit bon *c*, et se il estoit aigre ou que il sen-
tist le fust, il commandoit que l'en aportast bon vin. Et
toutes les foiz que il aloit a la dite abeie, il fesoit donner
pitance de ij mes de poissons ou de chars selon ce *d* que le
tens le requeroit a touz les malades, fussent moines ou
convers de la dite abeie, et par desus tout ce a touz les
estranges malades qui demouroient en l'ospital de cele
abeie. [*Et quand*] li benoiez rois venoit a Compiegne, plu-
seurs foiz avint que il entroit en la cuisine des Freres
Preecheeurs et demandoit que l'en faisoit a mengier pour le
couvent, et en après il entroit eu refroitoier *e* endemen-
tieres que les freres menjoient et fesoit porter de sa cuisine
viandes soufisanz, poissons et autres choses et leur fesoit
aministrer, lui tout present

f De rechief li benoiet rois fist acheter mesons qui sont
en ij rues assises a Paris *g* devant le palès de Termes[1], es
queles il fist fere mesons bonnes et granz pour ce que esco-
liers estudianz a Paris *h* demorassent ilecques a touzjours,
es queles escoliers demeurent qui [*a ce sont receu*] par ceus
qui ont l'autorité d'eus recevoir. Et encores de ces *i* mesons
sont aucunes louees a autres escoliers, des queles le pris ou
le louage est converti eu proufit des povres escoliers devant
diz, les queles mesons cousterent au benoiet roy si comme
l'en croit iiij mile livres de tornois. De rechief li sainz roiz
fesoit donner chascune semaine deniers a mout de povres

a. responnoit B. — *b.* Ne m'en chaut ; j'en ai une autre C. — *c.* et se il
estoit bon *add.* A, *exponctué* A ², *omis* B, C. — *d.* ce *omis* C. — *e.* refroitoir
corr. A ², refreitouer C. — *f.* De l'ospitalité *add. en marge* A ², De s'aspitalité
en rubrique B. — *g.* par *add.* C. — *h.* a Paris *remplacé par* y C. — *i.* meismes
add. C.

1. Les deux rues en question étaient la rue Coupe-Gueule et la rue des
Maçons. Telle est l'origine de la Sorbonne à la fondation de laquelle saint
Louis ne fit en réalité que contribuer (Lenain de Tillemont, V, 321). Voyez
dans Denifle et Châtelain, *Chartularium Universitatis Parisiensis*, I, n° 302, la
donation faite par le roi en février 1257.

clers pour leur bourse les quex il porveoit as *a* escoles,
c'est a savoir a aucuns ij s., a aucuns iij s. et a aucuns xij
d. et a aucuns xviij. Et croit l'en que ces povres que li
benoiez roy pourveoit einsi estoient bien cent. Et en ceste
maniere il pourveoit a aucunes beguines.

Et ausi li benoiez rois devant diz fist acheter une piece
de terre delez Saint Ennouré, ou il fist fere une grant man-
sion por ce que les povres avugles demorassent ilecques
perpetuelment, jusques a iij cens; et ont touz les anz de la
borse le roy, pour potages et pour autres choses, rentes [1].
En la quele meson est une eglise que il fist fere en l'eneur
de saint Remi pour ce que les diz avugles oient ilecques le
service Dieu, et pluseurs foiz avint que li benoiez rois vint
as jours de la feste saint Remi ou les diz avugles fesoient
chanter sollempnement l'office *b* en l'eglise, les *c* avugles
presenz entour le saint roy, et donna rente a l'eglise. De
rechief il fonda et fist fere la meson Dieu de Vernon, de la
quele li fons des mesons et les edefices, — pour ce que c'est
el meilleur lieu de la vile et est grant et lee, — li benoiez
rois l'acheta tres chierement, et li cousterent li fons et les
edefices xxx mile livres de parisis. Et donna a la dite meson
liz, vessiax *d* de cuisine et touz autres hostillemenz neces-
saires en la dite meson pour touz povres et malades qui i
seroient et pour les freres et pour les sereurs de la meson.
Et ilecques sont xxv suers et ij freres clercs qui font le ser-
vice Dieu en la chapele de cel ostel Dieu et autre grant
mesnice de chamberieres et d'autres persones qui a l'ostel
convienent a servir. Et encore leur donna il livres et autres
aournemenz et calices pour la dite chapele. De rechief tant
comme li benoiez rois vesqui, il vestoit chascun an les
suers de cele meson Dieu et fist fere unes cotes pour les
povres que il vestoient quant il menjoient. De rechief, la

---

a. aus *corr.* A². — *b.* en tele maniere *add.* C. — *c.* des B. — *d.* nécessités C.

---

1. Sur les *Quinze-Vingts* et leurs origines, voyez l'excellent travail de
M. Léon Le Grand dans les *Mémoires de la Société de l'histoire de Paris*, 1886,
tome XIII, p. 107, et 1887, t. XIV, p. 1.

meson Dieu de Pontoise il fist fere et la fonda et doua et leur « donna possessions qui valent iiij² livres chascun an de rente. De rechief il fist fere la meson Dieu de Compiegne et acroistre mout durement: la quele oevre cousta xij mile livres de parisis et la doua richement. et donna liz et autres choses neccessaires por les povres et pour les malades. De rechief il fist fere l'accroissement de la meson Dieu de Paris qui s'estent jusques à Petit Pont et donna rentes a la dite meson Dieu ᵇ. De rechief il fist fere le dortoier des Freres Preecheeurs de Paris et autres mesons ilec meesmes.

Et quant li benoiez rois fesoit fere mesons et autres lieus povres, il meesmes en sa propre persone aloit veoir les oevres quant l'en fesoit les mesons devant dites et ordenoit et disposoit comment les sales des mesons et les chambres et les officines des dites mesons fussent fetes. Et croit l'en que les oevres des mesons fetes pour la cause des escoliers de Paris, de la meson des avugles, de la meson des Beguines de Paris et l'eglise des Freres Meneurs et le dortoier des Freres Preecheeurs de Paris et les autres mesons fetes ilecques et l'acroissement de la meson Dieu de Paris, de la meson Dieu de Pontaise, de Vernon et de Compiegne, la meson des Freres Preecheeurs de Compiegne, de la meson des freres de Saint Morice de Senliz, de la meson des suers de l'ordre des Preecheeurs de Roen, de la meson des Freres Preecheeurs de Caen, de la meson des freres de l'ordre de Chartreuse a Valvert de lez Paris, de la meson des freres du Carme de Paris por la greigneur partie, les queles oevres entre les autres que li benoiez rois fist fere, li cousterent, toutes choses prisiees qui es dites mesons et es sainz liex furent mises des biens de celui roy, que el fons des liex que es edifices que es rentes que il leur donna, jusques a la somme de deus cenz mile livres de tornois ᶜ et plus. Et aucune foiz avint que aucuns des conseilliers le reprenoient en ce que il ooient si ᵈ granz despenz que il metoit en fere tex despens et teles mesons et si granz donnees et si granz

a. doua et leur *omis* C. — b. Dieu *omis* C. — c. de tornois *omis* C. — d. li A.

aumones que il fesoit as *a* dites mesons, et li benoiez rois respondi : « Tesiez vos. Dieux m'a tout donné ce que j'ai. « Ce que je met en ceste maniere, c'est le miex mis *b* ». De rechief li benoiez [*rois devant*] diz fesoit donner aus Freres Meneurs, aus Freres Preecheeurs c livres, aucune foiz iij cens, pour aquiter leur detes qu'il avoient fetes, si com il disoient, et pour dire plus briément, il les soustenoit a Paris et es *c* autres liex voisins por la greigneur partie. Et quant les Freres Preecheeurs de Compiegne entrerent premierement la meson *d* de Compiegne que il ont ilecques, li benoiez rois leur donna en aumosne c livres de parisis pour leur vivre.

Et puis que li benoiez rois vint d'outremer, il avint pluseurs fois que aucunes gentix femmes venoient a lui et li disoient que leur mariz avoient esté morz outremer en son service et que eles avoient despendu leur biens, pour quoi eles estoient povres et menoient avec eles leur fiuz et leur filles et prioient le saint roy que il leur feist bien et que il eust pitié d'eles. Et quant li sainz rois avoit connoissance d'eles, il leur fesoit donner par son aumonier a l'une xx livres, a l'autre x, et plus et moins selon ce que il lui estoit avis que il li couvenoit; et aucune foiz il demandoit se aucune de ces filles savoit letres et disoit que il la feroit recevoir en l'abeie de Pontaise ou ailleurs. Et souvent fesoit donner li sainz rois aus povres chevaliers et aus povres dames et as povres damoiseles et as povres serganz, a aucun x livres, a aucun xx, xxx, xl, l, lx et aucune foiz cent pour leur filles marier et aucune foiz plus ou mains, selon l'estat et la condicion des persones et si com il lui estoit avis que ce fust bien.

[*Et quant*] li benoiez rois chevauchoit par le roiaume, les povres venoient a lui et il fesoit donner a chascun j d., et quant il veoit aucuns plus besoigneus, il fesoit donner a l'un v s., a l'autre x s. et encores a un autre xx s. et aucune foiz plus et moins selon ce que bon li sembloit. Et com il fust

---

a. aus corr. A *2*, C. — b. emploié C. — c. aus C. — d. A *portait par erreur*, la meson Dieu.

revenu d'outre mer après son premier passage et visitast son
roiaume[1], les aumoniers donnoient aumone a touz ceus qui
a eus venoient, a chascun j d. Et quand li benoiez rois veoit
aucun plus besoignex, il li fesoit donner vj d. ou xij d. ou
selon ce que il li estoit avis. Et en cel tens qui est pro-
chainement desus dit, quant il visitoit sa terre, il servoit
chascun jour de sa propre main a ij[c] povres, en donnant a
chascun ij pains et xij d. parisis ausi a chascun, et avoit en
sa main senestre deniers si que, quant il veoit un homme
pl[us besoignex], il li donnoit de seurcrois iiij d. ou v ou vj
selon ce que il li sembloit que bon fust. Et par desus toutes
ces choses, en cel tens il fesoit fere chascun jour aumosne
general, neis se x mile persones y venissent ou xx mile ou
plus. Et mout de foiz et meesmement quant il estoit chier
tens, il fesoit baillier a aucuns de sa mesnice a la foiz
m livres, a la foiz ij mile et plus, et aucune foiz mains, et
les fesoit porter et donner et departir en diverses parties
de son roiaume aus povres qui i demouroient. Et quant li
rois ooit que il avoit grant chierté de vivres en aucune partie
de son roiaume, il envoit en ces parties par ses serganz
ij mile[a], [aucune foiz iij] mile, v mile livres de tornois et
plus et moins selon ce que il li estoit avis et que il creoit
que il le couvenist. Et est chose seue que il fist cinsi plu-
seurs foiz. Une foiz quant il fu chier tens, li sainz rois
envoia en Normendie une somme d'argent a donner as[b]
povres, et ordena que cil qui iroient la donnassent de l'au-
mone as[c] hostes qui manoient sous le roi nuement qui li
paioient rentes chascun an, s'il en avoient mestier plus que
as[d] autres.

a. livres add. C. — b. aus corr A², C. — c. aus corr. A², as povres B. —
d aus corr. A², les B.

_____

1. Saint Louis entreprit cette visite du royaume très peu de temps après
son retour en 1254. Cf. Lenain de Tillemont, IV, p. 49.

DE INDUICIONE "[1].

De rechief il fesoit donner ses propres robes souvent as
bonnes dames *b* religieuses et as autres et as *c* prestres. Et
disoit aucune foiz : « Alon visiter les povres de tel païs et
les repesson. » Et lors aloit il en diverses parties de son
roiaume, ou en Gastinois ou en Normendie, et fesoit ilec-
ques donner pour Dieu aus povres larges aumones. Et fist
couper en son bois les tres et autre merrien de l'eglise des
Freres Meneurs de Paris et pour le cloistre de la dite eglise,
et pour le dortoier et le refretoier *d* des Freres Preecheeurs
de Paris, et pour la meson Dieu de Pontaise et pour les
freres des Sas de Paris² et fist ausi mener tout le dit mer-
rien a tous les liex desus diz. Et les branches et l'autre bois
qui remanoit *e* des grosses pieces du merrien estoit donné
pour Dieu as povres religions, a l'une ij*c* charctees et a
aucune iij*c*, du commandement du benoiet [*roi, qui comman-
doit que cel bois fust*] porté par vaue jusques a Paris ou ail-
leurs la ou ce bois estoit donné [*por Dieu*].

[*Encores el tens*] de son premier passage, quant il fu deli-
vré de la prison des Sarrazins, il demora outre mer iiij
ans *f* ou entour, a ce especiaument que il delivrast les Cres-
tiens qui avoient esté pris ainçois que il alast outre mer. Et
moult de foiz il envoia messages sollempnex au soudan pour
la delivrance des Crestiens que il tenoit en chetivoisons ;
et aucune foiz il en rachetoient ij cenz, aucune foiz iij cenz ou

a. De son vestement B, *omis* C. — *b*. dames *omis* B. — *c*. aus autres et aus
corr. A². — *d*. le dortoir et le refretoir *corr.* A², B. — *e*. demoroit *corr.* A³,
B, C. — *f*. moys C.

1. La présence de cette rubrique latine dans le ms. A n'a pas été, je crois,
signalée jusqu'ici ; elle est la meilleure preuve à l'appui de la thèse de Paulin
Paris, qui avait très justement conjecturé que le Confesseur avait dû écrire son
ouvrage en latin.
2. En novembre 1261, Louis IX concéda aux Sachets ou Frères de la Péni-
tence, une maison sur la paroisse Saint-André des Arcs à laquelle s'ajou-
tèrent, en 1263, un terrain et une tuilerie voisins. Le tout fut cédé, le 12 octobre
1292, aux Ermites de saint Augustin qui y élevèrent le couvent connu sous le
nom de Grands-Augustins. (Tisserand, *Topographie historique du vieux Paris*,
région occidentale de l'Université, p. 241.)

v cenz, et si com il les pooient avoir. Et por ce que nos avons *
d'aucunes de ces foiz les essamples, c'est certain que, a la
tierce foiz ou a la quarte, les messages en ramenerent iiij
cens ou environ, a une autre foiz vij cenz hors les femmes et
a l'autre foiz vj cens et l, et a l'autre foiz vij^xx et l, et estoient
ramenez as despens du benoiet roy quant il estoient deli-
vrés. Et a ces Crestiens qui einsi revenoient des prisons des
Sarrazins, ore cent, ore ij cenz, ore v cenz, et einsi com il
venoient delivrés des dites prisons des mescreanz * nus et
despanez qui riens n'avoient, li benoiez rois leur fesoit a
touz aministrer* robes. Et pour autres choses qui leur
estoient neccessaires, il fesoit donner a aucun c d. de la
monnoie du pais qui sont apelez dragans ¹, dont chascun
dragans valoit vij petiz tornois, a aucun ij cenz ou iij cenz,
aucune foiz plus, aucune foiz moins, selon l'estat et la condi-
cion des persones, et pourvit en ceste maniere en cel tens
a plus de iij mile hommes; et donnoit robes aus chevaliers
et aus nobles hommes de vert ² ou d'autre drap de ceste
maniere, et aus mendres de drap d'Arraz ou d'autre de plus
bas pris que les dras aus chevaliers. Et en cel tens que il
s'en revindrent einsi, il en revint a une foiz mil et v^c, et
autre foiz autres pluseurs des chartres des Sarrazins, si com
il disoient, et venoient es naves ⁴ jusques en Acre aus
despenz du benoiet roy, si com il disoient, et l'en le disoit
communement. Et einsi le croit l'en, car il n'i [avoit] autre
home qui donnast aus diz hommes einsi povres et mendianz
si granz despenz, se li benoiez rois ne lor eust donnez. Et
furent icés hommes derrenierement recouvrez par les mes-

a. aions B, C. — *b.* des mescreanz *omis* C. — *c.* donner *corr.* A ³, B, C. —
d. nefz C.

1. On appelait *Dragans* ou *Drahans* les drachmes ou *dirhem* d'argent arabes
que les Latins imitèrent pour s'en servir dans leurs transactions avec les
Musulmans. Après avoir reproduit les légendes arabes portant le nom de
Mahomet et l'année de l'Hégire, ces monnaies reçurent, sur l'intervention
d'Innocent IV, précisément vers l'époque du séjour de saint Louis, des
légendes chrétiennes mais rédigées en arabe. (J. Schlumberger, *Numisma-
tique de l'Orient latin*, p. 7, 141 et 142.)
2. C'est également de « *cotes et hargaus de vert* » que Joinville fit vêtir les
quarante chevaliers champenois que Jean de Valenciennes avait ramenés de
captivité (Joinville, § 467).

sages [1] que li benoiez rois envoia as Sarrasins pour les
chetis delivrer, et disoit l'en en Acre que il avoient esté
renduz du Soudan par les couvenances qui avoient esté piece
a fetes entre le saint roy et le soudan ou les Sarrazins
quant il fu delivré de leur chartre. Et a cels meesmement
qui einsi estoient revenuz li [a] rois fesoit donner robes ou
deniers pour robes.

[*De sa visitacion* [b]]. — Soit il einsi que mout de choses
soient dites par desus du service que li benoiez rois fesoit
en sa personne aus persones pleines de misere, nonpourquant
de ce est orendroit aucune chose a recorder, especiaument
de la visitacion et du confort que li benoiez rois leur [*fesoit*].
Li benoiez rois visitoit souvent l'abeie de Roiaumont, et ausi
com a chascune foiz que il venoit a la dite abeie, il entroit
il meesme en l'enfermerie de l'abeie et veoit les freres
malades et les confortoit et demandoit a chascun de quele
maladie il estoit malades et touchoit a aucuns le poux et a
aucuns les temples, neis quant il suoient, et apeloit les
phisiciens qui estoient avecques lui, et fesoit tant que il
veoient en sa presence les urines des [*moines*] malades et
leur donnoient les phisiciens conseil comment il se deussent
gouverner en leur maladie. Et disoit souvent li benoiez
rois : « Nostre laituaire tel ou nos choses teles fussent
« bonnes a cest malade », et leur commandoit et leur fesoit
aministrer de sa cuisine et de ses autres offices ce que il
leur covenoit soufisamment. Et a ces choses fere il avoit
pou de gens, si comme li abbes et ses phisiciens et ses secre-
taires ; car quant il fesoit tex choses, il vouloit que pou de
genz i fussent et meesmement ceus qui estoient mout ses
privez et nus autres. Mes ceus qui estoient plus malades il
visitoit plus soigneusement, et plus hastivement venoit aus

a. beneoiz add. A [3], benoiez B, benoix C. — b. *Cette rubrique ne se trouve
que dans B. Il y a ici dans A une ligne laissée en blanc sur laquelle le correc-
teur de A[3] a écrit* Après tout, *correction que l'on retrouve dans C ainsi que la
ligne en blanc.*

1. Sur la mission de Jean de Valenciennes que saint Louis envoya négocier
en Egypte la délivrance des prisonniers, voyez Joinville, §§ 465-466.

liz des malades et atouchoit neis les mains des malades et
les liex de la " maladie. Et quant la maladie estoit plus
grieve ou apostume ou autre chose, tant plus volentiers
l'atouchoit. Et en l'abeie de Roiaumont avoit un moine qui
avoit non frere Legier et estoit diacre en l'ordre, qui estoit
mesel et estoit en une meson dessevré des autres, qui estoit
si despiz et si abominables que pour la grant maladie ses
ieux estoient si degastez que il ne veoit goute, et avoit perdu
le nez et ses levres estoient fendues et grosses et les pertuis
des ieux estoient rouges et hysdeus a veoir. Et donques,
comme li benoiez rois fust venu un jour de diemenche,
entour la feste saint Remi, a la dite abeie de Roiaumont
et eust oï ilecques pluseurs messes, si com il avoit acoustumé,
et estoit avecques lui li cuens de Flandres et pluseurs autres
gentilz hommes, et quant les messes furent dites, il issi de
l'eglise et ala vers l'enfermerie a la meson ou li moines
demouroit einsi mesel. Et quant il i volt aler, il commanda
a un de ses huissiers que il feist cels qui estoient avecques
lui trere arriere. Et einsi il prist l'abbé de Roiaumont et li
dist que il vouloit aler au lieu ou li diz mesiax demoroit que
il avoit autre foiz veu et le vouloit visiter. En après li abbes
ala devant et li benoiez rois ala après et entra eu lieu ou li
malades estoit et le trouverent menjant a une table assez
courte et mengoit char de porc; car einsi est la coustume
des mesiax en l'abeie que il menjuent chars. Et li sainz
rois salua cel malade et li demanda comment il li estoit, et
s'agenoilla devant lui; et lors commença a trenchier a
genoux et trencha devant lui la char d'un coutel que il
trouva a la table dudit malade. Et com il eust trenchié la
char par morsiax, il metoit ces morsiax en la bouche du
malade [1], et il les recevoit de la main du benoiet roy et les

a. leur C.

---

1. Cet acte de charité de saint Louis envers frère Léger fut représenté
dans les peintures de la Sainte Chapelle et du couvent de Lourcines (A.
Longnon, *Documents parisiens sur l'iconographie de saint Louis*, pl. VI et
p. 18, ainsi que dans un vitrail de Saint-Denis. (Montfaucon, *Monuments de
la Monarchie françoise*, II, p. 158.)

menjoit. Et a la parfin, quant li sainz rois fu einsi a genouz
devant le dit mesel et li diz abbes ausi a genoz pour la
reverence du saint roy, de laquele chose li diz abbes non-
pourquant avoit assez horreur *a*, li benoiez rois demanda
au mesel se il voloit mengier des gelines et des perdriz *b*,
[et il] dist oïl. Lors fist li sainz rois apeler un de ses huissiers
par un moine qui estoit garde du malade desus dit, et il *c*
li commanda que il feist aporter des gelines et des perdriz
de sa cuisine qui estoit assez loing de cel lieu. Et toutevoies,
tant comme li diz huissiers mist a aler et a venir de la dite
cuisine, qui aportoit ij gelines et iij perdriz rosties, li diz *d*
rois fu touzjours a genouz devant le malade, et li abbes
ensement *e* avecques lui. En après li sainz rois demanda au
mesel duquel il voudroit ainçois mengier ou des gelines ou
de *f* perdriz, et il respondi des perdriz. Et li benoiez rois
li demanda a quele saveur, et il respondi que il les vouloit
mengier au sel. Et lors il li trencha les eles d'une perdriz,
et saloit les morsiax, et puis les metoit en la bouche du
malade. Mes, pour ce que les levres du malade estoient
fendues, si com il est dit desus, il saignoit *g* pour ce que le
sel li entroit es levres qui estoient fendues, si li fist mal le
sel et en issoit li venins si que il li couloit par *h* le menton.
Pour la quele chose, li malades dist que le sel le bleçoit
trop. Et donques après ce, li beneurez *i* rois metoit les
morsiax eu sel pour prendre saveur, mes il terdoit les
morsiax des grainz du sel qu'il n'entrassent es crevaces des
levres du malades. Et avecques tot ce, li benoiez [rois
confortoit] le dit malade et li disoit que il soufrist en bonne
pacience cele maladie et que c'estoit son purgatoire en cest
monde et que il valoit miex qu'il soufrist cele maladie ici
que il soufrist autre chose el siecle avenir. Et *j* après li
benoiez rois demanda au malade se il vouloit boivre, et il
dist oïl. Et il dist quel vin il avoit ; et li malades respondi
bon. Et lors li benoiez rois prist le henap et le pot de vin

---

a. et A, *exponctué* A². — *b*. mengier perdriz ou des gelines B. — *c*. il *omis*
C. — *d*. sainz C. — *e*. ausi *corr.* A³, B, C. — *f*. des *corr.* A², B, C. — *g*. sain-
gnoit *corr.* A², sainnoit B, seignoit C. — *h*. aval C. — *i*. benoiez B, benoiz C.
— *j*. Et *omis* C.

qui estoient a la table, et mist le vin eu henap a ses propres
mains; et puis li mist le henap a la bouche et l'abevra. Et
quant ce fu fet, li benoiez rois pria le malade que il priast
Nostre Seigneur por lui; et einsi s'en issirent li benoiez
rois et li abes, et ala li benoiez[a] rois mengier a son hostel
que il avoit en l'abeie. Et einsi visitoit il souvent[b] le dit
malade et disoit souvent as[c] chevaliers : « Alon visiter
nostre malade », et il parloit du mesel. Mes il n'entroient
pas avecques lui en la meson du dit malade, mes li abbes
ou li prieurs de cel lieu. Et une[d] foiz, comme il fust entré
a visiter le dit mesel et la table fust mise devant lui, li[e] rois
meesmes le servi et li fist soupes en un brouet et li metoit
a une cueillier de fust en la bouche. Et pour ce que li
benoiez rois mist une foiz en ces soupes trop de sel, la
bouche et les levres du malade commencierent a saignier[f]
pour le sel, si comme l'en croit. De quoi un qui la fu dist
au benoiet roi : « Vous fetes sa bouche saignier[g], car vos
« avez mis trop de sel en ses soupes. » Et li benoiez rois
respondi : « Je ai fet aussi pour lui comme je feisse pour
moi meemes », et il dist au malade que il li pardonnast. Et
en cele meesmes abeie de Roiaumont fu un autre moine
mesel que il visita aucune foiz.

Li benoiez rois aloit souvent aus mesons Dieu de Paris, de
Compiegne, de Pontaise, de Vernon[h], d'Orliens et visitoit
les povres et les malades qui ilecques gisoient et les servoit
en sa propre persone; et a chascuns d'eus il donnoit[i] cer-
taine quantité de deniers et du pain et des chars et des
poissons, selon ce que il leur couvenoit et selon ce que li
tens le requerroit. Et leur fesoit larges pitances quant il
entroit a eus et leur aministroit [de ses mains][j] pain, char
ou autres mes que il avoit fet apareillier pour les malades
par ses queus et aporter ilecques. Et aucune foiz il tailloit
j pain ou ij a ses propres mains et donnoit einsi trenchié a

a. sains C. — b. souvent omis C. — c. aus corr. A². — d. autre add. C. —
e. beneaiz add. A³, benoiez B, benoiz C. — f. sainguier corr. A², sainnier B,
seigner C. — g. sainguier corr. A², sainnier B, seigner C. — h. et add. B. —
i. et donnoit a chascun d'eulz add. C. — j. de ses mains substitué dans A³ à
une leçon qui, dans A, se terminait par la syllabe ment.

chascun povre qui ilecques estoit. Et quant aucuns estoient
plus malades que les autres, il les servoit plus en trenchant
leur pain et char et les autres viandes et estoit a genouz
devant eus et portoit le morsel trenchié a leur bouches et
les pessoit et soustenoit et terdoit leur bouches d'une touaille
que il portoit. Et aucuns de ces malades estoient si despis
que les privez serganz du benoiet roy en estoient abomi-
nables et se treoient arriere et se merveilloient comment il
pooit tele chose souffrir. Et vraiement ses serganz ne
pooient, tele foiz estoit, ilecques demorer pour la corruption
de l'air et pour la pueur et pour l'abominacion des malades;
et nonpourquant il demoroit ilecques ausi comme se il n'en
sentist rien et les servoit, si com il est dit desus. Et
avecques ce, en la meson Dieu de Reins, il fesoit cestes *a*
meemes oevres de pitié; et aucune foiz les chevaliers et les
autres qui estoient avecques lui, qui li veoient ce fere,
fesoient ausi. Or avint une foiz comme li benoiez rois *b*
servist, si com il est dit par desus, un malade en la meson
Dieu de Paris, et le sanc li decorust par les narines, il li
terdoit ses narines a ses propres mains a une touaille que
il se fist baillier des seues et lessa ilecques cele touaille. Et
les autres touailles *c* que il se faisoit aporter quant il aloit a
tel service, il les lessoit ilecques. Et il servi *d* en un jour
de vendredi en sa persone cent et xxx iiij povres qui [lors]
estoient en la meson Dieu de Compiegne en metant devant
touz une escuele de potage a chascun et avecques ce deux
mes de poissons et autres choses, si com il couvenoit aus
malades; les queles viandes il avoit fet apareillier. Et comme
il semblast que il fust lassé de si grant service faire, un
dist, qui ilecques estoit, que l'en deist au *e* roi que il se
reposast d'ore en avant; et comme li rois *f* eust ce oy, il
regarda entour lui et vit un malade qui avoit le mal que l'en
apele le mal saint Eloy [1] en deux liex eu visage; et adonques

a. ces C. — *b.* rois *omis dans* A. — *c.* et les autres touailles *omis* C. — *d.*
servi *omis dans* A. — *e.* benoit *add.* A³, benoiet B, benoit C. — *f.* et comme il
corr. A², B, C.

1. Ce mal peu connu, et qui parait ètre ici une sorte de lupus, semble

li benoiez rois s'assist seur le lit de ce malade et li para
une poire et li metoit les morsiax a ses propres mains en la
bouche; et tandis que il fesoit ce, la porreture ou l'ordure *a*
qui couroit des plaies du dit malade qui estoient de chas-
cune partie du nes, couloit sus la main du *b* roy, pour quoy
il convint que li *c* rois lavast deux foiz sa main dont il le
pessoit, ainçois que li diz malades eust toute mengiee la
poire. [Encores quant il] aloit visiter les malades, il fesoit
avecques so *d* porter yaue rose et arrousoit de ses propres
mains les visages des malades.

Quant il venoit a Vernon, ainçois que il entrast en son
palès que il a la, il descendoit eu la meson Dieu de Vernon
et visitoit les povres et aloit entour leur lis *d* et leur deman-
doit ou aus suers de la meson qui les gardoient comment il
leur estoit, et les touchoit aucune foiz; et avenoit souvent
que il venoit a heure de mengier el dit hospital, et des
viandes que il avoit fet apareillier par ses queus en ce
meesmes hostel il servoit a ses propres mains les povres
et les malades *e* de cele meson Dieu, en la presence de ses
fiex que il vouloit qu'il fussent ilecques, si comme l'en croit,
pour ce *f* que il les enformast en oevres de pitié. Et leur
aministroit en metant devant eus potage, si com il leur
covenoit, et autres mes ausi comme chars et poissons couve-
nables a leur maladies; et demandoit as suers de la dite
meson *g* des malades de quele maladie il estoient malades
et se *h* il povient mengier char ou aucune autre chose et
quele chose leur estoit bonne et sainne et, selonc ce que il
leur estoit proufitable, il lor fesoit aministrer. Et quant il
en trouvoit aucuns suanz et mal couverz, il meemes les cou-
vroit. L'en dit que une suer de cele meson de Vernon fu
une foiz malade, la quele suer dist que jamès ne mengeroit
se il meemes ne la pessoit de ses propres mains. Et quant

a. ou l'ordure *omis* C. — b. beneoit *add.* A³, benoiet B. benoit C. — c.
benoiz *add.* A³, benoiez B, bensys C. — d. et leur lis *répété* A. — e. de l'ostel
add. C. — f. pour ce *omis* C. — g. Dieu *add.* C. — h. se *omis* C.

désigner aussi, dans un texte cité par Du Cange au mot *morbus*, des acci-
dents fistuleux survenus à la suite d'une blessure.

li benoiez rois oy ce, il ala a li *a* ou ele gisoit et la peut et
li metoit les morsiax a ses propres mains en la bouche [1].

[*Et quant*] la meson Dieu de Compiegne fu fete, li sainz
rois d'une part, et mon seigneur Tiebaut, jadis roy *b* de
Navarre, son gendre, qui li aydoit d'autre part, sus un drap
de soie porterent et mistrent le premier povre malade qui
onques fust mis en la meson Dieu nouvelement fete, et le
mistrent en un lit nouvelement apareillié et lessierent
adonc sus lui le drap de soie en quoi il le porterent. Et en
cel jour meemes mon seigneur Loys, adonques ainzné filz
mon seigneur saint Loys, et mon seigneur Phelipe qui fu
après lui noble roy de France, porterent *c* et mistrent ausi
l'autre malade en la dite meson Dieu et le mistrent en l'autre
lit; et ausi firent aucuns autres barons qui ilecques estoient
avecques lui.

Chascun jour, au matin, quant il avoit oy ses messes et
il revenoit en sa chambre, il fesoit apeler ses malades des
escroeles et les touchoit. Cil qui avoient esté herbegiez la
nuit devant en l'ostel du saint roy en certain lieu qui a ce
estoit ordené, et avoient receu leur vivre, estoient mis hors *d*
[*en*] la cort [*le e saint roi*]. Et com il venist une foiz par la
vile de Chastiaunuef sus Leire, en l'entree de la vile, hors
du chastel, une povre femme ancienne qui estoit a l'uis de
sa mesoncele et avoit pain en sa main, dist au benoiet roy
ces paroles : « Bon roy, de cest pain qui est de t'aumone
« est soustenu mon mari qui gist malade. » Et donques li
benoiez roys prist le pain en sa main et dist : « C'est assez
aspre pain. » Et quant li sainz rois sot et oy que li malades
y estoit, il entra en la dite mesonnete pour visiter le *f*.

De ses sepoutures g. — Les fez du benoiet saint Loys qui
ci sont descriz et manifestez pruevent *h* et mostrent com-

a. la *add.* B. — b. *roys corr.* A², jadis roy *omis* C. — c. ausi *add.* — d.
estoient mis hors *biffé* A² *et* A³, *omis* B, C. — e. du B. — f. malade *add.* A³.
— g. *Cette rubrique ne se trouve que dans* B, *mais la place en a été réservée
dans* A. — h. prouvecment (*sic*) C.

1. Ce trait fit le sujet d'une peinture de la Sainte Chapelle. (Longnon,
Documents parisiens sur l'iconographie de S. Louis, p. 17, note 1.)

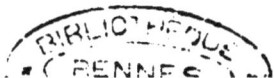

ment il se porta el service des sepoutures et des exeques
des mors. Comme el tens de son premier passage, puis que
il estoit ja issu de la chartre ᵃ des Paiens, et estoit encore
outre mer et feist fermer Sydoine et fussent ilecques arba-
lestiers et maçons et autres ouvriers crestiens pour fere les
murs, ilecques seurvint, a un matin, un grant ost de Sar-
razins ᵇ si soudainement que cil qui estoient ordenez a
ouvrer et a garder les ouvriers ne les aperçurent onques,
si que les Sarrazins ᶜ ocistrent mout des Crestiens; et cil
des Crestiens qui porent s'en fuirent et se mistrent en garde
en un chastel qui est ilecques en la mer. Et quant li benoiez
rois qui estoit en Jopen oy ce et il vit les Sarrazins qui se
partoient du siege ᵈ devant dit entour iij semaines après, il
qui vouloit encore cele ᵉ terre fermer, ordena que une partie
de sa chevalerie iroit a Belinas qui estoit des Sarrazins por
gaster cele terre, ou les genz du benoiet roy adamagierent
mout les Sarrazins¹. Et li benoiez rois ala a Sydoine
avecques moult pou de genz et se mist en mout grant perill,
et quant il fu la, il vit les cors des Crestiens qui ilecques
avoient esté ocis des Sarrazins gisanz par le rivage de la
mer et dedenz cel lieu qui devoit estre fermé ou il avoit eu
une cité ancienne. Et fu nombré de ceus qui virent les cors
mors que il estoient pres de iij mile ocis. Et li benoiez rois
ot deliberacion devant toutes choses que ces cors fussent
enseveliz, et lors ordena un cymentire et le fist beneir
ilecques pres et fist fouir granz fosses en ce cymentire. Et
ii meemes a ses propres mains, a l'ayde de ceus qui avec
lui estoient, prenoit les cors des morz et les metoient en
tapiz et puis les cousoient, et lors les metoient sus chamex

a. prison C. — b. paiens C. — c. si que il C. — d. Il y a ici trois feuillets
intervertis dans C. — e. meismes add. C.

1. Saint Louis ayant quitté Jaffa le 29 juin 1253, l'attaque des Sarrasins
contre Sidon qui avait eu lieu trois semaines auparavant, se place vers le
8 juin. Après être passé par Arsur, Acre, Passepoulain et Tyr, les Croisés se
séparèrent en deux corps : l'un, dont Joinville faisait partie, marcha vers
Bélinas, l'autre se dirigea avec le roi vers Sidon où il arriva dans les pre-
miers jours de juillet (Joinville, éd. de Wailly, résumé chronologique, p. 507).
On était donc au plus fort de l'été.

et sus chevax, et estoient portez as dites fosses es queles il
estoient enseveliz. Mes aucuns de ces cors estoient si porriz
que, quant il et les autres qui li aidoient, prenoient le braz
ou le pié a metre en sac, il se dessevroit de l'autre cors. De
quoi il avoit ilecques si grant pueur que pou y avoit de noz
genz qui la poissent soustenir ne soufrir. De quoi aucuns
qui estoient de sa mesniee n'i mistrent onques la main,
ainçois estoupoient leur nes et se mervveilloient de lui
comment il pooit ce fere et soustenir si grant pueur. Et les
gentilz hommes et les riches qui la furent en cel tens
avecques lui distrent par leur serement que il ne virent
onques ne aperçurent que il estoupast son nes. Et comme
les boiax d'un mort fussent ilec[a] espanduz delez le cors, li
benoiez rois mist hors ses ganz de sa main et s'enclina a
recueillir les boiaus devant diz a ses mains nues et a metre
en sac. Et encore avoit il fet alouer vilains qui conqueil-
loient ausinques les cors devant diz, mes il ne porent pas
estre conqueilliz si tost touz, ainçois i mistrent bien iiij
jours ou v a ces cors concueillir et ensevelir ; et si avoient
chascun jour xv bestes ou environ qui les portoient a ces
fosses devant dites. Et por ce que mout de cysternes du
dit lieu estoient pleines des cors desus diz, il les fist
vuidier et ensevelir en ces fosses. Dont chascun matin,
quant il avoit oy messe en ces jours, il venoit tantost a ces
cors charchier, et semonnoit les autres, et disoit : « Ralons
« ensevelir ces martirs. » Et quant il li sembloit que aucuns
ne fust pas volenteïz de ce fere, il disoit : « Ce[us ont]
« sou[fert] la mort, nous poons donc bien ceste chose
« sou[frir]. » Et a ceus qui estoient presenz el lieu ou les
morz estoient, il disoit : « N'aiez pas abominacion por ces
« cors, car ils sont martirs et en paradis. » [Et em]près
les fosses devant dites estoient aucune foiz en cel tens
l'arcevesque de Tyr[1], l'evesque de Damiete[2] et un autre

a. ilec omis C.

---

1. Nicolas (ou Pierre) Larcat.
2. Gilles, qui succéda sur le siège de Tyr à Nicolas Larcat (*Continuateur de Guillaume de Tyr*, l. XXXIV, chap. II, p. 441).

evesque aorrnez de vestemenz d'evesque et li benoiez rois
avec eus et fesoient, si comme l'en croit, le service des morz.
Mes li arcevesques et les evesques estoupoient leur narines
a lour vestemenz. Et dit un riche et noble chevalier[1] par
son serement, qui ce regardoit, que il ne li vit onques
adonques estouper son nes[2]. Et quant les cors furent ense-
veliz, il fist fere pour eus sollempnex exeques et l'ofice des
morz[a].

Et une foiz avint que il estoit a Compiegne une nuit que
un qui avoit esté malade fust trespassé en la meson Dieu
du dit lieu, et ce fust dit au [benoit roi] par la prieuse et
par une des suers de la dite meson, il manda que il apa-
reillassent le cors a ensevelir, mes que eles ne l'enseve-
lissent pas sanz lui, car il voloit estre a fere le service pour
cel mort. Et comme la meson n'eust pas cymentire, quant
la messe fu dite[b] pour le mort en la presence de lui et de
ses fiuz, c'est a savoir mon seigneur Loys, adonques ainzné
fiuz[3] du benoiet roy, et mon seigneur Phelipe qui tint le
royaume de France après lui, li benoiez rois commanda que
li cors devant diz fust porté loing a enterrer et dist que cil
qui le verroient porter par la vile diroient leur paternostres
pour l'ame de lui, et einsi l'ame du mort desus dit ne gaai-
gneroit pas pou.

Après ces choses il avint que un chapitre des Freres
Preecheeurs fut celebré a Orliens en la feste de la Nativité
Nostre Dame. Li benoiez rois qui venoit a Orliens, fu a la

---

a. Et li diz arcevesques de Tyr, dedenz iij jorz après la dite sepouture de
ces morz, mourut, si comme cist nobles hom susdiz dit par son serement qui
le vit enseveli. Et disoit en la communement qu'il avoit esté morz pour cele
pueur et pour la corruption de cel air. Et ce disoit li arcevesques en sa
maladie, si comme sa mesnice et ses clers disoient. Et les autres deux
evesques susdiz furent griement malade et long temps après la dite sepou-
ture et pour cele pueur, si comme l'en disoit la communement. *add.* A², B, C.
— *b.* dite *omis* A.

---

1. Ce chevalier inconnu ne peut être Joinville qui se trouvait alors à Bélinas
(Joinville, § 582).
2. Cette scène fut representée sur l'un des vitraux de Saint-Denis (Mont-
faucon, *Monuments de la Monarchie françoise*, II, pl. XXIV, p. 158).
3. Ce fait est donc antérieur au mois de janvier 1260, date à laquelle mou-
rut le prince Louis, alors âgé de seize ans.

sollempnité en l'eglise et eu chapitre et menga eu refroi-
touier^a avecques le couvent, et les despenz fez a touz, c'est
a savoir a deus cenz freres ou environ qui estoient venuz au
chapitre desus dit; et le chapitre fet, ensement ^b comme li
benoiez rois se seist eu parloier avec aucuns des Freres
Preecheeurs, pour ce que li benoiez rois ^c avoit oy raconter
eu chapitre comment en chascune meson de la province
estoient morz certains freres, et estoit exprimé et dit le
nombre en chascune des mesons, mes les nons des freres
n'estoient pas nommez, lors dist il a ces freres prochaine-
ment diz^d que ce fust bonne chose que ausi comme li
nombres des morz estoit recité ^e en chapitre, que les nons
fussent ausi nommez et dist que pour ce pourroient venir as
freres morz mout de suffrages ou d'aides, se leur nons
estoient seus par aventure de ceus qui miex les avoient con-
neuz ou qui les avoient miex amez, ou pour ce que aucuns
des morz avoient esté plus profitables ^f a l'ordre plus que il
il ne feroit se leur nons estoient teuz. Pour la quele chose
il fu requis par aucuns des Freres Preecheeurs eu chapitre
general de cel ordre meesmes qui adonques vint après, que
il fust einsi establi et fet eu tens a venir, et fu avis au cha-
pitre general que ce fu bon et profitable. De quoi il fu
establi ^g einsi et est au jour d'ui tenu et gardé par tout
l'ordre.

Et une foiz comme li benoiez rois fust en l'abeie de Chae-
liz de l'ordre de Cistiaus, il avint que un des freres du dit
lieu morut. Et com il aprochast a la mort et li couvenz fust
asemblez entour lui qui estoit mis sus cendre et sus la
haire, selon la coustume de l'ordre de Cystiax, et li couvenz
chantast les letanies et l'autre service acoustumé, li benoiez
rois vint a cel meesmes lieu et tant longuement comme l'en
fesoit le service de celui, il fu au chief^h de celui qui se
moroit a grant devocion et par grant humilité et en estant

a. refretoir B. refroitouer C. — b. ausi corr. A ² et A ³, B, C. — c. rois
omis A. — d. prochainement diz biffé A ² et A ³, omis B, C. — e. dit corr. A ³,
B, C. — f. C'est au milieu de ce mot, après la syllabe pro, que finit dans C la
lacune apparente provenant de l'interversion de trois feuillets. Voyez plus haut,
p. 100, note d. — g. De quoi il fu establi omis C. — h. a son chief A.

ilecques tandis comme l'en disoit " le servise. Et quant li diz freres fu ilecques mort, il ala a l'eglise après le frere mort que l'en i portoit, et fu ilecques en sa persone ᵇ li benoiez ᶜ rois au service qui fu fet en cele meesmes heure entour le mort desus dit par moult grant devocion et par moult grant humilité. Et des choses devant mises apert il bien que il ot charité a ses prochains et compassion ordenee et vertueuse, et que il fist les oevres de misericorde en herbejant ᵈ, en paissant, en abevrant, en vestant, en visitant, en confortant, en aidant par le service de sa propre persone et en soustenant les povres et les malades, en rachetant les chetis prisonniers, en ensevelissant les morz et en aidant leur a touz vertueusement et plente[ureusement].

CI ᵉ FINE LI ONSIEMES CHAPITRES ET COMMENCE LI DOUZIEMES QUI EST ᶠ DE SA HAUTE HUMILITÉ.

Humilité qui est biauté de toutes vertuz s'assist gracieusement eu benoiet roy saint Loys, ausi comme la pierre precieuse de l'escharboucle en ᵍ fin or. Li quex benoiez ʰ rois, de tant com il fust en cest monde ⁱ plus grant, de tant se demoustra ʲ il plus humble en toutes choses. Car il avoit acoustumé chascun samedi a laver les piez as ᵏ povres a genoz ˡ en lieu secré, et après ᵐ laver, essuier les et besier humblement ¹. Ausinques il leur donnoit devotement ⁿ de l'iaue a laver leurs mains, et en ᵒ après il donnoit a chascun certaine somme de deniers et li besoit la main. Et il meesmes servoit acoustumeement vj^{xx} povres qui chascun jour estoient repeuz et refez habondamment en son hostel ; et es

a. fesoit B. — b. presence C. — c. saint C. — d. hesberjant *corr.* A ², herbergant B, herberjant C. — e. endroit *add.* C. — f. li dousiesmes chapitres qui parle C. — g. l'aournement de *exponctué* A, *omis* B, C. — h. Li sainz C. — i. siecle B. C. — j. monstra B, C. — k. aus. *corr.* A ². — l. a genoz *omis* C. — m. le *add.* C. — n. devotement *omis* C. — o. et en *omis* C.

1. Cette scène était représentée dans les peintures de la Sainte Chapelle et du couvent des Cordeliers de Lourcine (Longnon, *Documents parisiens sur l'iconographie de saint Louis.* pl. IV. II, et p. 19).

vegiles des festes sollempnex et en aucuns jours certains
par an, il servoit ainçois que il menjast de sa propre main
a ij^c povres menganz. Et touzjours il avoit et au disner et au
souper pres de lui iij des plus povres qui pooient estre
trovez manganz après lui, as ^a quiex il enveoit de ses
viandes charitablement. Et il, metant sa bouche ausi
comme en la poudre, aucune foiz se fesoit aporter ^b, comme
cil qui estoit vraiement humbles, les escueles et les viandes
que les povres Nostre Seigneur avoient ja tenues et mises
leur mains dedenz pour ce que il, vrais humbles, mengast
de leur viande. Et avint une foiz comme li^c benoiez rois
regardast entre les iij tres povres hommes un tres viel qui
ne menjoit pas bien, il commanda que l'en meist l'escuele
qui avoit esté aportee devant cel viel homme; la quele
escuele, puis que li viex bons hons ot mengié de la viande
que li benoiez rois li avoit envoiee tant com il li plot, il vrais
humbles la fist arriere aporter ^d pour ce que il en menjast
après ce viel homme povre. Car cil qui nostre seigneur
Jhesu Crist regardoit en cel povre ne douta pas ne n'ot des-
pit de mengier des remananz ^e du povre viellart desus dit.

Et avecques tout ce, pluseurs essamples qui sont descris
es treticz desus diz desclairent et pruevent l'umilité de cel
benoiet roi. Car c'estoit grant humilité quant il avoit ja
xiiij anz ^f et soufroit que son mestre le batist par cause de
de[cepline] ^g. Cest premier essample est par desus eu secont
tretié ¹ ^h.

Et ⁱ encore que il ne parloit el tens de sa joennece ^j a
nul [forz que en disant « vous »]. Cest secont est en celui
meesmes secont traitié ² ^k.

a. aus corr. A², B. — b. ausi add. C. — c. vrais humbles et add. C. — d.
devant li add. A³, B. C. — e. remenanz corr. A², C. — f. et estoit rois add.
A³, B, C. — g. d'enseignement corr. A³, B, C. Comme on peut distinguer
encore les deux premières lettres du mot decepline, j'ai restitué le reste d'après
la leçon de la page 18. — h. Les neuf derniers mots Cest—traitié sont biffés dans
A² et omis dans B. C. — i. Et omis B. — j. jouvente C. — k. Les huit derniers
mots (Cest-traitié) sont biffés dans A³, omis B, C.

1. Voyez plus haut, p. 18.
2. Voyez plus haut, p. 19.

«Que puis que il revint d'outre mer que il recordoit
humblement les vilanies que il avoit receues des Sarrazins ;
ce tierz des vituperes *b* est par desus el tierz tretié [1] *c*.

d Que, com il o[oit] les sermons ou la leçon de theologie,
il seoit a terre et les autres seoient en haut; c'est quart
essample, com il ooit les sermons et les autres choses, est
par desus el setieme tretié [2] *e*.

f Que il ne vouloit pas aprochier as reliques ne as sain-
tuaires besier le jour dont il avoit geu la nuit avec sa femme.
Ce quint que il avoit esté la nuit *g* est par desus eu cin-
quieme *h* tretié [3] *i*.

j Que il besa humblement par cause de devocion la pierre
ou les cors des moines morz estoient lavez. C'est sisieme
que la pierre et autres choses est desus eu sisieme tretié [4] *k*.

Que il laboroit en sa persone es oevres de pitié en por-
tant les pierres et en fesant teles choses semblables. C'est
septieme [5] *l*. . . . .

Que neis outre mer, la premiere foiz, il aministroit en sa
personne si serviablement aus povres. C'est huitieme,
novieme, disieme, onzieme, douzieme et trezieme sont par
desus el [6] *m*. . . . .

a. De rechief add. A³, B, C. — b. des vituperes *exponctué* A². — c. *Les
dix derniers mots* (Ce—tretié) *sont biffés dans* A³, *omis dans* B, C. — d. De
rechief add. A³, B, C. — e. *Les dix-huit derniers mots* (Cest—tretié) *sont
biffés dans* A³, *omis* B, C. — f. Encores add. A³, B, C. — g. Ce quint essample
qu'il ne vouloit pas aprouchier aus reliques *corr.* A², *biffé* A³. — h. Ce mot
laissé en blanc dans A, *a été rajouté par le correcteur de* A². — i. *Les quatorze
derniers mots* (Ce quint—tretié) *biffés* A³, *omis* B, C. — j. Encores add. A³, B, C
— k. *Les treize derniers mots* (Cest—tretié) *sont biffés dans* A³, *omis dans* B
C. — l. *Les mots* Cest septieme *ont été biffés dans* A³, *et le reste de la phrase
a été gratté et remplacé par ces mots qui doivent être rattachés aux deux
paragraphes suivants* : Encores veez ci essamples de l'umilité du saint roy
Loys, *correction reproduite dans* B *et* C. — m. *Le copiste de* A *avait laissé ic*
un blanc d'une ligne et demie. Les douze derniers mots (Cest—el), *exponctué*
dans A², *ont été biffés dans* A³ *et omis dans* B *et* C.

1. Voyez plus haut, p. 25.
2. Voyez plus haut. p. 54.
3. Ça ne trouve rien de semblable au cinquième chapitre. Au quinzième
seulement se voient quelques détails sur la continence observée par saint
Louis lorsqu'il communiait ou en temps de pénitence.
4. Voyez plus haut, p. 50.
5. Voyez plus haut. p. 51 et 71.
6. Voyez notamment p. 81.

«Que il ala veoir a pié et pour semondre les Freres
Preecheeurs de venir a sa court jusques a la riviere de
Leire par grant espace de voie [1].

Que il visitoit les malades et les povres familierement et
ententivement en sa propre persone et especiaument les
servoit a genouz et leur terdoit leur bouches du sang qui
leur decouroit par les[b] narines, ne pas ne lessoit ce a fere
pour la porreture qui decouroit par les narines du malade,
la quele porreture honnissoit et soilloit les mains du saint[c]
ro ; et li benoiez rois metoit les morsiax de la poire que il
avoit parce de sa propre main en la bouche de celui
meesmes malade ; ce que il servoit au mesel si tres horrible
si tres serviablement et si tres amiablement et estoit si lon-
guement a genoz devant lui ; ce que il conqueilloit outre
mer si serviablement et assiduelment a ses mains propres ·
les cors des morz qui si puoient et les apareilloit a sepou-
ture ; ce que il fu si devotement a la mort et au service du
moine mort qui mourut en l'abeie de Chaaliz, les queles
choses sont toutes en leur liex et en leur tretiez par desus
recitees plus plainement[d]. Et nonpourquant[e] encores [avons]
mis ci desous aucunes[f] essamples des fez du benoiet roy a
declerier l'umilité de lui.

Li[g] rois estoit a un jour du Saint Vendredi el chastel de
Compiegne ; si ala en pelerignage nuz piez [par les] eglises
du dit chastel et aloit par les [voies] communes as[h] eglises,
et ses serganz[i] le sivoient et avoient en leur mains deniers
que il amenistroient au[j] roy a donner pour Dieu aus povres.
Et li benoiez rois prenoit souvent des deniers des devant
diz serganz et les donnoit pour Dieu as[k] povres en donnant
plus ou moins a aucuns selon ce que il estoient plus ou moins
besoigneus a son avis. Et comme li benoiez rois alast einsi par

---

a. Et add. A[3], B. — b. leur B. — c. benoit C. — d. Les dix-sept derniers
mots (Les queles — plainement) sont biffés dans A[2] et A[3], omis dans B et C.
— e. nonpourquant biffé A[3], omis B, C. — f. aucuns A[2] et A[3], B, C. — g.
benoiz add. A[3], benoiez B, ci benoiz C. — h. aus A[2]. — i. serjanz A[2]. —
j. saint add. A[3], B. — k. aus A[2].

---

1. Voyez plus haut, p. 83 et 84.

une rue, un mesel qui estoit de l'autre part de la voie qui a poines pooit parler, sonna moult forment son flavel [1]. Et donques quant il s'averti et vit ce mesel, il passa a li et mist son pied en l'iaue boeuse et froide qui estoit en mi la rue. Car....... *a* ne peust *b* pas passer autrement en bonne maniere et ala au dit mesel et li donna s'aumosne et besa sa main. Et ilecques avoit grant presse de ceus qui estoient environ, et mout de ceus qui estoient entour le benoiet roy se seignoient du signe de la sainte *c* Croiz et disoient l'un a l'autre : « Esgardez que li rois a fet qui a besié la main du mesel. »

Comme la coustume du saint roy fust de seoir soi emprès terre quant il ooit les sermons [2] qui estoient fez es chapitres des religious, si com il est descrit par desus eu setieme chapitre *d*, de ce raconterai ge aucun fez. Il avint une foiz que li benoiez rois fu en l'abeie de Chaaliz et le [*sermon*] fu eu chapitre de cele abeie; en quel chapitre de cele eglise a ij sieges, l'un plus bas et l'autre plus haut. Li benoiez rois seurvint ilecques pour oyr le sermon, et comme touz se levassent contre lui et le priassent que il se seist eu plus haut degré, si com il li apartenoit, il ne volt monter en haut ne seoir es sieges du chapitre, ainçois sist en mi le *e* chapitre delez le letrin ou l'en lit la leçon acoustumee, et fist aporter deux quarriax sus quoi il sist ilecques tout bas par grant devocion et humilité et oy le sermon desus dit jusques en la fin. Et ja fust ce que les moines qui ilecques estoient qui virent que li benoiez rois seoit a terre descendissent de leur sieges et vosissent seoir a terre, il ne le volt soufrir, ainz les fit seoir en la maniere que il seoient quant

a. Un mot gratté par le correcteur de A [3], *omis* B, C. — *b.* il ne pooit A [3], B, il ne pouoit C. — *c.* sainte *omis* C. — *d.* eu setieme chapitre, *biffé* A [2] *et* A [3], *omis* B, C. — *e.* au milieu du C.

1. On sait que les lépreux étaient tenus d'avertir de leur présence en agitant un claquoir en bois. On trouvera plusieurs représentations de ce claquoir sur une bannière de lépreux conservée au Cabinet des Estampes de la Bibliothèque Nationale.

2. Voyez plus haut, p. 54. Le fait raconté au septième chapitre se produisit à Compiègne et non à Chaalis ou à Royaumont comme ceux qui vont être rapportés.

il entra eu chapitre. Et mout de foiz il vint au chapitre de
Roiaumont quant les moines estoient ilecques assemblez et
se seoient ilecques en leur sieges, la ou li benoiez rois
fesoit proposer la parole Dieu, et seoit delez un piler qui
est *a* en mi le chapitre et seoit le saint roy sus fuerre qui
ilecques estoit mis et les moines seoient haut sus leur sieges.
Et ja fust ce que li abbes et les moines le semonsissent et
priassent que il alast haut as *b* sieges, il ne voloit, ainçois
se seoit a terre tant que li sermons fu finez. Et pluseurs
foiz avint que li benoiez rois menga a l'abeie de Chaeliz eu
refretoier avecques le couvent et estoit ilecques par grant
humilité et se maintenoit plus humblement, selon ce que il
aparoit par dehors, que les moines de leenz. Et dit l'en que,
com il eust une foiz une escuele de meilleur viande que les
moines, que il envoia s'escuele d'argent en la quele il men-
joit a un viel moine, et dist que l'escuele de fust en la
quele li diz moines menjoit li fust aportee ; et l'en li aporta,
et il menga en cele escuele de fust. Et un autre jor, la
veille saint Bertelemi, comme li couvenz des Freres Pree-
cheeurs de Compiegne mengast en refretoier, li benoiez rois
fist aporter fruiz des quex il servi de ses propres mains en
la premiere table du couvent, et li rois de Navarre et les
fiuz du saint roy devant dit servirent [*ausi aus*] autres tables.

Et com il soit einsi que selon la coustume de l'ordre de
Cystiax, certains moines en chascune abeie de cele ordre,
ore les uns, ore les autres, li abbes et li couvenz assemblez
en cloistre, doivent laver les piez des autres *c* en fesant le
Mandé chascun jour de samedi aprés vespres, combien que
li jors soit sollempnez, li benoiez rois devant diz qui venoit
souvent a l'abeie de Roiaumont qui est *d* de l'ordre devant
dite, quant il avenoit que il fust en la dite abeie a jour de
samedi, il voloit estre au Mandé et se seoit ilecques delez
l'abbé et regardoit mout devotement ce que les moines
fesoient. Or avint, comme li benoiez rois se seist une foiz
delez l'abbé comme l'en fesoit le Mandé, il dist a l'abbé :
« Ce fust bon que je lavasse les piez des moines. » Et li

---

a. estoit C. — *b.* aus A². — *c.* moines *add.* A², B, C — *d.* est *omis* A.

abbes li respondi : « Vos vos poez bien de ce soufrir ! » Et li benoiez rois li [dist] : « Pourquoi ? » Et li abbes respondi : « Les genz en parleroient. » Et li benoiez rois respondi et dist^a : « Qu'en diroient-il ? » Et li abbes respondi que les uns en diroient bien et les autres mal, et einsi li benoiez rois s'en soufri par ce ce que li abbes li desloa, si comme li diz abbes croit.

[Et] comme l'en feist un mur en l'abeie de Roiaumont, li benoiez rois prenoit la civiere charchiee de pierres ou de mortier et la po.toit avec un moine qui le sivoit, et ce fist pluseurs foiz li benoiez rois. De rechief quant il fesoit fermer une partie de la cité d'Acre qui est apelee Mont Musart, et de la cité de Cesaire et de Jopem [1], il meemes charchoit pluseurs foiz les hommes qui portoient la civiere et autres choses qui couvenoient a refere ces murs. Et comme l'en fesoit les^b murs en la cité de Cesaire, messires Tusculam [2], homme de bon^c memoire, legat du siege de Romme en ces parties, avoit donné pardon a touz ceus qui aideroient a fere cele oevre ; dont [li benoiz rois] porta pluseurs foiz les pierres en la hote sus ses espaules et les autres choses qui estoient couvenables a fere le mur ; la quele chose li estoit tenue a grant humilité. Et avecques ce, comme li benoiez^d rois feist fermer, si com il est dit desus, de bons murs Cesaire, Jopem et Sydoine, li sainz rois meemes en sa propre persone portoit la terre des fossez en un panier, pour ce que mes sires Tusculam, le legat devant dit, avoit otroié pardon a touz ceus qui a l'uevre devant dite^e aideroient. Et el tens de son premier passage, com il et les siens fussent en Egypte ainçois que il eussent esté pris et alassent vers la Maçoure, por ce que un bras d'un^f flueve³ empeechoit l'ost a passer, li legaz devant diz otroia pardon a chascun un an qui aideroient a emplir le chanel

a. et dist *omis* C. — b. ces C. — c. bonne B, bone C. — d. sainz C. — e. devant dite *omis* C. — f. du C.

1. Voyez plus haut p. 26.
2. Voyez plus haut p. 22. note 3.
3. Il s'agit du bras du Nil appelé aujourd'hui Aschmoun-Tbenah, dit du temps de saint Louis « fleuve de Tanis, » bras que Joinville, par une singu-

du braz de la dite yaue ; la quele chose fu fete. Et donques li benoiez rois meemes portoit eu giron de sa chape la terre a cel lieu.

Li benoiez rois estoit merveilleusement humbles en robes et en apareil. Puis que il vint d'outre mer, a la premiere foiz que il passa, il vesti puis touzjors robes de blou ou de pers tant seulement ou de camelin ou de noire brunete ou de soie noire et lessa touz paremenz d'or et d'argent en ses seles, en ses freins et en autres choses de tele maniere et toutes robes de couleurs fors de celes desus dites[1]. Ne il n'ot puis pennes[a] de vair ne de gris en ses robes ne en ses couvertoiers, mes de connins[2] ou d'aigniax, et nonpourquant il[b] avoit covertoiers de dos d'escureus et de pennes de noirs aigniax, et ot aucune foiz mantel forré de pennes de blans aigniax, el quel il menjoit aucune foiz[3]. Et avecques ce, puis que il revint d'outre mer, il n'avoit freins ne esperons[b] fors que de fer, et blanches seles.

Et a la seconde foiz qui fu la derreniere foiz que il passa la mer, c'est a savoir quant il ala en Thunes, comme li sainz rois fust descendu a terre es parties de Thunes, il commanda de sa propre bouche et dist a mestre Pierres de Condé que il escrisist einsi : « Je vous di le ban de Nostre « Seigneur Jhesu Crist et de son sergant Loys, roy de « France[4] » et ce que l'en doit dire après. De quoi cil qui l'oirent aperçurent la grant humilité de lui, por ce que il parla einsi humblement de soi meemes[c].

---

a. panes C. — b. dorez add. B. — c. Le même trait ayant été déjà rapporté au troisième chapitre, ce paragraphe a été biffé dans A² et A³, omis dans B et C.

---

ière confusion avec celui de Rosette, appelle constamment « fleuve de Rexi ». Voyez Joinville, §§ 191-195, et la Note explicative des cartes rédigée par M. Auguste Longnon à la suite de l'édition de M. de Wailly, p. 557).

1. Il y a une grande analogie de détails entre ce passage et le § 667 de Joinville ; le texte de Joinville est cependant plus concis.

2. Il est dit dans le récit du douzième miracle (Historiens de France, XX, p. 135. B) que l'on gardait à Royaumont un manteau de saint Louis en « camelin brun.... forré de ventres de connins ».

3. Le vêtement de dessus, manteau ou chappe, était si encombrant qu'on échangeait au moment de manger contre un autre plus commode, un surcot par exemple, ainsi qu'on le verra plus loin p. 114.

4. Ce fait a été déjà rapporté à la fin du chapitre III. Voyez plus haut p. 28.

CI FINE LI DOUZIEMES CHAPITRES ET COMMENCE LI TRESIEMES
QUI EST DE VIGUEUR DE PACIENCE[a]

Aspre bevrage est volentiers pris qui est donné en entencion de santé; la quele chose li benoiet saint Loys entendi si bien que il soufri de sa bonne volenté aspres[ces] et griés en entenc[ion] d'avoir l'amour de Nostre Seigneur et en esperance d'avoir salut pardurable. De la quele pacience[b] voions aucuns essamples.

La premiere foiz que il passa la mer, comme il et les siens fussent descenduz en Damiete, tout l'ost ala ostoiant jusques a la Massore. Et com il fussent la et ne peussent aler outre, il retournerent, et el retour que il firent, les Sarrazins vindrent seur eus a grant ost, car touz ceus a bien pou de nostre ost estoient malades griement, et furent desconfiz et priz ilecques des Sarrazins. Et comme li [benoiez] rois et ses freres, c'est a savoir mon seigneur Alfons et mon seigneur[c] Challes fussent pris et mon seigneur Robert, son frere, mort, il ne demora avecques le saint roy nul de sa mesniee fors un qui avoit nom Ysembart[d] [1], tout soit ce que aucuns y venissent après qui toutevoies ne pooient servir, car il estoient touz[e] malades. Donc li diz Ysembars[f] fesoit la cuisine pour le saint roy et fesoit pain de chars et de farine[g] que il aportoit de la cour au Soudan. Et li benoiez rois estoit si malades que les denz de la bouche li hochoient[h] et movoient, et sa char estoit pale et teinte et avoit flux de ventre trop[i] grief, et estoit si megres que les os de l'eschine de son dos estoient merveilleusement aguz. Et couvenoit que li diz Ysembarz[j] portast le benoiet roy a toutes ses neccessitez et neis que il le descouvrist[2]. Et non-

a. qui est de la vigueur de sa pacience B, qui parle de sa vigueur et de sa grant pacience C. — b. nous add. C. — c. mon seigneur omis A. — d. Yseumbert C. — e. jours add. C. — f. Ysambert C. — g. ferine B. — h. cheoient C. — i. moult C. — j. Ysambert C.

1. Ysembart le Queu cité plus haut dans la liste des témoins (p. 10, note 2).
2. Cette scène se trouve représentée avec la plus grande naïveté de détails dans une peinture du ms. fr. 5716, reproduite dans le Joinville de M. de Wailly, p. 601.

pourquant, si comme li diz Ysembarz *a* qui estoit homme
de meur aage et riche dit par son screment, *b*il ne vit onques
le benoiet *c* roi lors irié ne escommeu *d* pour ce, ne mur-
murant de nule chose; mes en toute pacience et en debon-
nerté portoit et sostenoit ses dites maladies et la grant
aversité de ses genz et estoit touzjours en oroison. Et li
sainz rois avoit perdu ses robes, si que un povre homme
avoit despoillié son secot de vert et li avoit donné, et il le
vestoit chascun jour en cel tens jusques a tant que dras li
vindrent après de Damiete.

Et une foiz li benoiez rois estoit a Paris, et issi de sa
chambre pour oir les besoignes et les causes. Et com il eust
esté mout longuement as besoignes oir, il revint en sa
chambre et un chevalier tant seulement avec lui qui gisoit
en sa chambre. Et com il fust en sa chambre *e*, nul des
chambellens ne des autres qui devoient garder sa chambre
et l'avoient acoustumé a fere, — ja soit ce que il fussent xvj
entre chambellens et vallez de chambre et sommeliers du
lit le *f* roy, — n'i *g* furent. Apelez par le palès et par le
jardin et par autres parties de l'ostel *h*, il *i* ne porent estre
trouvez pour servir le, si com il devoient fere. Et ja soit ce
que li diz chevaliers li vousist fere le service que l'en li
devoit adonques fere, li benoiez rois ne le volt *j* soufrir. Et
comme l'un des chambellens et les autres *k* devant diz
fussent re[venuz] a la chambre et il *l* eussent entendu que li
benoiez *m* rois n'eust ame trouvé qui gardast neis seulement
la chambre, il furent mout dolenz et se douterent mout, si
que il n'osoient venir devant lui et se complaignoient *n*
d'eus meemes devant frere Pierres [1], de l'ordre de la Tri-

a. le dit Ysambert C. — *b.* que *add.* C. — *c.* saint C. — *d.* esmeu *corr.* A²,
B, C. — *e.* venus *add.* A³, B, C. — *f.* benoiet *add.* A³, B, C. — *g* estoient, et
add. A³, B, estoient pas, et C. — *h.* et *add.* A² B, C. — *i.* J'ajoute ce pronom
il sans lequel ne porent *n'aurait pas de sujet.* — *j.* adonques *add.* B. —
k. vallez *add.* A³, B, varlés C. — *l.* il *biffe* A² et A³, *omis* B, C. — *m.* sainz
C. — *n.* moult *add.* C.

1. Ce frère Pierre est sans doute le même que le chapelain de saint Louis
qui fut envoyé au pape en 1256, lors des affaires de Guillaume de Saint
Amour (Le Nain de Tillemont, VI, 198).

nité, qui [aidoit au benoiet][a] roy a dire ses heures et estoit mout secret du [b] roy et familier. [Et comme li sainz rois qui voloit] raler as [c] causes, les [d] veist. car il estoient ja revenuz, il leur dist, ses mains tretes desouz sa chape : « Et dont « venez vos touz? Ja [e] ne [f] puis ge [g] avoir nul homme [h] a « mes besoinz, et nonpourquant un seul m'en soufisist, neis « le mendre de vous. » Onques autre chose ne leur dist. ainçois rala a ses causes. Et finees les besoignes [i], com il refust descendu en sa chambre quant les causes furent finees. et ses chambellens ne les autres n'osassent apparoir devant lui, frere Pierres de la Trinité li dist que ses chambellens n'osoient venir devant lui, se il ne [fust] debonneres vers eus et se il ne les fesoit apeler. Et il les fist lors apeler et rist et sembla que il fust joieus et liez, et leur [j] dist : « Venez, venez. Vos estes tristes pour ce que vos avez « meffet ; je le vous pardoinz. Gardez vos que vous ne « faciez d'ore en avant einsi. » Et comme li [k] rois vousist aler en ce meemes jour, après dormir sus jour, au bois de Vicennes [l] qui est a une lieue de Paris, un de ses chambellenz ne mist pas le secot [m] du benoiet roy es cofres ou il souloit estre, eu quel secot [n] il avoit acoustumé a mengier [1] ; ainçois le mist en un autre cofre et retint la clef, ne ne vint pas a Vincennes [o], ainçois demora a Paris. Et donques quant li benoiez rois vint a Vincennes [p] et il volt souper, l'en demanda cel secot [q] ; mes il ne pot estre trouvé es cofres des quex les cles estoient ilecques, car il estoit en un des cofres dont li chambellenz desus diz avoit retenues les clés. Donc comme li chambellent vosissent brisier le cofre el quel il cuidoient que li secoz [r] fust, li benoiez rois ne volt soufrir, pour quoi il couvint que il soupast en sa chape

a. saint C. — b. saint add. C, benoit C. — c. aus A². — d. les omis C. — e. Je corr. A³, B, C. — f. n'en B, C. — g. ge biffé A² et A³, omis B, C — h. homme biffé A² et A³, omis B C. — i. finees les besoignes biffé A² et A³, omis B, C. — j. lors C. — k. benoiz add. A³, benoiez B, benoit C. — l. Vicennes corr. A², Vincennes B Vinciennes C. — m. seurcot corr. A², B, C. — n. seurcot corr. A², B, C. — o. Viciennes corr. A², Vinciennes C. — p. Viciennes corr. A². B. Vinciennes C. — q. seurcot corr. A², B, C. — r. seurcoz corr. A³, B, C.

1. Voyez plus haut, p. 112, note 3.

a manches. Et nonpourquant, onques pour ce li benoiez rois ne mostra semblant que il fust courroucié ne ne fist de ceste defaute nule parole ne devant souper ne après, lors que, endementieres que il soupoit, il dist à ses chevaliers en riant qui menjoient avec lui : « Que vos est avis? Sui « ge bien en ma chape a table? » Dont sa mesnie tint a grant pacience ce que il avoient fet si grant outrage en un meesme jour. Et nonpourquant onques li benoiez rois n'en fu meu en nule chose contre eus.

Et une foiz avint que li benoiez rois estoit a Noion[1] et menja en chambre et aucuns chevaliers avecques lui au feu, car il estoit yver, et ses chambellens mengierent en une garde robe delez sa chambre. Et com il eust mengié et il parlast ilecques a ses chevaliers au feu et leur racontast aucune chose, endementieres que les chambellens qui avoient ensement *a* mengié issoient de la garde robe, li *b* rois et conte que il fesoit a ces chevaliers dist ceste parole : « Et je m'i tieng *c*. » Et maintenant un des chambellens, qui avoit non [*Jehan Borgueigneit* [2], *dist*] paroles despiteuses vers le roy *d*. Et adonques un autre des chambellens, c'est a savoir mon seigneur Pierres de Loon, qui entendi les paroles du chambellenc desus dit qui estoient despiteuses contre si grant prince et son seigneur et que li diz Jehans avoit dites sans cause, car il n'avoit pas peu entendre ce que li rois racontoit *e*, li diz mes sires Pierres dist au dit Jehan a basse voiz en trahant le a soi : « Qu'est-ce que vos avez « dit? Estes vos hors de vostre sens qui si parlez au roy? »

a. ausi corr. A³, B, C. — *b.* benoiz *add.* A³, benoiez B, benoiz C. — *c.* Et je m'i tieng *omis* C. -- *d.* « Nequedent, se vos vos i tenez, ja n'estes vos que « uns hons ne que uns autres. » *add.* A³, B, C. — *e.* car li diz mes sires Pierres qui aloit avant, ne l'avoit mie entendu lors *add.* A³, B, C.

1. Bien que les auteurs des *Mansiones et itinera* n'aient pas eu la prétention de donner une liste complète des séjours royaux, je ne serais pas éloigné de placer l'épisode qu'on va lire lors de l'unique séjour de Louis IX à Noyon qu'ils mentionnent, en septembre 1257 (*Historiens de France*, XXI, 417).
2. Ce personnage, très souvent nommé dans les tablettes de Jean Sarrasin *Historiens de France*, XXI, p. 290 à 387), appartenait à l'Hôtel du roi dont il fut souvent chargé de porter les aumônes. Il reçut 100 sous pour marier sa fille en 1256 (*Ibidem*, 355 b).

Et li diz Jehans respondi a l'autre chambellenc, si haut que li benoiez rois pot bien entendre, paroles qui tornoient au despit de lui *a*. Et nonpourquant, si comme dist par son serement li diz mes sires Pierres de Loon *b*, chevalier et homme de meur aage et riche, qui adonques et devant et puis avecques le *c* roy avoit demouré par xxxviij anz continuez ou environ, li benoiez rois, *qui oy* les paroles dudit Jehan, ausi les premieres comme les secondes, le regardoit et lessa son conte et ne li dist onques riens, ne de riens ne le reprist ne ne tença. La quele chose mon seigneur Pierres de Laon *d* et les autres chevaliers de la mesniee qui estoient ilec, tindrent a grant pacience, et les paroles du dit Jehan a grant folie et a grant orgueil *e* et a grant despit; ne li diz mes sires Pierres ne vit puis ne ne pot apercevoir en paroles ne en fet que li benoiez rois semblast en nule chose *f* corroucié de chose que li diz Jehans eust dit.

Li benoiez rois avoit une maladie qui chascun an le prenoit ij foiz ou iij ou iiij, et aucune foiz ele le tourmentoit une foiz plus que autre. La quele maladie estoit tele que, quant ele prenoit le benoiet roy, il n'entendoit pas bien ne n'ooit endementieres que la dite maladie le tenoit, et ne pooit mengier ne dormir et se compleignoit en gemissant. Et einsi la dite maladie le tenoit iij jours, aucune foiz plus aucune foiz moins, si que il ne pooit issir par soi du lit. Et quant il commençoit a alegier de cele maladie, sa destre jambe, entre le gros de la jambe et la cheville, devenoit rouge comme sanc tout entour et estoit ilecques enflee, et en cele rogeur et en cele enfle estoit la dite jambe un jour jusques au soir. Et après cele enfle et cele rougeur s'en departoit petit et petit, si que au tierz jour ou au quart, la dite jambe estoit ausi comme l'autre char et adonques estoit li benoiez rois pleinnement gueriz. Et pluseurs chevaliers et un chambellenc ou deus gisoient en sa chambre, et de costume gisoit encore *g* en sa chambre un ancien homme qui estoit

---

a. « Tropt, tropt ! Ja n'est il fors que uns bons et fors qu'ausi comme un « autre. » add. A³, B, C. — b. Laon corr. A², C. — c. beneait add. A benoiet B, saint C. — d. Loon B. — e. et a grant orgueil omis C. — f. maniere C. — g. encore omis C.

apelé [*Jehan, qui*] avoit esté guete du roy Phelipe [1], si com'
il disoit, et il gisoit por ce en sa chambre que il gardast
tozjours le feu et en esté et en yver. Or avint une foiz,
comme li benoiez rois eust eu cele maladie que, a un soir,
ainsi com il volt entrer en son lit, il volt veoir la rougeur
de la jambe desus *a* dite. De quoi li diz Jehans aluma une
chandele de cire et la tenoit sus la jambe du saint roy, et
il veoit sa jambe et la regardoit qui mout li doloit, car ele
estoit adonques rouge et enflee ausi comme ele souloit estre
autre foiz quant la maladie se declinoit. De quoi il avint
que li diz Jehan la Guete desaviseement tenant la chandele
sus la jambe, une goute pleinne de feu chei sus la jambe
du benoiet roy en lieu qui estoit enflé et la ou il se douloit.
Donc li benoiez *b* rois qui se seoit eu lit, pour la doleur que
il ot s'estendi seur le lit et dist : « Ha! Jehan! » Et celui
Jehan respondi ensement *c* : « Ha! je vos ai malfet! » Et
li benoiez rois respondi : « Jehan, mon aioul vos donna
« pour mendre chose congié de son hostel. » Car li diz
Jehans avoit dit au saint roy et a mon seigneur Pierres de
Loon *d* et a autres de la chambre que li rois Phelipes l'avoit
bouté hors de son hostel pour ce que il avoit mis busches
el feu qui croissoient en ardant. Et nonpourquant li diz
mon seigneur Pierres de Loon *e* dit par son serement que
onques a nul tens il n'aperçut que il fust pour ce de riens
meu contre le dit Jehan, ainçois le tint touzjors en son ser-
vice einsi comme devant.

[*Et*] comme li sainz rois alast un jour du Saint Vendredi
par les eglises, donnant deniers as *f* povres qui venoient a
lui, il defendoit a ses serganz que il ne defendissent pas as *g*
povres que il n'aprochassent pas *h* a lui. Par la quele chose
les povres deboutoient si le benoiet roy que a bien pou que

---

a. devant C. — *b.* sains C. — *c.* ausi *corr.* A³, B. C. — *d.* Laon *corr.* A², B,
Loion C. — *e.* Laon *corr.* A², B, C. — *f.* aus *corr.* A². — *g.* aus *corr.* A². —
h. pas *exponctué* A², *omis* B, C.

---

1. Jean la Guete figure dans un compte de 1239 (*Historiens de France*, XXII,
591 a) et plusieurs fois dans les tablettes de cire de Jean Sarrasin (*Ibidem*,
XXII, 326 b, 334 h, 341 j, 342 a, etc.).

il ne le fesoient cheoir. Et il prenoit tout en pacience ; car,
ja soit *a* que il fust mout apressé des *b* povres qui le sivoient
pour recevoir s'aumone, qui aucune foiz montoient neis *c*
sus ses piez pour la multitude d'eus, nonpourquant il ne
pooit soufrir que les huissiers et les autres qui estoient
entour lui boutassent arriere les povres ; ainçois disoit que
l'en lessast et que « mout plus sostint pour nous Jhesu
« Crist a tel jour comme hui que je ne soustien por lui. »
Et aloit adonques nuz *d* piez et avoit chauces jusques as *d*
piez. Et il ot mout de persecucions que il soustint en
pacience.

Certes, com einsi fust que une femme qui avoit non
Sarrete pledast en la court du benoiet *e* roy a mon seigneur
Jehan de Fuelleuse, chevalier [1], et une foiz quant le par-
lement *f* seoit a Paris et li benoiez *g* rois fust descendu de
sa chambre, la dite femme qui fu el pié des degrez li dist :
« Fi ! fi ! Deusses tu estre roi de France ! Mout miex fust
« que un autre fust roi que tu ; car tu es roy tant seulement
« des Freres Meneurs et des Freres Preecheurs et des
« prestres et des clers. Grant damage est que tu es roy de
« France, et c'est *h* grant merveille que tu n'es bouté hors
« du roiaume. » Et comme les serganz du benoiet roy la
vosissent batre et bouter hors, il dist et commanda que il ne
la touchassent ne boutassent. Et quant il l'ot bien *i* escoutee
et diligaument, il dist et respondi *j* en sousriant : « Certes,

a. ce *add.* C. — b. autres *add.* C. — c. neis *omis* B. — d. nus *corr.* A². — e.
beneait *corr.* A². — f. se *add.* B. — g. sainz C. — h. et est C. — i. bien *omis*
C. — j. et respondi *omis* C.

1. Au Parlement de la Toussaint 1269 fut produite une enquête faite par
l'abbé de Nogent-sous-Coucy et Jean de *Foilloel*, chevalier, au sujet d'une
rente en blé que Sarette de *Foilloel* réclamait à messire Adam de Commenchon
(*Olim*, éd. Beugnot, I. 303. III). Jean était donc seigneur, non de Fouilloy
(Somme) comme l'a cru Boutaric (*Actes du Parlement de Paris*, II, table
mais du pays d'origine de Sarette, Faillouel (c⁰ⁿ de Frières-Faillouel, Aisne
ainsi que le donne à croire la mention de l'abbé de Nogent-sous-Coucy et du
seigneur de Commenchon. L'ancienne forme *Folloel*, *Foilloel* (Mathon, *Dict.
topographique de l'Aisne* aura été sans doute estropiée par le traducteur du
Confesseur. De plus, on voit par l'enquête citée tout à l'heure que Jean de
Faillouel, loin d'être, ainsi qu'on le dit ici, l'adversaire de Sarette, fut un des
commissaires chargés de faire une enquête sur son différent avec Adam de
Commenchon.

« vos dites voir: je ne suis pas digne d'estre roy. Et se il
« eust pleu a Nostre Seigneur, ce eust esté miex que un
« autre eust esté roy que je », qui miex seust gouverner le
« roiaume. » Et lors commanda li benoiez rois a un de
ses chambellens que il li donnast de l'argent, et croit l'en
xl s. Et mout de persones estoient presentes es choses
desus dites.

CI FINE LI TRESIEMES CHAPITRES ET COMMENCE LI
QUATORZIEMES QUI EST DE ROIDEUR DE PENITENCE.

Pour ce que le commencement de nostre sauvement est
quant nous commençons a [haïr] ce que nos aimons, a nous
doloir de ce dont nous nos esleecions, a embracier ce que
nous doutions, a ensievre ce que nous fuions, a desirrer ce
que nos despisions, les queles choses mortificacion corpo-
rele et penitance font fere pleinement, li benoiez saint
Loys, ce regardant, son cors mortifia en mout de manieres;
car il fu mout austeres et durs a soi en boivres et en men-
giers, si com il apert ci après.

Que ja soit ce que li benoiez rois menjast volentiers
granz poissons, nonpourquant il lessoit mout de foiz les
granz qui li estoient aportez et fesoit aporter pour sa bouche
petiz poissonnez des quels il menjoit. Et aucune foiz il fesoit
depecier par pieces les granz poissons qui estoient aportez
devant lui, pour ce que il parust que il en eust mengié, et
toutevoies il ne menjoit adonques de ces granz poissons,
ne d'autres poissons, ainçois li soufisoit le seul potage, et
faisoit metre ces poissons en l'aumone. Et croit l'en que il
fesoit ce par abstinence. Et puis que il revint d'outre mer,
ja soit ce que il amast mout granz luz et autres poissons
delicieus et que l'en les achetast et portast l'en devant lui
a la table, nonpourquant il n'en menjoit pas, ainçois estoient

a. que moy C. — b. Et onis C. — c. sa add. B. — d. de la roideur de sa
penitence C. — e. roys add. C. — f. beneniz corr. A², benoiz C. — g. moult
souvent C. — h. qui lui estoient aportez add. B. — i. de ces grans poissons
ne d'autres C.

mis a l'aumosne et menjoit les autres petiz poissonnez. Et
mout de foiz avint, quant l'en portoit devant lui rost ou
autres viandes et sauses delicieuses, que il metoit l'iaue en
la saveur por ce que il destruisist la bonté de la sausse. Et
quant cil qui servoit devant lui disoit : « Sire, vos destrui-
« siez vostre saveur, » il li respondoit : « Ne vous chaut;
« ele m'est meilleur einsi. » Et croit l'en que il le fesoit
pour ce que il refrenast[a] son propre apetit. Il menjoit mout
de foiz potage mal assavouré du quel un autre ne menjoit
pas volentiers, car il n'estoit pas savoureus. [Ausinc] li
benoiez rois menjoit grosses viandes, si comme pois et
teles[b] viandes. Et quant l'en li portoit brouet delicieus ou
autre viande, il melloit l'iaue froide dedenz et ostoit la
delectacion[c] de la saveur[d] de cele viande. Quant l'en apor-
toit lamproies a Paris au premier et l'en en aportoit a table
devant le benoiet roy et devant les autres, il n'en menjoit
pas, ainçois donnoit ce que l'en en metoit devant lui as[e]
povres ou il enveoit ce a l'aumone commune, ou aucune
foiz il les fesoit presenter as[f] autres qui menjoient a sa
court. Et einsi fesoit tant que eles estoient si avillies que
elles ne valoient que v s. ou environ qui au commencement
valoient lx s. ou iiij lb. Et tout en ceste maniere fesoit il
des fruiz noviax, les quex nonporquant il mengast volen-
tiers. Et ausi fesoit il de toutes autres choses qui en leur
noveleté li estoient mises au devant. Et ce fesoit il pour
seule abstinence, si comme l'en croit vraiement, pour ce que
il refrenast l'apetit que il avoit natureument vers ces choses.

De rechief sa coustume fu tele que il ne fesoit onques
outrages en boivre ne en mengier, et trenchoit son pain a[g]
table si que il n'en trenchoit, quant il estoit bien sain, plus
un jour que autre. Ausi il avoit devant lui une coupe d'or[1]

a. refreinsist C. — b manieres de add. C. — c. le delit corr. A², B, omis C.
— d. delit (sic) add. C. — e. aus corr. A². — f. aus corr. A². — g. sa add. B, C.

1. Cette coupe d'or fut religieusement gardée par les descendants du saint
roi. Elle est ainsi mentionnée dans l'inventaire des meubles de Louis X fait
après sa mort : « Item, la coupe d'or saint Louys où l'on ne boit point. »
Historiens de France, XXII, p. 771 J.

et un voirre, et eu voirre avoit une verge jusques a la quele
il le fesoit emplir de vin ; et après il fesoit metre par desus
yaue en si grant quantité que la quarte partie estoit vin et
les iij *a* parties ou environ estoient yaue. Et nonpourquant
il n'usoit pas de fort vin, mes de mout feble. Et donques il
bevoit *b* aucune foiz au voirre, et aucune foiz einsi mesuré
il le metoit en la coupe d'or et bevoit *c* a la coupe. En après
il trempoit si son vin d'iaue que il i demoroit trop pou de
saveur de vin.

Il jeunoit tout Quaresme chascun an. De rechief il jeu-
noit *d* l'Avent, c'est a savoir quarante jours devant Noel, en
pures viandes de Quaresme ; et si jeunoit avecques *e* les
vegiles que l'eglise commande a geuner et les iiij Tens et
les autres jeunes de sainte Eglise, c'est a savoir les iiij
vegiles des festes Nostre Dame et le jour du Saint Vendredi
et la vegile de la Nativité Nostre Seigneur, il jeunoit en
pain et en yaue tout purement. Mes es devant diz jours es
quex il geunoit *f* en pain et en yaue, il fesoit metre haute
table ausi com es autres jours, et se il eust aucuns de ses
chevaliers qui vousissent jeuner ausi en pain et en yaue, il
menjoient avecques lui a sa table. Et es jours de vendredi,
en Quaresme, il ne menjoit point de poisson, et ausi es
autres jours de vendredi li ben[eoiz] rois s'astenoit mout
sovent [*de poisson, et meemement*] es jours de vendredi, en
l'Avent, il ne menjoit de nul poisson. Et avecques tout ce,
par tout l'an, es jours de vendredi il ne menjoit de nul fruit,
ja fust ce que il le *g* menjast tres volentiers. Et es jours de
lundi et de mecredi en Quaresme, il menjoit trop moins que
l'en ne creust que il li *h* couvenist. Et es jours de vendredi
il trempoit si son vin de yaue, tout fust ce que il fust assez
feble *i* et vert par soi *j* que ce ne sembloit fors yaue. Et ja
fust ce que li benoiez rois n'amast pas cervoise, la quele
chose apparoit assez [*a sa chiere*] *k* quant il la bevoit,

a. iij *omis* A. — *b.* beuvoit *corr.* A². — *c.* beuvoit *corr.* A². — *d.* Il jeunoit
tout le grant Karesme chascun an et jeunoit tout *corr.* A³, B. — *e.* tout ce C.
— *f.* jeunoit *corr.* A². — *g.* les C. — *h.* li *omis* C. — *i.* feible *corr.* A². — *j.*
sanz yaue *add.* A², B, C. — *k. Ces trois mots ont été substitués dans* A³ *à une
autre leçon dont on voit encore la dernière syllabe* ge, *sans doute a son visaige.*

toutevoies la bevoit il en Quaresme assez souvent, pour ce,
si comme l'en croit, que il refrenast[a] son apetit[b]. De rechief
li benoiez rois, ainçois que il alast outre mer et puis que il
en revint, il geunoit touzjors touz les jours de vendredi de
tout l'an, fors quant li jours de la Nativité Nostre Seigneur
cheoit au jour de vendredi, car adonques il menjoit char
pour la hautece de la feste. De rechief il jeunoit chascune
semaine el[c] jour de lundi[d], de mecredi et de samedi[e]. Quant
li benoiez rois estoit outre mer en tens de son premier pas-
sage, il commençoit a jeuner[f] xv jors devant la feste de
Penthecouste, la quele jeune il garda ensement[g] puis
touzjours jusques a son deces. De rechief il ne menjoit pas
de touz les mes que l'en metoit devant lui, et croit l'en que
il le fesoit par abstinence et pour Dieu.

Et li benoiez rois veilloit mout el service Dieu. Puis que
il revint d'outre mer el tens de son premier passage, il ne
gisoit nule foiz sus fuerre ne sus plume; ainçois estoit son
lit ordené de fust qui estoit porté en quel[que] lieu que il
alast après lui, sus le quel l'en metoit un materaz de coton
[couvert] de palliot non pas de soie, et ilecques il gesoit
sanz autre fuerre.

L'en croit fermement que chascun jour du Saint Ven-
dredi et ausi en chascun Quaresme puis que il revint d'outre
mer, touz les jors de lundi, de mecredi et de vendredi, il
portoit la haire a sa char nue [1]. Et nonpourquant il fesoit le
plus secreement que il onques[h] pooit teles penitances et se
gardoit de ses chambellens, si que nul d'eus, fors un seul,
ne savoit les aspretez des penitances que il fesoit. Il avoit
iij cordeles ensemble jointes longues pres de pié et demi,
et chascune de ces cordeles avoit iiij neus ou v[2], et touz

<hr>

a. refr:insist C. — b. de vin add. A³. C. — c. u corr. A². — d. et add. C. —
e. et de samedi omis C. — f. les add. A³, B, C. — g. einsi corr. A³, B, C. —
h. onques omis B.

<hr>

1. Les haires de saint Louis étaient conservées après sa mort à l'abbaye
du Lys, près de Melun (Voyez récit du 21° miracle, *Historiens de France*, XX,
147 D.)
2. Les disciplines du saint roi étaient conservées dans la même abbaye
(*Ibid.*, 147 E et 146 E .

les jours de vendredi par tout l'an, et en Quaresme es jours
de lundi, de mecredi et de vendredi *a*, il cerchoit mout bien
sa chambre par touz les angles que nul n'i [*demorast ilec*]-
ques, et donques il clooit l'uis et demoroit enclos avec frere
Giefroi de Biaulieu *b*, de l'ordre des Preecheeurs, dedenz
la chambre ou il estoient longuement ensemble. Et estoit
creu et dit entre les chambellens et hors de sa chambre
que lors li benoiez rois se confessoit adonques au dit frere
et que adonques li diz freres le disciplinoit des dites
cordeles.

Et une foiz li benoiez rois ala nuz piez de Nogent l'Erem-
bert jusques a l'eglise de Nostre Dame de Chartres, qui est
loing de la dite eglise par v lieues ou il fu mout travaillié,
si que il ne peust pas avoir acompli tant de voie se il ne se
fust apuié seur un chevalier ou sus ses autres compaignons,
si com il aparoit a son port, et après il li en fu lonc tens
de pis en sa persone por ce que il avoit empris pour *c* fere
tele voie et s'en complaignoit aucune foiz. Et avecques ce
li benoiez rois se tenoit tant com il pooit de rire toz les
jours de vendredi, et se il commençast aucune foiz a rire
que il ne s'en preist garde, tantost il delessoit *d* a rire. Et
nule foiz au jour de vendredi il ne muoit coife.

CI FINE LI QUATORZIEMES CHAPITRES ET COMMENCE LI
QUINZIEMES *e* QUI EST DE BIAUTÉ DE CONSCIENCE *f*.

Pour ce que pure conscience seur touz les biens de l'ame
delite les *g* regarz de Dieu *h*, li benoiez rois saint Loys fu de
si grant purté que, par sa merite, il pot les regarz de Dieu
deliter. Il fu de si grant purté que *i* persones ennourables
et dignes de foy qui converserent avec lui par *j* lonc tens
creoient que il ne fist onques mortel pechié, si com il ont
dit par leur serement. Et croit l'en fermement que il vosist

a. et de vendredi *omis* B. — b. son confesseur *add.* A³, B, C. — c. a substi-
tué à pour A², B, C. — d. lessoit A², B, C. — e. Ci commence li quinziemes
chapitres et fine li quatorziemes B. — f. de sa biauté et de sa conscience C.
— g. es A. — h. et *ajouté ici à tort dans* A. — i. frere Gieffroi, son confessor,
et *add.* A³, B, C. — j. par *omis* C.

miex avoir perdu son propre chief que, de certaine science
et de son propos, il eust fet pechié mortel; ne l'en ne veoit
onques ne n'ooit que il feist ou deist nul mal. Ainçois
estoient toutes ses paroles de Dieu et de ses sainz et
tendanz a ce et a l'edificacion de ceus qui avec lui conver-
soient; ne l'en ne pooit onques en lui apercevoir chose qui
a Dieu deust desplere, ainz vouloit tout bien. Et mout
souvent, quant il estoit en sa chambre avecques sa mesnie,
il disoit paroles saintes et discretes et fesoit beles narra-
cions a l'edification de ceus qui environ lui estoient de bon
propos et de saint. Il fu homme qui vesqui en tres grant
simplece et en verité et en humilité et fu de grant pacience
et plein de touz granz *a* biens. Il fu homme de bonne vie,
de conversation honeste, de mout sainte conscience et de
pure, et pooient estre pris en ses fez et en ses diz mout de
bons essamples. Il ne juroit par Dieu ne par ses membres
ne par ses sainz ne par les Evangiles, mes quant il voloit
aucune chose plus fort affermer, il disoit : « Vraiement il
« est einsi *b*! » ne il n'apeloit onques le diable, ne onques
ne le nommoit, se n'estoit par aventure quant il lisoit es
livres.

Home religieus frere Symon *c*, de l'ordre des Freres Prec-
checurs et prieur el couvent de Prouvinz ¹, [*par son sere-
ment*] dit et afferma que, ja soit ce que il eust esté pluseurs
foiz avecques le benoiet roy et en lons parlemenz, que
onques en sa vie ne li oy dire parole de lecherie ne oiseuse
ne de detraction en male part, et que onques ne vit homme
de si grant reverence en parlant *d* et en regart. Et ja soit ce
que li diz freres eust parlé pluseurs foiz a autres rois et a
autres princes seculers et a prelaz et a granz persones, et
ja soit ce encore que il fust mout familiers et mout privé a
cel saint roy, nonpourquant il ne venoit onques en sa pre-
sence sanz grant reverence et sanz une maniere de poour,

---

a. granz *omis* C. — b. issi B. — c. du Val *add.* A³, B, C. — d. parole *corr.*
A², B, C.

---

1. Frère Simon du Val cité dans la liste des témoins. Voyez plus haut
p. 9, n. 4.

ausi comme se il alast a un saint. Et encore li devant diz
freres Symons, [*recordanz par son serement*] mout de sez
vertueus du saint roy, si com il sont descriz en ceste pre-
sente oevre en liex couvenables, dit que, pour ces choses et
pour mout d'autres que il vit en lui et qui ne sont pas
descriptes *a*, [*que li beneaiz rois fu*] un des plus sainz
hommes que il onques veist, et meesmement pour ce que il
vit en lui les choses ensemble qui doivent estre es sainz
homes; car il vit que il estoit mout durs a soi meemes en
viandes et en boivres, et mout humble en robes et en apareil
de son cors, et de mout de vegiles eu service Dieu et de
mout de jeunes et fu de mout grant misericorde as autres.
Et fu un des hommes que il onques veist qui plus volentiers
oy les paroles Dieu et qui plus diligaument *b* les escoutoit.
Et tout soit il einsi que il eust receu mout de vilanies et de
domages outre mer, nonpourquant il aloit tozjors de bien
en miex et estoit plus devot et plus parmanant en la foy de
Jesu Crist et plus parfet apparoit. Et selon ce que li diz
freres Simons pot apercevoir, li benoiez *c* rois despendi
tout son tens en bonnes oevres, c'est a savoir de justice, de
foy crestienne, de pitié et de devocion a Nostre Seigneur et
a ses sainz, et glorieusement el service de Dieu ou il estoit
avecques ses fiuz, les quex il abandonna a mort, de tant
comme en lui fu, en la terre des anemis de la croiz et de
la foy crestienne, la ou il trespassa de cest siecle a Nostre
Seigneur. Et trop greigneurs saintes oevres que l'en ne
porroit exprimer ne *d* dire et que l'en ne pourroit *e* [*recor-
der*] furent en lui, par les queles l'en croit que il est saint.

Li benoiez rois fu de si sainte vie et de conversacion *f* si
honeste que, [*tant com il vivoit, une parole pooit estre dite
de li*] qui est escrite de saint Hylaire ainçois que il fust
evesque : « O quant tres parfet homme lai, du quel les

a. escriptes C. — b. diligeument *corr.* A², B, diligeaument C. — c. beneaiz
corr. A², benoiz C. — d. exprimer ne *exponctué* A², *omis* B. — e. exprimer ne
dire que l'en ne porroit *omis* C. — f. si bonne *add.* B. *Cette addition est une
nouvelle preuve que* B *a été copié directement sur* A *corrigé. Dans ce ms.
en effet, si* honeste *qui suit, se trouve ainsi coupé à la fin d'une ligne :* si
bone-ste.

« prestres meesmes desirrent a ensivre *a* la vie!! » Car
mout de prestres et de prelaz desirroient estre semblables
[*au bençoit roi*] en ses vertuz et en ses meurs, car l'en croit
meesmement que il fust saint des que il vivoit. Il despendoit
tout son tens proufitablement ou es *b* loenges de Dieu ou en
autres oevres neccessaires [*a la soustenance de son cors ou
au gouvernement du roiaume*].

Il s'enclooit en sa chambre avec frere Giefroi de Biaulieu,
de l'ordre des Preecheeurs, et estoient ilecques longuement
chascun jour de vendredi par tout l'an, et en Quaresme
chascun lundi, chascun mecredi et chascun vendredi. Et
estoit sa chambre premierement mout bien quise par touz
les angles que nul n'i demorast. Et croit l'en et ce disoient
entre eus cil qui estoient en sa chambre et a son couchier
et a son lever, qui adonques estoient hors de la chambre,
que li benoiez rois se confessoit au dit frere et que li diz
freres le disciplinoit *c*.

Avecques tous les biens desus diz li benoiez *d* rois fu
homme de si grant verité que il ne deist jamés une parole
fors vraie por tout le monde, ne en sa bouche l'en ne pooit
apercevoir fors verité. Eu tens de son premier passage,
aprés ce que il fu pris et l'ost des crestiens ensement,
furent fetes couvenances entre le saint roy et les Sarrazins,
entre les queles couvenances cestes furent : ce est a savoir
que li benoiez rois leur rendroit Damiete et leur donroit
quatre cenz mile livres de tournois ou la value, c'est a
savoir ilecques deus cenz mile, et en Acre deus cenz mile,
en tele maniere que, quant Damiete leur seroit rendue *e*, que
les Sarrasins en leroient le *f* roi aler de prison et ses barons
franchement, sanz nul empeechement. Et encore promistrent
ces Sarrazins que il n'ociroient pas les Crestiens qui

a. a ensivre *omis* C. — *b.* en C. — *c. Ce paragraphe qui fait double emploi
avec un passage du chapitre précédent (p. 123) a été biffé à cette place dans
A² et A³, omis dans B et C. — d. beneaiz A³, benoys C. — e. rendue omis
A — f. beneoit add. A³, benoiet B, saint C.*

1. Voyez la Vie de saint Hilaire par Fortunat publiée par Bruno Krusch
dans les *Monumenta Germaniæ* (Auctores antiquissimi, IV, part. 2, p. 2,
l. 21).

estoient a *Damiete ne les autres, ainçois les [b] leroient aler, la quele chose il ne firent pas, ainçois les ocistrent et ardirent et les barons qui ilec estoient remez. Et comme mes sires Alfons, conte de Poitiers, frere du benoiet roy, fust demouré par devers les Sarrasins pour ces deux cenz mile livres [c] adonques a paier, et li benoiez rois fust entré en une galie, avecques lui pluseurs barons et autres, et comme les deus cens dites [d] mile livres fussent ja paiees jusques a trente mile livres ou environ, les barons et les autres qui ilecques estoient en la galie avecques le benoiet roy, il li looient et conseilloient que il s'en alast a sa nef qui estoit en la mer assez pres de la galie. Car [e] il [estoit] ausi bien en la seignourie des Sarrasins tant com il estoit ilecques en cel flun en la galie, comme il estoit quant il estoit a terre en leur prison, pour ce que mout de galies et mout d'autres vessiaus des Sarrazins estoient en cel flun qui pooient prendre et retenir tout a leur volenté, se il vosissent, la galie en la quele li benoiez rois estoit. Il dist adonques que il leur avoit promis par simple parole que il n'iroit outre Damiete jusques a tant que les deus cenz mile livres [f] seroient entierement paiees, tout fust il einsi que ce ne fust pas escrit et tout fust il einsi que les Sarrazins n'eussent pas gardé ce qu'il li avoient promis que il n'ocirroient pas les Crestiens qui seroient trouvez en Damiete. [Li benoaiz rois ne] volt pas pour ce moins garder son dit ne ne se [g] volt nulement departir de la galie jusques a tant que les deus cenz mile livres furent paiees entierement. Et comme les deus cenz [h] mile livres furent paiees, li [i] rois demanda tout maintenant se la dite monoie estoit toute paiee, et l'en li respondi : « Oil. » Mes mon seigneur Phelippe de Nemox, chevalier du benoiet roy, li dist adonques : « La « somme d'argent est toute paiee, mes nous avons deceu « les Sarrasins el pois de l'argent en x mile livres. » Et quant li benoiez rois oy cele parole, il fu mout courouciè et

a. en C. — b. en add. C. — c. livres omis C. — d. dites omis B, C. — e. comme ajouté a tort A. — f. livres omis A. — g. se omis C. — h. cenz omis C. — i. benoaiz add. A³, benoiez B, benoiz C.

dist . « Sachiez, je voil que les ij^c mile livres soient paiees
« entierement, car je leur promis et je voil que il n'en
« faille rien. » Et adonques li seneschals de Champaigne
marcha en repost sus le pié du dit mon seigneur Phelipe et
li fist signe de l'ueil et dist au benoiet roy : « Sire, creez
« vos mon seigneur Phelipe ? C'est un trufeeur. » Et quant
mon seigneur Phelipe entendi la voiz du seneschal et il li
souvint de la tres grant [verité du beneoit roi et de l'esta-
blelé]. il reprist adonques la parole et dist : « Sire, mon
« seigneur li seneschax *a* dit voir ; je ne dis cele parole fors
« en jouant et par trufe et pour ce que je seusse que vous
« diriez. » Et li benoiez *b* rois respondi : « Vous aiez males
« graces de cest gieu et de cest essaiement ! Mes gardez
« que *c* la somme d'argent [soit] bien paiee toute entiere-
« ment. » Et donques tuit cil qui furent ilecques environ
affermerent que toute la monnoie estoit paiee entierement.
Li benoiez rois commanda tantost as mariniers que, puis
que il avoit acompli sa promesse *d*, que il najassent, et
donques il ala a sa nef qui estoit en la mer pour estre plus
a seur *1*. Et de ces choses desus dites il apert que li sainz
rois fu home de grant verité et de grant estableté, car pour
nule chose du monde il ne vouloit mentir.

Pere reverent mon seigneur Nicole. evesque d'Evreues *2*,
qui conversa par mout lonc tens familierement et priveement
avecques [le beneoit roi, juré sus] la vie *e*, afferma que il
creoit fermement que li benoiez rois vosist miex avoir perdu
son chief propre que avoir fet pechie mortel a escient *3* et
que il le seust *f*. Et ce enseigne assez la doctrine que il
envoia, escrite de sa propre main, a sa fille, la roine de
Navarre, et ausi a mon seigneur Phelipe, son fiuz ; en chas-

---

a. de Champaigne add. C. — b. benenaiz corr. A². — c. se add. A, A² et A³,
exponctué B. — d. promesse B. — e. jura sus s'ame et C. — f. Ce propos a
été rapporté au commencement du chapitre (p. 123), mais sans que l'autorité de
l'évéque d'Evreux fût invoquée.

---

1. Joinville a rapporté les mèmes faits dans ses mémoires, §§ 386-388, mais
beaucoup plus brièvement que dans sa déposition.
2. Voyez la liste des témoins, p. 7, n. 3.
3. On se rappelle les paroles que le saint roi adressait à Joinville sur le
mème sujet (§§ 27 et 28).

cune des queles doctrines, il leur enseignoit que il eussent
tele volenté que aucuns des diz enfanz ne fist pechié mortel
pour nule chose qui fust el monde et que chascun soufrist
ainçois que l'en li ostast la vie par grief martire que il feist
a escienz aucun pechié mortel.

CI FINE LI QUINZIEMES CHAPITRES ET COMMENCE LI SESIEMES QUI EST DE SAINTEE DE CONTINENCE [a].

Qui est cil qui ne set que continence soit deue a la char ?
Car par continence est cors humain restreint que il ne se
coule en mortex deliz. Li benoiet saint Loys tint continence
de mariage, si com il apert par les choses qui ensivent. Car,
quant il fu joene et gracieus et amable a toute gent, par la
porveance de sa mere et des sages du roiaume de France,
il prist a femme l'ainsnee fille au conte de Prouvence, c'est
a savoir ma dame Marguerite. Et quant li benoiez rois fu
secreement avecques li, cil qui fu enseignié du conseil du
grant ange du conseil [b], c'est du benoiet Filz Dieu, et qui
fu enfourmé de l'essample de Thobie, avant que il atochast
a li, il se mist a ouroison iij nuiz et li enseigna a fere ausi
en oroisons ainçois que il aprochast, si comme la dite dame
recorda après. Et encores li benoiez sainz Loys se contenoit
par tout l'Avent et par toute la Quarantaine, et avecques ce
en certains jours chascune semaine, et ausi es vegiles et es
jours des granz festes, et par desus ce, es jours des festes
es queles il avoit acoustumé a recevoir le vrai cors Nostre
Seigneur, par pluseurs jours devant la communion et plu-
seurs jours après. Et ausi cil qui estoit jalous de chastee,
par pluseurs anz avant qu'il trespassast, desirranz avenir a
toute perfection, proposa fermement de cuer devot que, se
son ainsné fiuz venoit en aage et la royne sa femme s'i con-

---

a. de sa saintée et de sa continence C. — b. Il y avait sans doute dans le texte
latin consilio magni consilii angeli que le rédacteur de A a fort maladroite-
ment traduit par du conseil du conseil du grant ange. Les mots du conseil du
grant ange, ainsi que le mot suivant c'est, ont été biffés dans A² et A³, omis
dans B et C.

sentoit, il enterroit en religion. Et com il ot dit en secré
cest propos a la dite royne et commandé que ele ne le [deist]
a nule persone, elle li moustra raisons prouvables au con-
traire ne ne se volt acorder a ce que il entrast en religion *a*,
Dieu pourveant par aventure aucune chose meilleur, c'est a
savoir que il seroit plus proufitable en son premier estat a
garder le roiaume en pes et pourmovoir et avancier les
besoignes du roiaume et de toute sainte Eglise.

Toute netee fu eu saint roy, ne onques el tens que il crut,
ne eu tens de sa jouvente, ne en nul tens cil qui avecques
lui furent es tens desus diz et qui longuement converserent
avecques lui, ne porent veoir ne apercevoir que li benoiez
rois eust nule familiarité ne *b* soupeçonneuse conversacion
avecques nule femme autre que la seue, ne onques il
n'oïrent dire ne detrere aucune parole de s'incontinence. Et
en tout le tens de Quaresme et en touz les jours de ven-
dredi et de samedi li benoiez rois se tenoit de la compaignie
de la royne.

Li benoiez saint Loys avoit tres volentiers bons hommes *c*
honestes et justes en sa compaignie *d* et tres volentiers
eschivoit la compaignie et la conversacion des mauvés et de
ceus que il savoit qui fussent en pechié. Et les maufeteurs et
cil qui parloient ledement li desplesoient sus toutes choses.
Il vouloit que sa mesniee fussent de si grant purté que, se
aucuns qui fust de sa mesniee jurast ledement de Dieu ou
de la benoiete virge Marie, il les fesoit tantost bouter hors
de son hostel. Et ensement ceus qui estoient trouvez que il
eussent fet fornicacion *e* ou autres ledes choses, il punissoit
tres bien selon le meffet [1]. Et se il peust savoir que nul de
son hostel feist aucun pechié mortel, il le boutoit hors de
sa court et de sa mesniee. Et pour ce que deus homes qui

---

a. et ajouté A. — b. ou C. — c. et add. C. — d. en sa compaignie omis A.
— e. qui estoient trouvez en fornicacion que il eussent fet B.

---

1. On trouvera plus loin, p. 144, un jugement de ce genre prononcé par
le roi contre un serviteur de son hôtel. Voyez aussi les faits cités par Join-
ville aux §§ 171 et 505.

estoient de sa mesnice ne jeunerent pas un jour de Qua-
resme que il deussent avoir jeuné, il leur fist donner congié
de son hostel. Et mout souvent avenoit que il fesoit metre
en prison ceus de sa mesnice qui estoient trouvé que il
eussent pechié en femme ou qui fesoient les seremenz de
Dieu. Et aucune foiz fesoit fere enquestes sus sa mesnice
pour savoir se il en *a* y avoit nul qui feissent fornicacion ou
avoutire ou se il se menoient deshonestement en aucune
autre maniere. Et se il peust trouver que aucuns fussent en
fornicacion et en avoutire ou que il deissent vilain blame
contre Dieu et contre les *b* sainz, il les boutoit hors de sa
court et de son mesnage ou il fussent puniz selon ce que
leur meffez *c* le requeissent. Comme li benoiez rois, el tens
de son premier passage, eust en propos que il fust par *d*
donc tens outre mer, il fist apeler touz ceux qui estoient de
sa mesnice et les amonesta diligaument que il vesquissent
chastement et honestement, puis que il estoient ilecques
venuz et estoient eu service Dieu et el sien, et leur dist que
cil qui ne se porroient et vodroient consentir et vivre chas-
tement, que il demandassent congié de revenir et il leur
donroit et feroit bien si com il devroit ; mes nul ne demanda
donques congié. Et quant ce vint aprés, comme li benoiez
rois eust oy dire que aucuns de sa mesnice vesquissent des-
honestement, il fist fere une enqueste en la quele touz ceus
de sa mesnice jurerent. Et pour ce que il fu trouvé que
vj ou xvij d'eus ne tenoient pas bien continence, tout
fust il einsi que aucuns d'iceus fussent mout bien de lui,
nonpourquant il leur fist donner congié de son hostel et de
sa mesnice. Et ja soit ce que il le feissent mout proier que
il revenissent et reperassent en sa grace et en sa mesnice,
onques pour ce ne porent empetrer de iij mois ou de iiij.
Mes aprés ce, quant *e* vint a un jour de Pasques, les prieres
furent si granz que il leur pardonna, et leur dist avant que,
se il fesoient une autre foiz tele chose, il seroient griement
puniz et sanz relaschier.

a. en *omis* C. — b. ses B, C. — c. fez C. — d. par *omis* C. — e. ce *add.* C.

Et certes li benoiez rois, mon seigneur Robert, conte
d'Artois, et mon seigneur Alfons, conte de Poitiers, ses
freres qui furent norriz avec lui, et ensement la suer du
benoiet roy furent persones de si grant purté et de si grant
chastee. Car si comme mon seigneur Challes, home de tres
clere memoire, jadis roy de Sezile et leur frere germain
afferma, juré par son tesmoing, que il n'oy onques que l'en
meist sus nul de ces quatre devant diz, c'est a savoir au
benoiet roy et a ses freres devant diz ne a la dite suer,
aucun pechié mortel, les quex freres certainement, c'est a
savoir li benoiez rois de France, mon seigneur Robert et
mon seigneur Alfons, et ensement la devant dite suer orent
la grace de Nostre Seigneur jusques a la fin de leur vie.

CI FINE LI SESIEMES CHAPITRES ET COMMENCE LI DISESEPTIEMES *a*
QUI EST DE DROITURE ET D'EQUITÉ *b*.

Pour ce que li benoiez saint Loys sentoit '   que honesté
est *c* agreable as *d* benoiz angles, pour ce *e* vesqui il en tout
le tens de sa vie en tres honeste maniere, si com il apert ici.
Car toute honesté fu en lui qui onques pot estre en nul
[*homme*] marié, en tant que mon seigneur Pierres de Loon *f*,
qui fu son chevalier et longuement demorant avecques lui
par xxxviij ans ou environ et fu son chambellen et cou-
chant a ses piez et le deschauçoit et li aidoit a entrer en son
lit, si comme seulent fere les serganz des nobles seigneurs,
par xv ans ou environ, ne pot onques veoir la char de cel
benoiet roy fors les piez et les *g* mains, aucune foiz seule-
ment jusques au gros de la jambe quant il li lavoit les piez,
et le bras quant il se fesoit saignier, et sa jambe quant ele
estoit malade; car nule foiz nul n'aidoit au benoiet roy
quant il se levoit de son lit, ainçois se vestoit par soi seul *h*
et chauçoit, et ses chambellens li ordenoient ses robes des

a. disebuitemes *sic* B. — *b.* de s'honesté simple *substitué à* de droiture et
d'équité A², B. C. — *c* est *omis* A. — *d.* aus *corr.* A². — *e.* pour ce *biffé* A²
et A³. — *f.* Laon B. — *g.* ij *add.* C. — *h.* seul *omis* C.

le soir a près son lit, et ensement sa chaucemente, et ces
choses il prenoit par soi seul et se vestoit, si com il est dit
desus.

Avecques ce li benoiez rois fu merveilleusement courtois,
si que l'en n'oo[it] nule foiz nule lede parole ne d'injure issir
onques de sa bouche; ne nule foiz il ne blamoit nul ne de
nului ne disoit parole de detraction, ne l'en ne veoit onques
en lui nul vilain fet. Avecques tout ce li benoiez rois avoit
en lui atemprance *a* en son port et en ses paroles, en abit, en
boivre et en mengier et avoit humilité en soi sanz orgueil et
sanz arrogance. Li diz mes sires Jehans de Soisi, cheva-
liers, homme de meur aage et mout riche, qui fu avec le
benoiet *b* roy par xxx anz prochains devant sa mort ou
environ, et il *c* demora neis jusques a sa mort et qui
avecques lui demoura mout priveement et commença a estre
avecques le benoiet *d* roy el tens de sa joenece ou environ,
juré *e* afferma par son serement que il ne vit onques ne n'oy
que il feist nules jolivetez ne que il se mellast de nul gieus
deshonestes, ne que onques il ne le vit jouant a hasart ne a
gieus semblables. Ne onques il n'oy que il fust diffamé de
nul let crime de fornicacion ou d'avoutire ou d'autre lede
chose, et afferma encore par son serement que il ne croit
pas que homme trespassast de cest siecle el roiaume de
France puis lx ans passez, de meilleur conscience ne de
gregneur purté; ne *f* il ne vit onques en lui ne n'oy de lui
fors bien en touz fez et en touz diz.

Mon seigneur Jehan de Joinville, chevailler, home de
meur aage et mout riche, qui fu avecques le benoiet roy par
xxxiiij anz et plus, assez priveement et de sa mesniee, par
son serement afferma que il ne vit onques ne n'oy que li
benoiez rois deist a aucun d'autrui parole de *g* detraction en
mauvese maniere ou en blame de lui. Ne onques il ne vit
homme plus atempré ne de gregneur perfection de tout ce
qui pooit estre veu en homme, que li benoiez rois fu et que
il croit que il soit en Paradis pour pluseurs biens que il

a. atremprance B. — b. saint C. — c. il omis C. — d. saint C. — e. jura et C.
— f. que add. C. — g. mesdit ne de add. A ³, B, C.

fist, et croit que il fu de si grant merite que Nostre Sires
doit bien fere miracle pour lui.

De rechief mon seigneur Gui dit le Bas, homme de meur
aage et mout riche, qui fut mout lonc tens avec le benoiet
roy, afferma par son serement que pour pluseurs bonnes
oevres que il li vit fere, il ne croit pas que *a* nul religieus
homme soit *b* ou ait esté meilleur homme de lui, et que il
ne vit onques ne n'aperçut que li diz benoiez rois ait fet ou
consenti chose par quoi pechie mortel fust fet, et que il
croit que il soit saint pour les bonnes oevres de charité,
d'umilité et de pitié que il fist en ceste mortel vie.

De rechief *c* Pierres [*de Chambli*], homme de xl *d* ans ou
environ et mout riche, qui commença a estre avec le benoiet
roi assez tost puis que il revint d'outre mer, a cele foiz que
il passa premierement, et fu demorant avecques lui des cel
tens jusques au tens de sa mort, si comme li diz *e* Pierres
dist en sa deposicion, et encore demoroit il avecques lui el
tens de sa mort, qui fu mout ses familiers et mout ses secrez,
afferma par son serement, quant il ot mout de fez recitez
des vertuz de cel meesme benoiet *f* roy qui sont descriz en
leur liex *g* couvenables en ceste presente oevre, que, par ces
choses et par mout d'autres que il vit en lui et connut, il
croit que li diz benoiez rois fu le meilleur homme que il
onques eust veu pour la saintee de la vie que il li vit mener.
De rechief, il li vit fere et soufrir mout d'astinences, de
veilles, d'aspretez et penitances, et volt touzjors bien et
fist, tant comme li diz *h* Pierres vit, et eschiva le mal.

Et neis les Sarrazins le tenoient pour bon homme et loial.
Quant li benoiez roys fu avecques les autres pris et demo-
rant en la chartre des Sarrazins et sa pes fu ja tretiee et sa
delivrance et des autres crestiens et jurée par le Soudan,
pour la quele delivrance entre les autres choses li diz sou-
dans devoit avoir grant somme d'argent et li devoit estre
rendue Damiete, li diz Soudans fu ocis de ses sousmis.

a. il soit *add.* C. — *b.* soit *omis* C. — *c.* mon seigneur *add.* A *3*, B, C. — *d*
lx C. — *e.* mesire *add.* A *3*, C; mes sires B. — *f.* des vertus du benoit C. — *g.*
qui sont meismes descripz en lieus C. — *h.* mesires *add.* A *3*, C, mes sires B.

Après les queles choses, cil qui l'orent ocis affermerent mout forment devant le benoiet roy que une des causes pour quoi il avoient ocis le dit Soudan, estoit pour la desloiauté que il entendoit a fere contre le benoiet roy et contre les siens ; car il vouloit, si com il distrent, quant il eust eu la somme d'argent, ocirre par cruel mort le benoiet roy et les Crestiens qui avoient esté pris avecques lui, ja soit ce que les Crestiens eussent restabli Damiete ou non. Et que il deissent voir et que li Soudans entendist ce a fere, ce *a* apparoit bien neis par autres choses : car li Soudans contreinst de jour en jour en toutes manieres plus forment pluseurs chevaliers crestiens et autres que il tenoit en prison et encore destruist puis que il avoit donné son serement pour la dite delivrance. Des queles choses il apert que li consels vint de Dieu et l'empeechement de ceste desloiauté que li diz Soudanz soustint le jugement que il procuroit as autres. Et croit l'en et doit estre fermement [creu]*b* que *c* pour la grant bonté et pour la pacience et pour la charité que li benoiez rois avoit a son pueple et pour la grant amour que il avoit envers Nostre Seigneur et pour la grant poour que il avoit que il ne feist aucune chose que il creust qui a Dieu deust desplere et pour la sainte vie que il avoit tozjors menee et pour le propos que il avoit de bien fere, si com il aparoit du fet après, Nostre Sires ot pitié du benoiet roy et de ses freres et de ses autres genz ; et volt Nostre Sires aidier as *d* autres crestiens [*pris de viez et de nouvel*] et esclaves entre les mains des anemis de la foy pour l'essaucement du non de Jhesu Crist, et volt encore aidier au benoiet roi pour aemplir sa bonne volenté que il avoit demoustree après sa delivrance tout le tens de sa vie.

CI FINE LI DISESETIEMES CHAPITRES *e* ET COMMENCE LI DISEHUITIEMES, QUI EST DE SIMPLECE ET D'ONESTÉ *f*.

La vertu de justise, qui a chascun donne son droit [*et*

---

a. ce omis C. — *b. Je supplée ce mot qui manque dans tous les mss.* — *c. quant* C. — *d. aus corr.* A *2*, B. — *e. livre* C. — *f. qui est de sa droite justice corr.* A *2*, C, *qui est de sa haute justise* B.

*garde commun proufit`[a]`, fu el benoiet saint Loys apertement.
si com il apert es choses qui s'ensievent.

Comme noble *[b]* homme mes sires *[c]* Enjorranz *[d]* de Couci
eust fet pendre iij nobles jovenciaus, si comme l'en disoit.
qui estoient avecques l'abbé de Saint Nicolas en *[e]* Bois, de
la dyocese de Laon, por ce que il furent trovez en ses bois
a tout ars et saietes, sanz chiens et sans autres engins par
quoi il peussent prendre bestes sauvages, et li diz abes et
aucunes femmes qui estoient cousines des diz penduz
eussent aporté la compleinte de leur mort devant le *[f]* roy, li
benoiez *[g]* rois fist apeler le dit Enjorran *[h]* devant lui, [*puis
qu'il ot*] fete enqueste soufisant et si *[i]* comme l'en la devoit
fere quant a tel fet. Et lors il le fist arester par ses cheva-
liers et par ses serganz et mener au Louvre et metre en
prison et estre ilecques tenu en une chambre sanz fers. Et
comme li diz Enjorranz *[j]* fust einsi retenu, un jour li
benoiez rois fist le dit [*seigneur de Couci*] amener devant
lui; avecques le quel vindrent li rois de Navarre [1], li dus de
Bourgoigne [2], li [*cuens*] de Bar *[k]*[3], li quens *[l]* de Sessons *[m]*[4],
li cuens de Bretaigne [5] et li cuens *[n]* de Blois [6], li cuens *[o]* de
Champaigne *[p]* et mon seigneur Thomas, lors arcevesque de
Reins [7], et mon seigneur Jehan de Thorote [8] et ausi comme
touz les autres barons du roiaume. A la parfin il fu proposé
de la partie du dit mon *[q]* seigneur [*de Couci*] devant le benoiet

a. Ces mots (et-proufit) *ont été substitués dans* A[3] *à une leçon plus longue
de* A *qui se terminait par le mot* vigueureuse *biffe dans* A[2] *et* A[3]. — *b.* nobles
corr. A[2]. — *c.* mon seigneur C. — *d.* seigneur add. A[3], B, C. — *e.* u corr.
A[2]. — *f.* beneait add. A[3], benoiet B C. — *g.* beneaiz corr. A[2], benoiz C. — *h.*
seigneur de Couci add. A[3], B, C. — *i.* ainsi corr. A[2], B, C. — *j.* sire de Couci
add. A[3], B, C. — *k.* li cuens de Bar omis C. — *l.* le conte C. — *m.* le conte
de Bretaingne omis C. — *n.* le conte C. — *o.* le conte C. — *p. Tous les mss.
portent bien* Champaigne, *ce qui est inadmissible. Thibaut V ayant été déjà
nommé sous son titre de roi de Navarre*. — *q.* mon biffé A[3], omis B C.

1. Thibaut V, comte de Champagne.
2. Hugues IV, duc de Bourgogne.
3. Thibaut II, comte de Bar.
4. Jean II de Nesle, comte de Soissons.
5. Jean I, comte de Bretagne.
6. Jean, comte de Blois, et plus tard de Chartres.
7. Thomas de Beaumetz.
8. Jean de Thourotte, châtelain de Noyon, ancien gouverneur de Cham-
pagne.

roy que il *a* vouloit conseillier soi *b*. Et lors il se trest a part
et touz ces nobles hommes devant diz avecques lui et demora
li benoiez *c* rois tout seul ilecques, fors que de sa mesnice.
Et quant il orent esté longuement a conseil, il revindrent
devant [*le beneait roi*], et proposa devant lui mon seigneur
Jehan de Thorote pour le dit mon seigneur Enjorran *d*, que
il ne devoit pas ne ne vouloit soumetre soi a enqueste en
tel cas, comme cele enqueste touchast sa persone, s'enneur
et son heritage, et que il estoit prest de defendre soi par
bataille, et noia *e* plainement que il n'avoit [*mie pen*]du ne
commandé a pendre les jouvenciax desus diz. Et li diz
abbes et les dites femmes estoient ilecques en presence
d'autre part devant le benoiet *f* roi qui requeroient justise.
Et comme li benoiez *g* rois ot entendu diligaument le conseil
du dit mon seigneur Enjorran *h*, il respondi que es fez des
povres, des eglises ne *i* des persones [*dont en doit avoir
pitié*], l'en ne devoit pas einsi aler avant par loy de bataille ;
car l'en ne troveroit pas de legier aucuns qui se vousissent
combatre pour teles manieres de persones contre les barons
du roiaume. Et dist que il ne fesoit pas contre lui noveleté *j*,
com il fust einsi que autres foiz semblables choses eussent
[*esté fetes*] par les *k* ancesseurs du benoiet roy *l* en semblables
cas. Et lors recorda li benoiez *m* rois que mon seigneur *n*
Phelipe, roy de France *o*, son aiel, pour ce que mon seigneur
Jehan *p* de Soilli, qui adonques estoit, avoit fet un homicide,
si comme l'en disoit, fist fere une enqueste contre lui, et
tint le chastel de Soilli par xij ans et plus, ja soit que li
diz chastiax ne fust pas tenu du *q* roy sanz autre moien,
ainçois estoit tenu de l'eglise d'Orliens [1]. Donc li benoiez

a. se *add.* A³, B, C. — *b.* soi *biffé* A² *et* A³, *omis* B C. — *c.* beneaiz *corr.* A³.
— *d.* seigneur de Couci *add.* A², B, C. — *e.* nia A³, B, C. — *f.* beneait *corr.*
A². — *g.* beneaiz *corr.* A², sainz C. — *h.* seigneur de Couci *add.* A³, B, C. —
. et C. — *j* nouvele C. — *k.* noz *corr.* A³, B, C. — *l.* du benoiet roy *biffé* A²
et A³, *omis* B, C. — *m.* sainz C. — *n.* mon seigneur *corr. en* li rois A³, C, B. —
. roy de France *biffé* A² *et* A³ *omis* B, C. — *p.* seigneur *add.* A³, B, C. — *q.*
saint *ajouté à tort dans* A, *biffé* A².

1. Il n'y eut pas, sous Philippe-Auguste, de seigneur de Sully portant le
prénom de Jean. Celui dont il s'agit ici est assurément Henri de Sully. Dans

rois n'oy mie la requeste, ainz fist ilecques meesmes *
prendre maintenant le dit mon seigneur Enjorrant[b] par ses
serganz et mener au Louvre et le fist ilec tenir et garder. Et
tout fust il einsi que pluseurs proiassent le benoiet[c] roy
pour le dit mon[d] seigneur [de Couci], nonpourquant onques
pour ce li sainz roys ne volt leur prieres oir ne nul d'eus
sus ce[e] [escouter]. Et adonques li benoiez[f] rois se leva de
son siege et les barons devant diz se partirent d'ilecques
esbahiz et confus. Et en ce meesmes jour, après la dite
response du benoiet roy, li cuens de Bretaigne dist au
[bencoit roi que] il ne devroit pas soustenir que enquestes
fussent fetes contre les barons du roiaume en choses qui
touchent leur persones, leur heritages et leur enneurs. Et li
benoiez rois respondi au conte : « [Vos ne deistes] pas einsi[g]
« en un tens qui est[h] passé, quant les barons qui de [vos]
« tenoient tout nu a nu sans autre moien, aporterent devant
« [nos lor] compleinte de [vos] meesmes, et il[i] offroient a
« prouver leur entencion en certains cas par bataille contre
« [vos]. Ainçois[j] respou[distes[k] devant nos que vos ne deviez
« pas] aler avant par bataille, mes par enquestes en tele
« besoigne, et di[siez en]core[l] que bataille n'est pas voie
« de droit. » Et li benoiez rois dist[m] après que il ne le
pooient pas jugier des coustumes du roiaume par enqueste
fete contre lui a ce que il le punisist en sa persone, comme
einsi fust que li diz mes sires Enjorran[n] ne se fust pas

a. meesmes omis C. — b. le dit seigneur de Couci corr. A² et A³, B, C. — c.
beneait corr. A². — d. mon biffé A² et A³, omis B, C. — e. ce omis C. — f.
sains C. — g. Ce discours du roi était rapporté sous une forme indirecte et à
la troisième personne dans A ; car on distingue ici, sous une rature faite par
le correcteur de A³, les mots dit devant lui, et tous les pronoms ont été récrits
par le même correcteur sur des endroits grattés. Il eût été difficile de le rétablir
sous sa première forme. — h. estoit A. — i. il exponctué A², omis B, C. — j.
avoit add. A. — k. vous add. C. — l. li diz quens add. A. — m. li benoiez
rois dist biffé A³, omis B, C. — n. mes sires Enjorran remplacé par sires de
Couci dans A³, B, C.

un acte de mars 1216 qui doit indiquer l'époque de son pardon, Henri promet
de faire toutes sortes de réparations et de restitutions, et notamment de
rembourser le prix d'une tour que le roi avait fait élever à Sully, sans doute
pendant le temps de la confiscation. (L. Delisle, Catalogue des actes de Phi
lippe-Auguste. n° 1803 ; cf. aussi n° 1830).

sousmis a la dite enqueste, mes toutevoies se il seust bien
la volenté de Dieu en cel cas, il ne lessast ne pour noblece
de son lignage ne pour la puissance d'aucuns de ses amis
que il ne feist de lui pleine justise. Et a la parfin li benoiez
rois, par le conseil de ses conseilliers, condempna le dit
mon *a* seigneur Enjorran *b* en xij mile livres de parisis,
la quele somme d'argent il envoia en Acre pour despendre
en l'ayde de la Sainte Terre. Et pour ce ne lessa il pas que
il ne le condempnast a ce que il perdist le bois el quel les
diz joveneiax avoient esté penduz, le quel bois il ajuga a
l'abeie de Saint Nicolas. Avecques ce il le condempna que
il feist fere trois chapellenies perpetueles et les douast *c*
pour les ames des penduz. Et li osta encore toute haute
justise de bois et de viviers que il ne peust puis cel tens
nul metre en prison ne trere a mort pour aucun forfet que
il i *d* feist [1].

Et com il fust einsi que l'en deist que, pour les choses
devant dites, mon seigneur Jehan de Thorote avoit dit as *e*
barons qui avoient ilecques esté, [*que li beneaiz rois feroit*]
bien se il les pendoit toz, et comme l'en eust ce dit au
saint roy, il l'envoia quere par ses serganz. Et quant li diz
mon seigneur Jehan fu venu *f* a la presence *g* du benoiet
roy, il s'agenoilla devant lui et li benoiez rois li dist :
« Comment est-ce, Jehan? Dites vous que je face pendre
« mes barons? Certainement je ne les ferai pas pendre ;
« mes je les chastierai se il meffont. » Et li diz mon
seigneur Jehan respondi : « Sire, cil ne m'aimme pas *h*
« qui vous a dit ces *i* paroles que je ne dis onques » et
offri que il estoit prest de purgier soi ilecques par son
serement et par les seremenz de xx ou de xxx autres
chevaliers ou de pluseurs. Pour la quele chose li benoiez
rois ne le fist pas prendre, tout eust il eu devant propos de

a. mon *biffé* A² *et* A³, *omis* B. C. — *b.* de Couci *substitué à* Enjorran, A³, B,
C. — *c.* donnat C. — *d.* i *omis* B. — *e.* aus *corr.* A², B. — *f.* venuz *corr.* A²,
B. — *g.* a l'absence (*sic*) C. — *h.* mie C. — *i.* tiex C.

1. Sur cette célèbre affaire, voyez Le Nain de Tillemont, IV, 180-190.

fere le prendre, pour ce que il s'escusa en tele maniere. Et
vraiement el ten., que li diz mes sires Enjorranz *a* fu pris et
retenuz, li rois de Navarre, li quens *b* de Bretaigne, la
contesse de Flandres et mout d'autres re[*queroient au
saint*] roy que il leur rendist le dit mon seigneur Enjorran *c*
que il tenoit *d*, meesmement com il n'eust onques esté a
pendre les devant diz hommes *e*. Mes li benoiez *f* rois qui *g*
fu desdeignié pour ce que il avoient fet assemblee et
sembloit que il feissent conspiracion contre le roiaume et
contre s'enneur, se leva et ne se volt pas otroier a leur
requeste, ainçois detint le dit mon seigneur Enjorran *h* en
prison.

[*Encores com*] un autre fust venu devant le benoiet roy et
se pleinsist de mon seigneur Challes, adonques conte
d'Anjou, son frere, il fist mon seigneur Challes apeler a *i*
sa presence et il vint devant lui, par lui ou par son procu-
rateur *j* a tout son conseil. Et comme cil qui se compleignoit
deist que mon seigneur Challes vouloit que il li vendist
une seue possession que il avoit en sa conté, et comme li
diz plaintis en compleignant ne vosist pas ce fere, li benoiez
rois commanda que sa possession li fust rendue et que il
ne fust *k* d'ore en avant nul [*ennui*] de la possession, puisque
il ne la voloit vendre ne [*permuer*] ne *l* eschangier.

Comme question fust piece a meue entre le devant dit
mon seigneur Challes, conte d'Anjou, et un chevalier, oncle
du conte de Vendosme *1*, d'un chastel, et la dite question
eust este demence en la court du dit mon seigneur Challes,
conte, et *m* sentence eust esté donnee contre le dit chevalier
en cele meesmes court, present le dit mon seigneur Challes,
li chevaliers disanz que li jugemenz n'estoit pas *n* droitu-

a. li diz sires de Couci *corr.* A³, B, C. — *b*. le conte C. — *c*. le dit seigneur
de Couci *corr.* A³, B, C. — *d*. que il tenoit *omis* C. — *e*. jouvenciaus C. — *f*
benoaiz *corr.* A², sains C. — *g*. comme il C. — *h*. le dit seigneur de Couci *corr.*
A³, B, C. — *i*. en C. — *j*. procureur C. — *k*. et qu'en ne li feist *corr.* A³, B, C.
— *l*. permuer ne *biffé* A² et A³, *omis* B, C. — *m*. conte et *biffé* A³, *omis* B, C.
— *n*. bon ne *add.* C.

1. Le comte de Vendôme était alors Bouchard V, mais on ignore auquel de
ses oncles il est fait allusion ici.

riers, apela au *a* roy de France de cele sentence. Mes li
devant diz mon seigneur Challes ot desdaing [*de ce que il*]
avoit apelé et que il disoit que li jugemenz de sa court
estoit faus [*et desleel*] *b*; il *c* fist prendre le chevalier et metre
en prison et estre tenu *d* si que, tout fust il einsi que les amis
du chevalier le requeissent qui vouloient donner bonne
caucion ou bons pleges pour lui selon ce que droit fust,
nonpourquant li quens *e* le refusa a rendre, si comme ces
choses estoient recordees *f* devant le benoiet *g* roy quant
l'en tretoit la cause de cel apel. Et ainçois que la cause de
l'apel fust portee devant le benoiet roy, un escuier du dit
chevalier vint jusques a la presence du benoiet roi et li
senefia toutes les choses desus dites. Pour la quele chose li
benoiez rois fist [*mander par ses letres mon seigneur
Challes qu'il venist devant lui*], et quant il vint devant lui,
il le blama *h* moult et le reprist de ce que il avoit fet prendre
le dit chevalier qui apeloit, et li dist que il devoit estre
un roi en France et que il ne creust pas, pour ce [*que*] il
estoit son frere, que il l'espargnast contre droite justise en
nule chose; et lors li commanda que il delivrast le chevalier,
si que il peust parsivre franchement son apel devant lui.
Et quant li chevaliers fu delivré de la prison du conte, il
vint en la presence du benoiet roy. Et pour ce que mon
seigneur Challes avoit amené avec soi pluseurs conseilliers
et avocaz des parties d'Anjou, et avecques ce il avoit plu-
seurs de son conseil de touz les meilleurs de Paris, et quant
li chevaliers les vit assemblez contre soi, il dist au benoiet
roy que il ne seroit nul home de sa condicion qui ne peust
douter, se il avoit tant et si granz et si sages aversaires
contre lui, de quoi il requist au benoiet roy que il li feist
avoir conseil et avocaz, meesmement que *i*, si comme l'en
disoit, il ne pooit autres avoir pour la poor du dit conte ou

<hr>

a. saint add. A³, B, C. — *b. et desleel omis* C. — *c. il omis* A, B. — *d. et estre
tenu biffé* A² *et* A³, *omis* B, C. — *e. le conte* C. — *f. si comme l'en recorda
corr.* A³, B, C. — *g. saint* C. — *h. blasma corr.* A². — *i. Il faudrait sans doute
ici car; le texte latin portait apparemment* quod que *le traducteur maladroit a,
sans chercher à comprendre, cru employé dans son sens conjonctif au lieu de
son sens explicatif.*

pour sa faveur. De quoi il avint que li benoiez *[rois or]*dena aucuns sages au conseil du chevalier et leur fist jurer qu'il me[tr]oient loial conseil en la besoigne du dit chevalier. Et a *b* la parfin, comme la dite cause eust esté mout longuement demenee en la court du benoiet *c* roy, au derrenier sentence fu donnee pour le chevalier, et la sentence de la court le conte fu *d* cassee. Et de ce fu moult loé li benoiez rois qui n'acceptoit la persone de nul es jugemenz.

[*Encores*] comme li benoiez rois fust une foiz a Paris, et pluseurs bourgois et marcheanz de diverses parties se pleinsissent devant lui de mon seigneur Challes, son frere, pour ce que il li avoient presté deniers et li avoient vendu de leur autres denrees, ne il ne leur fesoit pas satisfacion, li benoiez rois dist lors *e* au dit mon seigneur Challes que il les paiast. Et pour ce que mon seigneur Challes estrivoit de paier les, et paroit que il vousist contrester a ce, il li dist que, se il ne les paioit, il ne jorroit des biens que il tenoit de lui. Et croit l'en que li diz mes sires Challes leur fist satisfacion par le commandement du benoiet *f* roy.

Et par lonc tens li benoiez rois ot *g* de coustume que quant il *h* avoit ses messes oyes et il a[voit] touchié ses malades du mal des escroeles, il fesoit apeler touz ceus qui voloient aucune chose proposer devant lui ou requerre, et les ooit touz tres diligaument, se il ne fust par aucune aventure contraint de greigneurs besoignes ; et adonques [*il les*] fesoit oir par aucuns de ses chevaliers et par ses clers diligaument *i*, et les plez *j*. Et après il se fesoit raporter ce qui estoit a raporter, meesmement les greigneurs besoignes.

[*Après*] comme une femme qui estoit des greigneurs genz de Pontaise, si comme l'en disoit, et de la ligniee de Pierrelee, eust esté prise par les serganz du benoiet roy, pour ce que l'en disoit que ele avoit fet ocirre son mari par un *k* homme que ele amoit de male amour, si comme l'en disoit, et ele l'avoit fet geter en une privee quant il fu mort *l*; et la

---

a. beneoiz *corr.* A³. — b. en C. — c. saint C. — d. fu *omis* B. — e. lors *omis* C. — f. saint C. — g. avoit C. — h. li benoiz roys C. — i. estre oys *add.* A, biffé A², *omis* B. — j. et les plez *omis* C. — k. autre *add.* C. — l. occis C.

dite femme eust reconneu le fet en jugement, li benoiez rois *a* volt que justise fust fete du fet devant dit, ja soit que la royne de France *b* et la contesse de Poitiers *c* et aucunes autres dames du roiaume, et encore aucuns Freres Meneurs et Preecheurs l'enchausassent et *d* proiassent que la dite femme fust delivre de mort, pour ce que ele estoit en grant contricion et en grant repentance du dit fet, si comme il sembloit. [*Et ausinc*] les amis et les cousins de la dite femme, et neis la royne et les autres devant diz, supplierent au roy que, se ele devoit du tout mourir, que a tout le moins, ele ne fust pas destruite a Pontaise. Et lors demanda li benoiez *c* rois a noble homme et sage mon seigneur Symon de Neele que il l'en estoit avis; et mon seigneur Symon respondi que justise qui estoit fete en apert estoit bonne. Et après ce *f* li benoiez rois commanda que la dite femme fust arse el chastel de Pontaise *g*, [*ja soit ce qu'il en eust esté mout priez *h*], et ele fu arse et justise fete en apert de li.

[*Encores com au*]cuns gentilz hommes qui estoient de la terre du dit mon seigneur Symon *i* de Neele qui a haute justise en sa terre, eussent un leur cousin mal homme et qui ne se vouloit chastier, il requistrent et prierent le dit mon seigneur Symon que il soufrist que il preissent cel mal homme et le destruississent en lieu secré, car il [*doutoient que*], se il venoit as mains du dit mon seigneur Symon ou d'autre justise, que il ne fust pendu ou autrement destruit en apert, et ce seroit trop grand vergoigne a eus. Mes li diz *j* Symons ne leur volt pas ce otroier, et nonpourquant il parla de ce au benoiet roy et li raconta comment les diz gentilz hommes li requeroient tele chose. Et li benoiez *k* rois li respondi que il ne soustenist en nule maniere

---

a. Le texte porte ici un qui que *je me permets de supprimer afin de donner un verbe à cette interminable phrase. —* b. sa femme *add.* A³, B, C. — c. femme de son frere *add.* A³, B, C. — d. chausassent et *biffé* A³ *et* A³, *omis* B, C. — e. sainz C. — f. Et lors C. — g. arse a Pontaise *corr.* A³, B. — h. ja — priez *a été substitué dans* A³ *à une leçon plus longue de* A, *qui se terminait par les mots* non contrestanz. — i. sire *add.* A³, B, C. — j. mesires *add.* A³, B, C. — k. sains C.

tele chose ne n'otroiast, car il voloit que toute justise
fust fete des malfeteurs par tout son roiaume en apert et
devant le pueple, et que nule justise ne fust fete en re-
post.

[*Et*] comme li benoiez rois fust a Meleun *a*, une femme
vint a lui et se compleinst d'un homme qui servoit en sa
cuisine. Et dist cele femme que cel homme avoit brisié sa
meson par force et estoit entré dedenz et l'avoit prise a
force et *b* contre sa volenté; donc mon seigneur Symon de
Neelle devant dit et aucuns autres du conseil le *c* roy, qui
estoient ilecques, [*enquistrent de*] la cause de son comman-
dement que il leur fist expressement, et li diz homme fu
apelez devant ceus a qui li benoiez rois avoit la cause com-
mise. Et comme cil *d* fu en jugement et la dite femme pre-
sente, il confessa et reconnut que il avoit cele meesmes
femme conneue charnelment et disoit que ele estoit fole
femme commune *e*; mes que il li eust onques fet force en
brisant sa meson ne autrement, il le nioit simplement. Mes
la dite femme prova plainement devant ceus qui estoient
ordenez a connoistre de la cause par le commandement du
benoiet roy, que li diz hommes avecques aucuns autres, en
cele nuit propre *f* de quoi la femme disoit, avoit froissiee *g* sa
meson. Pour la quele chose les devant diz, as *h* quex la dite *i*
besoigne avoit esté commise, jugierent et prononcierent que
li diz hommes devoit estre penduz pour la violence devant
dite. A la parfin pluseurs de la court prierent le benoiet roy
que il li pardonnast ne ne soufrist pas qu'il fust penduz,
meesmement por ce qu'il avoit esté de sa mesniee; non-
pourquant li benoiez rois ne volt oir les prieres de nus,
ainz manda au dit mon seigneur Symon que il feist fere
justise de cel homme; pour la quele chose il fu penduz
selon le jugement qui est desus dit.

Et une foiz, comme li benoiez rois oist, eu cymentiere de
l'eglise parrochial de Vitry, le sermon de frere Lambert, de

a. une foiz *add.* A 3, B, C. — b. et *omis* C. — c. saint *add.* A 3, B, C. — d.
qui *add.* C. — e. commune et fole femme C. — f. cele meisme nuit C. — g.
brisiee B. — h. aus *corr.* A 2. — i. dite *omis* C.

l'ordre des Preecheurs, et se seist a terre as *a* piez du dit
frere Lambert en la presence de grant multitude de pueple,
or avint einsi que il avoit, en une taverne assez prochaine du
dit cymentiere, une assemblee de gent qui fesoient grant
noise, si que il empeechoient le preecheeur en son sermon
et ceus qui l'ooient. De quoi *b* li benoiez rois demanda de
qui la justise estoit el *c* dit lieu, et l'en li respondi que la
justise *d* estoit seue. Et lors il commanda a aucuns de ses
serganz que il feissent cesser cele gent qui destourboient la
parole Dieu, la quel chose fu fete. Et l'en croit que li
benoiez rois fist demander de qui la justise estoit ilecques
pour ce que s'ele fust d'autrui que seue, il n'entrast en la
jurisdicion *e* d'autrui en commandant aucunes choses
comme juges.

Quant il aloit a aucunes abeies, il ne soufroit que nul des
siens en aportassent d'ilecques *f* nule chose ou preissent;
ainçois fesoit li benoiez rois les cles des greniers et des
celiers recevoir et metre en sauf, que l'en ne peust fere
domage en leur choses.

Et comme li benoiez rois envoiast en Normendie, en tens
de chierté, une somme d'argent a donner entre les povres,
il ordena que cil qui iroient la en donnassent plus a ses
hostes qui li paioient ses rentes, se il en avoient besoing,
plus que il ne feissent as autres.

Souvent avint que en la court du benoiet roy et en sa
presence estoient mout de causes tretiees devant lui et
devant son conseil qui le touchoient et sa droiture; et il
allegoit contre soi et contre les droiz qui estoient alleguiez
pour lui tant com il pooit et savoit, en defendant la partie
adverse, neis contre son conseil et contre ceus qui propo-
soient les droiz du roi, et en toutes *g* autres causes qui
estoient devant lui sanz nule acception, et enqueroit la
verité a toute la diligence et a toute la cure que il onques
pooit, et faisoit justise. Comme mon seigneur Odouart, ores

---

a. aus *corr.* A². — *b.* si que C. — *c.* du C. — *d.* que ele C. — *e.* ou seignou-
rie *add.* A³, B, de la seigneurie C. — *f.* d'ilecques *expunctué* A², *omis* B, C.
— *g.* les *add.* C.

rois d'Engleterre [1], et tens que monseigneur Henri, roy [a]
d'Engleterre, son pere, vivoit encore [et estoit] sires de Gas-
coigne [b], [eust] fet fonder un chastel en la diocese de Pier-
regort qui estoit apelé le [c] Chastel Roial que li abbes de
Sarle disoit qui estoit fet en son prejudice, et comme li
abbes [de la dite abeie [d]], eust ce aporté a la connoissance
du benoiet roy saint Loys, il fist amonester par ses mes-
sages les gouverneeurs de la dite oevre et les ouvriers pre-
·miere foiz, seconde foiz et tierce foiz, que il n'alassent plus
avant en l'uevre devant dite, devant a ce que l'en eust con-
neu a savoir mon se le chastel estoit fet en prejudice du dit
abbé. Et pour ce que il ne cesserent pas de l'uevre pour
[son amoneste]ment, li benoiez rois manda que le chastel et
quant qu'il y avoit fet fust depecié et du tout en tout estre [e]
mis a neent par Raoul de Trapes, adonques seneschal de
Pierregort. Et li diz Raous raporta après ce devant le saint
roy que li chastiax estoit touz depeciez selon son comman-
dement [2].

Et quant aucune question estoit aportee devant lui d'au-
cuns maufaiteurs, se il [avenoit que par aucune achoison il
eust conceu aucunes soupeçons contre les malfeteurs et que]
il avenist que il feissent pes a [f] leur aversaires ou a leur
anemis ou [g] pour somme d'argent ou por ce [h] que il alassent
outre mer, si que cil que l'en disoit qui avoient fet le meffet
fussent ilecques [i] et [j] demorassent un an ou deus, li
benoiez [k] rois, meuz de jalousie de justise, pour ce que les
malvés fez fussent restreinz le miex que il pooit et fussent
avecques ce punis, croissoit encore [l] la poine des malfeteurs

a. et tens que il rois Henri A [3], B. C. — b. Gagoigne B. — c. le omis B. —
d. de la dite abbeie omis C. — e. estre biffé A [2] et A [3], omis B, C. — f. contre
C. — g. ou a leurs anemis ou biffé A [2] et A [3], omis B, C. — h. por ce omis A.
— i. si que cil — ilecques biffé dans A [2] et A [3], omis B, C. — j. i add. A [2],
C. — k. sainz C. — l. encore omis C.

1. On s'est servi de cette phrase pour prouver que l'œuvre du Confesseur
était antérieure à 1307.
2. Ces faits se placent en 1268 (Olim, éd. Beugnot, 1, 723, xxj). Il paraît
que la destruction des parties déjà construites ne fut pas aussi complète
qu'on le dit ici ; car, en 1281, le roi d'Angleterre demanda vainement à Phi-
lippe le Hardi l'autorisation, non de rebâtir le château de Castelréal, mais
d'en continuer la construction (Boutaric, Actes du Parlement, I, n° 2341).

ou la somme de l'argent ou du tens *a*, si com il li estoit avis
[*qu'il fust*] bien, outre ce que l'en avoit ordené entre eus.
Et ce avint d'un corduanier *b* de Paris : comme li diz cor-
duaniers *c* et un autre *d* fussent venus en Chastelet de Paris,
li corduaniers se pleinst que cil l'avoit assailli en sa meson
et batu l'avoit. Et l'autre respondi tantost que li cordua-
niers *e* l'avoit feru d'un coutel, la quele chose *f* apparoit,
car il estoit encore sanglent et fu assez tost après mort de
cele plaie. Et tout fust il einsi que li corduaniers *g* deist
que il ne le creoit pas ferir mortelment ne par volenté de
lui ocirre, mes pour ce que il *h* ostat *i* force que [*cil li
fesoit j*] en sa meson propre *k* a sa persone. Et ce nepour-
quant *l* li corduaniers *m* ne pot prouver ces choses, il fu
tenu pour homicide ; pour quoi il couvint que il feist pes
as *n* amis du mort. Et entre les autres choses, il ordena einsi
vers eus que il seroit par .x. ans outre mer par le consen-
tement du prevost de Paris, pour ce meesmement que ja
fust ce que l'assaut ne fust pas pleinnement prouvé par
tesmoinz, nonporquant commune renommee disoit que le
mort avoit fet l'assaut en la meson du dit corduanier *o* contre
le corduanier *p* qui i estoit et que il l'avoit batu et li avoit
mout [*fet des vilanies*]. Et toutevoies pour ce que les bailliz
des contrees ne des liex, pour homicide fet, quant l'en trete
de pes fere, n'ont pas acoustumé d'eus assentir sanz le seu du
roi, ja soit ce que la pes puisse estre tretiee devant eus, il fu
parlé du tretié de la pes au benoiet roy. Et quant il entendi
le fet, il se consenti a la dite pes, et pour jalousie de grei-
gneur justise, il *q* ajousta .iij. ans par desus les autres .x. et
commanda que li diz homicides passast la mer et demourast
.xiij. anz, le tens de l'aler et du revenir conté.

***

a. de demorer outre mer *add.* A³, B, C. — b. cordouanier *corr.* A², C. —
c. cordouaniers *corr.* A², C. — d. bourgois de Paris *add.* A³, B, C. — e. cor-
douaniers *corr.* A². — f. chose *omis* C. — g. cordouaniers *corr.* A². — h. li
add. C. — i. la *add.* A³, B, C. — j. *Ces trois mots ont été substitués, dans*
A³, *à un passage beaucoup plus long qui se terminait par* les injures de l'assaut
que il avoit fet. — k. propre *biffé* A³, *omis* B, C. — l. Et por ce que *corr.* A²
et A³, B, C. — m. cordouaniers *corr.* A². — n. aus *corr.* A². — o. cordouanier
corr. A³, B, C. — p. cordouanier A³, B, C. — q. avint que il *add.* C.

Comme li contes de [*Jooi*]gny [1] eust pris pieça en sa terre un bourjois le roy, li quel borjois avoit fet, si comme l'en disoit, un grief meffet en la terre du dit conte et, en fesant le meffet, li bourgois fu pris, si comme li contes disoit, la quele chose toutevoies li bourjois nioit, nonpourquant li contes mist le bourjois en prison. Donc li serganz le roi de la vile dont li bourgois estoit, requist au conte ce bourjois a avoir, com einsi fust que, par la coustume du pais, que li bourgois nioit *a* que il n'estoit pas pris eu meffet, la justise le roy devoit connoistre de tel fet en tele maniere que, se la justise *le roi* trouvoit que il eust esté pris eu fet, que il soit renvoié a jugier par le seigneur en qui terroier l'en a conneu que il ait fet le meffet, ou se ce non, la justise le roy le doit jugier. Mes li contes ne volt pas rendre le bourgois au sergant le roi [*que*], selon la dite coustume, la justise le roy conneust se il avoit esté pris el meffet. Or avint einsi que li bourgois fu morz en la chartre du devant *b* dit conte ; pour *c* la quelle chose li benoiez rois apela *d* le conte en sa presence. Et quant li quens fu venu devant lui en un plein parlement, li benoiez rois commanda que il fust pris par ses serganz en la presence de touz et que l'en le menast *e* el Chastelet de Paris et fust ilec tenu. Car li contes confessa toutes les choses desus dites devant le benoiet *f* [*roi*] [2].

[*Après, comme li benoiez rois eust fet*] ban pour purgier le roiaume des vilains seremenz et eust fet publier *g* cel ban par son roiaume que nul ne feist de Dieu ne de la benoiete virge Marie ne de leur membres ne des sainz lez seremenz, il avint que un fist de Dieu tel *h* serement defendu et let *i*. Et comme la nouvele fust venue devant le benoiet *j* roy et il le vousist fere punir, *k* mout de ceus qui estoient du conseil

a. et disoit *add.* A 3, B, C. — *b.* devant *omis* C. — *c.* par C. — *d.* manda C. — *e.* en prison *add.* A 3, B, C. — *f.* saint C. — *g.* crier *corr.* A 3, B, C. — *h.* un *corr.* A 2, B, un let C. — *i.* defendu et let *omis* C. — *j.* saint C. — *k.* et *add.* A 2, B, C.

1. On ignore si le comte de Joigny dont il s'agit ici, est Guillaume III ou son fils Jean I.
2. C'est par erreur qu'après avoir cité le morceau qui précède, les auteurs de l'*Art de vérifier les dates* (II, 598, col. 1) l'attribuent à Joinville.

le *a* roy, neis des barons, proposassent pour celui devant le *b* roy et le defendissent en tant com il pooient, disanz que il n'estoit pas digne d'estre einsi puni, nonpourquant li benoiez rois, pour la grant jalousie de l'enneur de Dieu, si comme l'en croit fermement, n'en *c* volt nus oir sus ce ; ainçois commanda que l'en feist un fer roant et que l'en le feist *d* tout [*rouge*] de chaleur et que il fust mis *e* [*sus la*] bouche de celui qui avoit einsi juré vilainement de Dieu.

[*Après com*]me mon seigneur Pierres du Bois eust contens a mon seigneur Jehan Britaut, chevalier, et avenist que *f* un fiuz du dit mon seigneur Pierres fust ocis, cil mon seigneur [*Pierres se pleinst au benoiet *g*] roy du dit mon seigneur Jehan que il *h* avoit fet ocire son fiuz desus dit. Por la quele chose li benoiez *i* rois fist apeler le dit mon seigneur Jehan en sa presence. A la parfin, comme la [*renommee *j*] creust du dit meffet contre mon seigneur Jehan, et li diz mes sires *k* Pierres porsivist [*et demandast*] que justise li fust fete de ceus qui son fiuz avoient ocis, li benoiez rois fist en la fin prendre le dit mon seigneur Jehan et le fist mener a Estampes et estre detenu *l* ilecques en prison par un an et plus ; et fu si longuement tenu que li benoiez rois ot entendu par enqueste fete sus ce que li diz mes sires Jehans n'avoit courpes du meffet desus dit. Et nonpourquant mon seigneur Pierres le Chambellenc, qui estoit entre les autres secretaires du benoiet roy un des greigneurs, avec touz ses amis avec les quex il li pooit aidier, aidoit au dit monseigneur Jehan que il ne fust mis en prison, et, puis que il i fu mis, que il fust delivrez. Mes pour ce que li benoiez *m* rois avoit presoncions fortes *n* et granz contre celui *o* Jehan, et pour ce que il estoit adversaire et anemi du dit mon seigneur Pierres, et pour ce que il estoit de trop loing plus gentill homme et plus puissant de lui, onques nul ne pot tant fere vers le benoiet roy que

---

a. benoiet *add.* A³, B, C. — *b.* benoiet *add.* A³, B, C. — *c.* ne C. — *d.* meist C. — *e.* et que il fust mis *omis* C. — *f.* et aveque C. — *g.* saint C. — *h.* li *add.* C. — *i.* sainz C. — *j.* renommée *substitué dans* A³ *à un mot commençant par* dif..... — *k.* mon seigneur C. — *l.* detenu *exponctué* A², *omis* B, C. — *m.* sainz C. — *n.* forz *corr.* A³, C. — *o.* mon seigneur *add.* A³, B, C.

il le delivrast de prison devant que la dite enqueste fu fete.
Neis li quens de Champaigne, en qui terroier et jurisdicion
li diz mes sires Jehans demouroit adonques, ja soit ce que
il fust sanz autre moien soumis au *a* roy, le fesoit requerre
au benoiet roy et fesoit proposer devant lui que il estoit
prest de fere justise du dit mon seigneur Jehan. Mes li
benoiez rois disoit que, puisque il avoit si grant faveur et
si grant ayde en sa court, que ja bien justise ne seroit fete
de lui en une estrange cort. De quoi li benoiez rois ne le
volt onques relaschier a la requeste du dit conte jusques a
tant que l'enqueste desus dite fu aemplie[1].

[*Après por ce que*] aucune foiz le benoiet rois ooit que
ses bailliz et ses prevoz fesoient au pueple de sa terre
aucunes injures *b* ou en jugant malvesement ou en ostant
leur biens contre justice, pour ce acoustuma il a ordener
certains enquesteurs, aucune foiz Freres Meneurs et Pree-
cheeurs, aucune foiz clers seculers, et aucune foiz neis che-
valiers, aucune foiz chascun an une foiz, et aucune foiz plu-
seurs, a enquerre contre les baillis et contre les prevoz et
contre les autres serganz de ça et de la environ le roiaume
ou *c* par le roiaume; et donnoit as *d* diz enquesteurs pooir
que se il trovoient *e* aucunes choses des diz bailliz ou des
autres *f* officiaus ostees malement ou soustretes a quelque
[*persone que ce fust, que*] il li feissent restablir sanz
demeure, et avecques tout ce que il ostassent [*de leurs*]
offices les malvès prevoz et les autres mendres serganz que
il troveroient dignes d'estre ostez. [*Donc il avint que un qui
avoit*] esté baillif d'Amiens, pour ce que il s'i estoit mauve-
sement prouvé, fu osté de la baillie et mis en prison ou il fu
longuement, et couvint que il vendist ses mesons *g* et ses

---

a. beneoit *add.* A[3], benoiet B. — b. et lorz *add.* A[3], B, C. — c. deça — ou
biffé A[2] *et* A[3], *omis* B, C. — d. aus *corr.* A[2]. — e. aucune foiz *add.* C. —
f. autres *omis* C. — g. et ses mesons *répété* C.

---

1. Le meurtre du fils de Pierre du Bois doit être postérieur à 1267; car les
Olim mentionnent, à cette date, un arrêt et une enquête concernant les démê-
lés de ce seigneur avec Jean Britaut, arrêt et enquête qui ne contiennent pas
la moindre allusion à ce crime *Olim*, éd. Beugnot, I. 255 xj et 697 vij`.

possessions ainçois que il issist de la prison le*a* roy, pour
ce que il rendist ce que il avoit mauvesement osté, si que il
fu si povre que a poine *b* pot il avoir un roncin que il che-
vauchast, ja soit ce que il fust par *c* devant mout riche.

Li *d* sainz rois avoit mout volentiers avecques lui hommes
justes ; et com il eust en propos de fonder et de fere, pour
les Freres Preecheeurs, eglise et meson [*en la vile de*] Com-
piegne, il [*print c*] mout de mesons et de fondemenz en [*la
dite vile*] en la paroisse de l'eglise Saint Antoine, de diverses
persones. Et pour ce que l'eglise collegiee de Saint Climent
de Compiegne y avoit justise temporele et l'eglise de Saint
Antoine droit parroissiel, pour ce que ces eglises ne fussent
en aucune chose bleciees ou leur droit amenuisié en fondant
les devant dites choses en leur droitures desus dites, li
benoiez rois ordena envers les eglises et vers l'abbé de
Saint Cornille de Compiegne, patron de ces eglises, einsi
que il leur *f* donna cent livres de parisis pour les droitures
desus dites.

CI FINR LI DISBHUITIEMES CHAPITRES ET COMMENCE LI
DISENOVIEMES QUI EST DE *g* DEBONERE CLEMENCE *h*.

[*Douceur*] et debonnereté n'avienent a nul homme entre
touz autres *i* tant com a prince de terre *j*, et pour ce li
benoiez sainz Loys fu de merveilleuse debonnereté. Il fu de
si granz debonnereté que, quant il estoit outre mer, il com-
manda et fist commander a sa gent que il n'occissent pas
les femmes ne les enfanz des Sarrazins, ainçois les preis-
sent vis et les amenassent pour fere les baptizier. Ense-
ment *k* il commandoit en tant com il pooit que les Sarrazins
ne fussent pas ocis, mes fussent pris et tenuz en prison *l*.
Aucune foiz forfesoit l'en en sa court d'escueles d'argent ou
d'autres choses de tele maniere, et donques *m* li benoiez rois

a. beneoit *add.* A³, benoiet B, C. — b. a poine *omis* C. — c. en C. — d. benoiz
add. C. — e. prist B. — f. leur *omis* C. — g. sa *add.* B, C. — h. et douceur
add. A². — i. entre touz autres *biffé* A² *et* A³, *omis* B, C. — j. de terre *biffé*
A² *et* A³, *omis* B, C. — k. Ausine *corr* A³, B, C. — l. Et *add.* A³, B, C. —
m. Adonc.

le soufroit debonerement et donnoit as *a* larrons aucune somme d'argent et les enveoit outre mer; et ce fist il de pluseurs.

Il fu *b* a autrui mout plein de misericorde et piteus. El tens de son premier passage, li benoiez rois devea et defendi par son ban commun et pueplic *c* que nul ne reprouvast a ceus qui avoient renaié *d* la foi crestienne et estoient de rechief revenuz a la foy, quant il parleroient a eus, des quex pluseurs estoient en Acre en cel tens. Il hanta pleinement les oevres de misericorde toutes et les aempli tres parfetement, si com il est dit par desus el chapitre de charité que il avoit *e* a ses prochains. Il fit mout grant plenté de oevres tres grandes de pitié, si com il est descrit *f* ilecques meemes et avecques ce desus el chapitre de charité que il avoit vers Nostre Seigneur *g*. Et meesmement es doctrines que il escrist de sa propre main a son fiuz et a sa *h* fille, il les enseigne que il aient le cuer debonnere aus persones piteables, si com il est descrit par desus el traitié de charité envers ses prochains, qui est li noviemes en ceste oevre *i*.

CI FINE LI DISENOVIEMES CHAPITRES ET COMMENCE LI VINTIEMES
QUI EST DE SA LONGUE PERSEVERENCE ET DE SON
TRESPAS GLORIEUS *j* DONT IL ALA DE CI
ES CIEUS.

Pour ce que perseverance est seule coronnee entre les autres vertuz, ele seule desert as *k* bons *l* gloire, as *m* vertuz couronne; pour ce est ce que li benoiet *n* saint Loys persevera par tres lonc tens es oevres de charité, de justise, de pité, d'umilité, de devocion et de saintee *o*. Et puis que il

a. aus *corr.* A *2*. — *b*. tozjors *add.* A *3*, B, C. — *c*. et pueplic *biffé* A *2* *et* A *3*, *omis* B, C. — *d*. renié *corr.* A *2*. — *e*. savoit (*sic*) B — *f*. desus escrit *corr.* A *3*, B, C. — *g*. et avecques — Nostre Seigneur *biffé* A *2* *et* A *3*, *omis* B, C. — *h*. sa *omis* A. — *i*. qui est — oevre *biffé* A *3*, *omis* B, C. — *j*. beneureux C. — *k*. aus *corr.* A *2*. — *l*. biens C. — *m*. aus *corr.* A *2*. — *n*. benoiet *corr.* A *2*. — *o*. *Il y a ici dans* A *un passage faisant double emploi avec ce qui précède et avec ce qui suit, et qui a été biffé dans* A *2 et* A *3* : Puis que il ot persevéré par tres lonc tens es oevres de charité, de justise, de pitié, de discipline, de sainte Eglise et de devocion a Dieu et a ses sainz.

ot tout son tens despendu einsi *a*, il fina glorieusement eu
servise Dieu ou il estoit avecques ses fiuz, les quex il aban-
donna a mort, de tant com en lui fu, es terres des anemis
de la sainte Croiz et de la foy crestienne ou *b* il trespassa de
cest siecle. Car com, el tens de son secont *c* passage, il
fussent outre mer en la terre *d* de Tunes, et eussent ilec
tendu leur tentes, et si *e* grant assaut fust des Sarrazins
contre l'ost des Crestiens, il [*couvint aucune*] foiz le benoiet
roy armer entre jour et nuit [*.v. foiz; por quoi por ces
choses et por les autres*] travaus que li benoiez rois soufri *f*
quant il fu la, il chei en griez maladies, c'est a savoir en
fievres continues et en flux de ventre et jut malade .iij.
semaines ou environ; et el commencement de sa maladie
devant dite, ainçois que il fust mout aggrevé, il disoit ses
matines et les autres heures toutes avec un de ses chape-
lains gisant en son lit. Et avecques tout ce, par ses chape-
lains la messe et toutes les autres heures canoniaus estoient
ilecques chantees a haute voiz et a note, et messe sanz note
estoit dite en sa presence a basse voiz chascun jor. La croiz
estoit mise devant son lit et devant ses euz, la quele i fu
mise par le commandement du saint roy meesmes quant il
commença a agregier, et la regardoit mout tres souvent et
[*a*]dreçoit vers lui ses euz et l'aouroit a mains jointes et la
se fesoit chascun jour aporter, meesmement au matin quant
il estoit jeun, et la besoit par grant devocion et par grant
reverence et l'embraçoit. De rechief en la dite maladie, il
rendoit souvent graces a Dieu, son createur, de sa maladie
devant dite, et disoit tres souvent et recommençoit *Pater
noster* et *Miserere mei Deus* et *Credo in Deum*. Et puis que
li benoiez *g* rois commença a estre malades et jesir en la *h*
maladie devant dite de la quele il morut, il parloit ansi
comme touzjours a soi meesmes, disant, si comme l'en croit,
siaumes et oroisons, et terdoit sovent ses euz et looit et.
beneissoit souvent Dieu. Et el tens de sa maladie, il se con-

---

a. en A. Il y a sans doute un mot omis dans ce manuscrit. — *b.* ou *omis* A.
— *c.* secont *omis* B. — *d.* sainte *add.* C. — *e.* si *exponctué* A², *omis* B. —
f. que il soufri C. — *g.* benoiez *corr.* A², sainz C. — *h.* sa C.

fessa souvent a frere Gieffroy de Biaulieu, de l'ordre des *a* Preecheeurs. Et avecques ce, el tens de sa maladie, li benoiez rois demanda le cors Jhesu Crist et l'ot et reçut pluseurs foiz. Et adonques une foiz, quant il devoit recevoir le cors Jhesu Crist et l'en li portoit, et cil qui le portoit entra dans sa chambre, li sainz *b* qui si estoit malades et febles, se geta de son lit a terre, mes cil qui estoient en-[tour] lui estendirent tantost son mantel sus lui. Et ilecques fu li benoiez rois assez longuement enclin a terre en oroisons, ainçois que il receust le cors Jhesu Crist, lequel il reçut après ilecques a genouz a terre en grant devocion, ne ne pot par soi rentrer el *c* lit ; ainçois le remistrent *d* el lit cil qui la estoient. Li benoiez rois requist la derreniere onction et fu ennuilié ainçois que la parole li faillist.

A la parfin il fu .iiij. jours que il ne parloit pas, mes il avoit adonques bon *e* memoire et tendoit ses mains jointes au ciel et batoit son pis *f* aucune foiz, et connoissoit les genz, si com il apparoit *g* par les signes que il fesoit, et menjoit et bevoit *h*, tout fust ce pou, et fesoit signe de sa main quant il ne voloit nule chose, si comme font cil *i* qui aucune chose refusent, ou quant il vouloit aucune chose, si comme font cil qui aucune chose desirrent.

j Et ja soit ce que il fust mout aggrevé, endementieres que l'en l'ennuilioit si que il parloit mout pou haut, nonpourquant quant les autres disoient les siaumes en la maniere *k* .... *l* li benoiez rois mouvoit les levres.

Et [le] jour du dyemenche, [le jor prouchain] devant sa mort, frere Giefroy de Biaulieu li porta le cors Jhesu Crist; et com il fust entré en la chambre en la quele li benoiez *m*

---

a. freres *add.* C. — *b.* rois *add.* A³, B, C. — *c.* u *corr.* A². — *d.* mistrent B. — *e.* bone *corr.* A², B, C. — *f.* piz *corr.* A². — *g.* apparut C. — *h.* beuvoit *corr.* A². — *i.* si comme il font C. — *j.* Ce paragraphe est, dans A², transporté, au moyen des lettres b et a, avant le précédent, à la suite des mots li faillist, correction reproduite dans B et C. — *k.* en la maniere *exponclué* A², *omis* B, C. — *l.* Le correcteur de A³ a ici gratté une ligne sur laquelle il a récrit les mots endementieres que l'en l'ennuilioit qu'il était inutile de répéter, et qui se trouvent cependant répétés dans B et C. — *m.* sainz C.

rois gisoit malades, il estoit hors de son lit a genouz, a*
terre, a mains jointes delez* son lit*. Et ensement*, en la
nuit devant le jour que il trespassast, endementieres que il
se reposoit, il souspira et dist bassement : « O Jerusalem !
« O Jerusalem ! » Et el* jor de* lundi, l'endemain de la
saint Bertelemi, li benoiez* rois tendi ses mains jointes au
ciel et dist : « Biau sires Diex, aies merci de ce pueple qui
« ici [demeure] et le condui en son pais, que il ne chiee en
« la main de ses anemis et que il ne soit contreint* a
« renier ton saint nom. » Et après ce un pou de tens, ice-
lui* benoiet roy* dist ces paroles en latin : « Pere, je com-
« mant mon esperit en ta garde. » Et quant il ot ce dit, il
ne parla puis, mes un pou de tens après, entour heure de
vespres*, trespassa de cest siecle a Nostre Seigneur* l'en-
demain de la feste du benoiet* apostre saint Bertelemi, en
l'an de grace .m.ij*.lx. et .x. entour l'eure de nonne, en la
quele li filz Dieu Jhesu Crist morut en la croiz por la vie
du monde, au quel toute loenge est, enneur et gloire par
les siecles [pardurables]. Amen.

<hr/>

a. la add. C. — b. devant B. — c. ou il se confessa au dit frere et reçut Nostre
Seigneur add. A 3, B, C. — d. ausine corr. A 3, C, einsi B. — e. u corr. A 2. —
f. du C — g. beneoiz corr. A 2, sainz C. — h. contreinz corr. A 2, B, C. —
i. icelui biffé A 2 et A 3, remplacé par li B, C. — j. roys corr. A 2. — k. entour
heure de vespres étant en contradiction avec la mention entour heure de nonne
que l'on trouve quelques lignes plus loin, a été biffé dans A 2 et A 3, omis B, C.
— l. C intercale ici une première fois l'endemain du benoit apostre saint Ber-
thelemi. — m. beneoit corr. A 3.

TABLE GÉNÉRALE

MACON, PROTAT FRÈRES, IMPRIMEURS

www.ingramcontent.com/pod-product-compliance
Lightning Source LLC
Chambersburg PA
CBHW070636100426
42744CB00006B/710